# SOCIÉTÉ NATIONALE D'HORTICULTURE
## DE FRANCE

# CONGRÈS HORTICOLE

## DE 1901

Extrait du *Journal de la Société nationale d'Horticulture de France*
(Cahier de Juillet 1901)

PARIS
IMPRIMERIE DE LA COUR D'APPEL
L. MARETHEUX, Directeur
1, RUE CASSETTE, 1

1901

# CONGRÈS HORTICOLE

## DE 1901

IMPRIMERIE DE LA COUR D'APPEL

L. MARETHEUX, Directeur,

PARIS — 1, RUE CASSETTE, 1 — PARIS

SOCIÉTÉ NATIONALE D'HORTICULTURE

DE FRANCE

# CONGRÈS HORTICOLE

## DE 1901

Extrait du *Journal de la Société nationale d'Horticulture de France*
(Cahier de Juillet 1901.)

PARIS

IMPRIMERIE DE LA COUR D'APPEL

L. MARETHEUX, Directeur

1, RUE CASSETTE, 1

1901

# CONGRÈS HORTICOLE DE 1901

## PROCÈS-VERBAL DE LA SÉANCE DU VENDREDI 31 MAI

### Présidence de M. A. Chatenay.

La séance est ouverte à trois heures sous la présidence de M. A. Chatenay, secrétaire général de la Société nationale d'Horticulture de France.

Étaient présents au bureau :
MM. Jamin, vice-président honoraire de la Société ;
Bergman, secrétaire du Congrès.

On compte 175 congressistes présents.

### ALLOCUTION DE M. LE PRÉSIDENT

M. le Président. — Mesdames, Messieurs,

Je dois tout d'abord vous présenter les excuses de notre président, l'honorable M. Viger, et de notre premier vice-président, M. Albert Truffaut ; ils sont tous deux, malheureusement, retenus par une indisposition, et ne pourront, ainsi que nous l'espérions, présider aujourd'hui à nos travaux.

Je leur adresse, au nom du Congrès, tous vos vœux pour leur prompt rétablissement. (*Adhésion.*)

Appelé, par suite, à prendre la présidence de cette session, c'est pour moi un devoir très agréable de saluer, au nom de la Société nationale d'Horticulture, tous ceux de nos dévoués collègues qui ont bien voulu quitter leurs occupations personnelles pour venir, dans l'intérêt général de la science horticole, prendre part à nos travaux. Je leur souhaite à tous la bienvenue.

Lorsque les questions inscrites à notre ordre du jour viendront en discussion, je vous prierai de vouloir bien nous apporter, autant que possible, le fruit de vos observations personnelles. C'est en échangeant ainsi nos idées sur les différents points qui sont soumis au Congrès, que nous pourrons hâter les progrès de la science qui nous est chère à tous.

S'il m'est permis, en terminant, d'exprimer un espoir, c'est que les travaux de cette session seront aussi intéressants et aussi fertiles en résultats que ceux de ses devancières. (*Marque d'approbation.*)

Dans un instant, M. Bergman secrétaire général de la Commission d'organisation, vous donnera lecture de la liste des récompenses décernées par la Commission d'examen des Mémoires préliminaires.

J'ajouterai que, vu le grand nombre de Mémoires soumis à votre Commission, il n'a pas été possible de les faire imprimer à l'avance. Les auteurs ont été priés d'assister à cette séance, et de résumer verbalement le travail qu'ils ont bien voulu rédiger.

Je déclare le Congrès ouvert.

La parole est à M. E. Bergman, secrétaire général de la Commission d'organisation.

M. Bergman, secrétaire général du Congrès. — Messieurs,

La Commission d'organisation du Congrès a accordé les récompenses suivantes aux auteurs de Mémoires préliminaires.

### Médailles d'or.

MM. Henry, chef de culture au Muséum (9ᵉ question).
   Foussat, chef de culture à l'École Mathieu-de-Dombasle, près Nancy (2ᵉ question).

### Grandes médailles de vermeil.

MM. Gérome, chef de culture au Muséum (9ᵉ question).
   Denaiffe, marchand-grainier à Carignan (9ᵉ question).

### Médailles de vermeil.

MM. A. Van den Heede, horticulteur à Lille (1ʳᵉ question).
   L. Duval, horticulteur à Versailles (8ᵉ question).
   E. Ouvray, curé de Saint-Ouen, près Vendôme (10ᵉ question).

### Grande médaille d'argent.

MM. N. Severi, attaché aux jardins de la ville de Rome (1ʳᵉ question).

### Médailles d'argent.

MM. Pamart, professeur à Douai (1ʳᵉ question).
   L. Duval, horticulteur à Versailles (2ᵉ question).
   Mottet, chef de culture de la maison Vilmorin-Andrieux et Cⁱᵉ (9ᵉ question).
   Labitte, propriétaire à Clermont (10ᵉ question).

## Médaille de bronze.

MM. II. THEULIER FILS, professeur à l'Association polytechnique (2e question).

Il a de plus été décidé que les mémoires de MM. HENRY, FOUSSAT, GÉROME, DENAIFFE, VAN DEN HEEDE, L. DUVAL, OUVRAY et MOTTET seraient imprimés et publiés à la suite des procès-verbaux du Congrès. (*Applaudissements.*)

## DISCUSSION DES QUESTIONS A L'ÉTUDE

### PREMIÈRE QUESTION

### Choix des meilleures plantes pour appartements. Soins à leur donner.

M. LE PRÉSIDENT. — Nous allons aborder, Messieurs, la 1re question de notre programme :

MM. A. Van den Heede, Severi et Pamart ont rédigé sur ce sujet des mémoires très intéressants que nous aurions été heureux d'entendre résumer.

Quelqu'un demande-t-il la parole?

M. BAZIN (de Clermont). — Il est très regrettable que les auteurs des divers mémoires ne puissent pas les résumer ici, car nous ne connaissons rien de ces travaux, et il est bien difficile de discuter dans de telles conditions.

Je voudrais dire cependant quelques mots au sujet de la question qui nous est soumise.

Nous sommes tous convaincus, cela est bien certain, que les plantes d'appartement se trouvent placées, en général, dans de très mauvaises conditions pour leur conservation.

Tout d'abord, elles manquent d'air et de lumière; en second lieu, elles sont soumises à une température irrégulière. La question la plus importante, cependant, est celle de la nutrition des plantes; on les arrose et c'est à cette opération, mal pratiquée, que nos plantes d'appartement doivent presque toujours leur mauvaise santé.

Vous savez comment les choses se passent : la maîtresse de maison, ne voulant rien salir dans son salon, met la plante sur une assiette remplie d'eau, procédé qui peut être bon pour les plantes aquatiques, mais qui est très mauvais pour les plantes ordinaires, telles que Palmiers, Camellias, Azalées et tant d'autres qui ne peuvent se comporter convenablement dans de telles conditions.

Que faut-il donc faire en pareil cas?

J'ai expérimenté avec succès de petits pots en forme de cornet et fabriqués avec des phosphates, par un fabricant de pots à fleurs des environs de Clermont. Les racines des plantes s'attachent aux parois du pot et se développent mieux qu'à l'ordinaire.

Il suffit, pour utiliser l'appareil, de le placer dans le pot et de le remplir d'eau ; il met de deux heures à une journée à se vider. Vous remarquerez que les plantes peuvent se nourrir par l'intermédiaire de l'eau qui a traversé les parois de ce nouveau genre de pot.

Ces cornets peuvent d'ailleurs être utilisés comme porte-bouquets, ce qui est d'un joli effet ornemental.

Je crois donc que l'on peut tirer un parti avantageux de ces petits objets. C'est pour donner ces explications que j'ai cru pouvoir demander la parole sur la première question. (*Applaudissements.*)

M. LE PRÉSIDENT. — Nous remercions vivement M. Bazin de la communication qu'il vient de nous faire. Nous espérons que, dans l'avenir, le procédé qu'il nous a fait connaître se répandra davantage : actuellement, je crois que ces petits cornets ne sont guère employés, mais tout nous fait présumer qu'ils pourront rendre de réels services. (*Adhésion.*)

Personne ne demande plus la parole sur cette question?

En ce cas, nous passons à la suivante.

### DEUXIÈME QUESTION

#### Quel a été le rôle de la fécondation artificielle dans l'Horticulture ?

M. LE PRÉSIDENT. — MM. Foussat, L. Duval et H. Theulier fils ont rédigé sur cette question des mémoires qui ont été récompensés.

Quelqu'un demande-t-il la parole?

M. FOUSSAT. — Je demande la parole.

M. LE PRÉSIDENT. — La parole est à M. Foussat.

M. FOUSSAT. — Messieurs, dans le mémoire que j'ai eu l'honneur de présenter à la Société nationale d'Horticulture de France, j'ai vivement regretté de ne pouvoir faire l'historique de quelques hybridations ou fécondations artificielles, pour montrer que la réussite, dans les croisements, ne s'obtient pas toujours sans peine et qu'elle est due quelquefois à un concours de circonstances impossibles à prévoir à l'avance. L'étendue limitée imposée à nos mémoires, m'en a empêché, mais aujourd'hui je désirerais y insister particulièrement.

Les exemples dont je veux me servir, je les prendrai dans les *Syringa* et les *Pelargonium zonale* ; les fécondations auxquelles je fais allusion ont eu pour résultats de produire les premières variétés à fleurs doubles dans ces deux genres de plantes.

Parmi les premiers parents des Lilas à fleurs doubles, celui qui eut le plus d'influence sur l'avenir de ces variétés, est bien le *Syringa azurea plena*, sur l'origine duquel on ne possède que bien peu de données précises, et qui semble actuellement avoir disparu des jardins. Quoi qu'il en soit, ce Lilas avait ceci de particulier dans ses fleurs, que les corolles étaient pourvues de plusieurs pièces supplémentaires, caractère qui pouvait laisser espérer entre des mains habiles, l'obtention de nouvelles variétés semi-doubles ou doubles. Cette particularité n'échappa pas à l'horticulteur bien connu, M. Victor Lemoine.

Les premiers croisements doivent être considérés, à mon avis, comme un coup de maître, car, indépendamment que les organes sexuels étaient réduits au pistil, celui-ci était atrophié dans la plupart des cas au point que, sur dix, il y en avait seulement deux qui fussent bien constitués. Ce n'est pas tout, la partie supérieure du pistil, le stigmate, était dans presque toutes les fleurs recouvert d'un pétale à la façon d'un casque ou d'un capuchon, ce qui n'était pas fait pour simplifier le travail. Il fallait, en effet, se livrer à une véritable dissection.

Les premiers croisements furent faits il y a environ trente ans, le *Syringa azurea plena* jouant le rôle de mère, puis, comme père, le *Syringa oblata* d'une part et quelques variétés des plus belles du *Syringa vulgaris*, telles que le *Lilas de Libert*, *Ville de Troyes*, *Aline Mocqueris*, et *Gloire de Moulins*, celle-ci étant considérée comme une variété du *Syringa dubia*.

M^me Lemoine qui, à cette époque, s'occupait principalement des hybridations, dans son établissement, parvint, après cinq ou six jours d'un travail assidu, à féconder de 700 à 800 fleurs. Toutes ces fleurs donnèrent seulement sept bonnes graines, ce qui n'est pas beaucoup, et desquelles on obtint les *Syringa hyacinthiflora plena*, *Syringa vulgaris Lemoinei*, etc., considérés comme dérivant, le premier du *Syringa oblata* et le second de la variété *Gloire de Moulins*.

J'arrive maintenant au genre *Pelargonium*. La façon dont a été obtenue la première variété de *Pelargonium zonale* à fleurs réellement doubles mérite d'être rappelée, elle est très curieuse :

Il existait au Jardin botanique de Clermont-Ferrand, sans qu'on ait jamais su d'où elle venait et depuis quand elle était là, une variété de *P. zonale* à fleurs semi-doubles qu'on nommait *Triomphe de Gergovia*.

Les articles de la presse horticole qui furent consacrés à cette variété, à l'époque où fut obtenu le premier *Pelargonium* à fleurs doubles, rapportent que des semis de graines récoltées sur ces fleurs furent exécutés par plusieurs personnes et qu'on obtint, entre autres variétés, *Martial de Champflour* et *Gloire de Clermont*.

M. Chaté, horticulteur à Paris, qui possédait la variété *Triomphe de*

*Gergovia*, en envoya une fleur à M. Victor Lemoine, afin de lui montrer qu'elle était bien semi-double.

Après avoir pris connaissance de la lettre de M. Chaté, M. Lemoine s'aperçut que la boîte qui renfermait la fleur à laquelle il était fait allusion dans la lettre, avait été égarée, par la faute du facteur, dans l'herbe d'une pelouse. Après quelques recherches, la boîte fut retrouvée. La fleur envoyée par M. Chaté était bien semi-double et portait, cachée parmi les pétales, quelque chose de précieux entre tout, une seule étamine! insuffisamment développée pour laisser échapper son pollen. Cette étamine placée sous un verre, au soleil, acheva de mûrir, et son pollen, porté sur le stigmate de la variété à fleurs simples *Beauté de Suresnes*, produisit la première et magnifique variété à fleurs réellement doubles : *Gloire de Nancy*. Voilà, Messieurs, ce que j'avais à dire sur l'historique des fécondations artificielles. (*Applaudissements.*)

M. Henry (du Muséum). — Je désire faire une petite observation sur l'intéressante communication de M. Foussat.

Le *Syringa azurea plena* est connu depuis longtemps; le Muséum en possède un pied dont le diamètre atteint 40 à 50 centimètres et qui date d'au moins cinquante ans.

Cette variété a un aspect très particulier qui permet de la distinguer aisément de tout autre S. *vulgaris*. Ses feuilles sont cordiformes, assez fermes, glauques et d'un aspect tout spécial.

J'aurais également un mot à dire au sujet de la variété *Gloire de Moulins*. M. Foussat me permettra d'affirmer que c'est une variété du *Syringa vulgaris*. Les S. *dubia* ont un aspect tout particulier, et sont très éloignés de cette variété de *Syringa*.

M. Foussat. — Je dois dire que si j'ai cité *Gloire de Moulins* comme provenant du *Syringa dubia*, c'est qu'il y a des ouvrages horticoles qui lui donnent cette origine, entre autres le *Nouveau jardinier*.

M. Henry. — Aussi, je n'insiste pas; je crois cependant qu'il était bon de ne pas laisser subsister de doute à cet égard.

M. Bruant (de Poitiers). — Messieurs, je tiens, en commençant, à rendre hommage à M. Lemoine qui, le premier, a mis dans le commerce des Pélargoniums à fleurs doubles.

Je voudrais faire observer seulement que c'est moi qui ai trouvé la variété *Triomphe de Gergovia* dans le Jardin botanique de Clermont-Ferrand, et qui l'ai mise dans le commerce. Elle n'avait pas encore reçu de dénomination spéciale, et c'est moi qui lui ai donné le nom sous lequel elle est connue aujourd'hui.

M. Foussat. — Je dois faire remarquer que j'ignorais absolument que ce fût M. Bruant qui avait donné le nom de *Triomphe de Gergovia* au *Pelargonium* en question ; je ne l'ai vu mentionné nulle part.

M. le Président. — Je remercie MM. Foussat, Henry et Bruant, de leurs intéressantes observations qui permettent de fixer l'origine de plantes universellement répandues à l'heure actuelle.

En ce qui concerne l'observation de M. Henry à propos du Lilas *Gloire de Moulins*, je puis dire que, dans les cultures, les professionnels considèrent également cette variété comme une forme du *Syringa vulgaris*.

Quelqu'un demande-t-il encore la parole?

M. Ph. de Vilmorin. — Je demande la parole.

M. le Président. — La parole est à M. Ph. de Vilmorin.

M. Ph. de Vilmorin. — La deuxième question proposée par le Congrès est tellement vaste et intéressante, qu'il semble presque impossible de la résumer en quinze pages, surtout si l'on veut étudier des points particuliers, ainsi que ces messieurs l'ont fait dans leurs intéressantes monographies.

Peut-être pourrait-on se placer à un point de vue plus général, et se demander quel a été le rôle de la fécondation artificielle en Horticulture. Ce rôle a été considérable puisqu'il n'existe peut-être pas de race végétale à la base de laquelle on ne trouve une fécondation artificielle.

Les résultats de la fécondation artificielle peuvent être contradictoires, suivant la façon dont on opère, puisque ce procédé est à la fois le meilleur pour obtenir la variabilité des races nouvelles, tout en étant le facteur le plus puissant au point de vue de la fixation des nouveautés obtenues. Il suffit, pour s'en rendre compte, de se reporter aux expériences poursuivies pendant vingt ou vingt-cinq ans, avec une rigueur scientifique, par Darwin. Ce savant naturaliste a prouvé que, lorsqu'on féconde une plante avec son propre pollen, la vigueur de la plante diminue ; mais que l'on obtient, par contre, une fixation rapide des qualités spéciales à cette plante. Darwin a posé cet axiome que la nature a horreur de l'auto-fécondation. Ce principe peut être accepté sous le bénéfice de certaines réserves, car il existe des plantes qui se reproduisent constamment par auto-fécondation.

La règle générale est la fécondation croisée dont les agents sont très divers : les insectes, le vent, etc.

Il est nécessaire, pour obtenir des sujets vigoureux et qui, étant vigoureux, auront souvent des tendances à varier, que la fécondation se fasse entre deux plantes différentes ; on constate que le résultat constant de ce genre de fécondation est d'assurer une plus grande fécondité à la plante.

La plupart des variétés nouvelles ont été obtenues par variations ; or, le

meilleur moyen de provoquer les variations dans une plante, c'est l'hybridation avec une plante différente. Cette variation se remarque généralement à la
seconde génération et produit des phénomènes très curieux.

C'est ainsi que, souvent, l'on remarque des produits qui, non seulement
sont intermédiaires entre les deux parents, mais qui présentent souvent des
variations indépendantes de ceux-ci.

On pourrait citer des exemples innombrables de l'application de ce principe, à tel point que, pour les faire connaître tous, il faudrait passer en revue
presque toutes les plantes d'Horticulture.

J'ajoute que c'est grâce à la fécondation artificielle que l'Horticulture s'est
placée au premier rang des sciences expérimentales.

Tous ceux qui se sont occupés de cette intéressante question de philosophie
naturelle ont été obligés, en effet, de recourir aux horticulteurs, lorsqu'ils ne
se sont pas faits horticulteurs eux-mêmes. En somme, l'Horticulture n'est
autre chose que de la botanique expérimentale, c'est un vaste champ d'expérience ouvert à tous.

Je voulais appeler votre attention sur l'importance considérable des expériences de fécondation artificielle que l'on fait tous les jours.

M. Lemoine, de Nancy, est, certes, un très habile praticien, et nous le pla-
çons au premier rang parmi les horticulteurs savants du monde entier.

Mais nous devons tous à la science qui nous unit d'être en mesure de faire
nos recherches avec méthode. Autant que possible, nous tenons compte de
tous les résultats que nous obtenons, parce qu'une expérience, même lorsqu'elle a été manquée, peut avoir un intérêt considérable au point de vue
scientifique d'autant plus que ces expériences comportent toujours un élément
de grande valeur, la reconnaissance des affinités qui peuvent exister entre
les différentes plantes.

Il est évident qu'une classification idéale serait celle dans laquelle les
plantes seraient groupées d'après leurs affinités, et l'on voit *a priori* tout le
parti que l'on pourrait tirer des résultats obtenus ainsi que nous l'indiquons.

On croyait, autrefois, que des plantes d'espèces différentes ne pouvaient
pas donner d'hybrides féconds ; on est bien revenu de cette idée, aujourd'hui
que l'on connaît des hybrides de *genres* qui sont féconds.

Par conséquent, si l'on voulait s'appuyer sur cette base pour établir une
classification, aujourd'hui l'on serait obligé de la remanier complètement.

Je crois donc que, sans demander aux botanistes systématistes de remanier la classification actuelle sur la base des affinités sexuelles, il serait intéressant d'arriver à permettre de faire la culture entre les espèces, les genres
et les familles d'une façon moins arbitraire.

C'est là un point très intéressant, bien qu'il ne soit pas absolument pratique et utilitaire. (*Applaudissements.*)

M. le Président. — Personne ne demande plus la parole sur la deuxième question ? Nous passons donc à la troisième.

## TROISIÈME QUESTION

### Du rôle de l'électricité dans la végétation.

M. le Président. — La parole est à M Gravier.

M. Gravier. — Permettez-moi, Messieurs, avant de vous communiquer diverses expériences purement scientifiques de contrôle et d'appréciation sur l'action des courants électriques dans la culture des plantes, de vous rappeler la magnifique découverte de M. Berthelot.

En étudiant des terres extraites des carrières, l'illustre chimiste reconnut que l'azote dont ces terres se chargeaient après leur exposition à l'air atmosphérique provenait de la formation des matières organiques. Les expériences de MM. Hellriegel et Wilfarth confirment ce fait.

L'azote, qui est l'agent le plus puissant de la végétation, est considéré par les chimistes comme un gaz inerte ; il ne s'unit à l'oxygène qu'en minimes proportions sous l'influence de l'étincelle électrique : on forme aussi de petites quantités d'ammoniaque en combinant l'azote et l'hydrogène par l'action de décharges lentes, ou pour mieux dire, d'effluves électriques, mais ces résultats sont si minimes qu'on ne peut vraiment conclure que l'électricité forme assez d'azote assimilable pour qu'une culture s'en ressente d'une façon sensible.

Partant de ce point : « Que les courants électriques ont une action sur l'azote », de nombreuses expériences eurent lieu et donnèrent des résultats scientifiques appréciables.

M. Nicourt, directeur des chemins de fer égyptiens, fit des essais dans son jardin sur des Rosiers, des Fraisiers et des arbres forestiers d'Egypte ; il montra, à M. le baron de Caters, des cultures traitées par des effluves électriques obtenus au moyen de poteaux télégraphiques surmontés d'un cône en fer doux relié au sol par des fils de fer disposés en serpentin ; la différence entre les végétaux ainsi traités et ceux obtenus dans le même espace de temps par les procédés ordinaires de culture était très sensible.

En Allemagne et en Russie, des essais identiques eurent lieu en grande culture ; les résultats furent satisfaisants, non au point de vue rémunérateur, mais au point de vue expérimental.

Mes premières observations m'amenèrent à penser que les effluves électriques devaient avoir une action vivifiante sur les microorganismes du sol, et que ces derniers, sous cette influence, entraient énergiquement en action, fixaient et transformaient, rendaient assimilable plus vite et plus facilement l'azote atmosphérique ; des expériences plus nombreuses n'ont pas modifié mon idée sur les microorganismes, mais ont complété et développé mes observations.

Le végétal est, selon moi, sensible aux modalités vibratoires de l'électricité et, pour qu'il soit sensible à ces modalités, il faut qu'il y ait entre le végétal et l'électricité certaines vibrations communes. Malheureusement, nous ne savons rien de positif, l'électricité étant une force insaisissable à toute analyse rigoureusement scientifique, et les quelques lois qui nous en sont révélées restant dans le probable, et non le certain ; ne nous enseignait-on pas, il y a à peine un demi-siècle, que l'*électricité, la lumière, la chaleur*, etc., étaient autant de forces distinctes, ayant chacune leur existence propre, ainsi que les lois de l'ondulation, de l'émission ? Aujourd'hui on fait table rase de tout cela et on dit : *la chaleur, la lumière, l'électricité, le magnétisme propre à l'aimant* sont des modalités d'une force unique qui s'engendrent les unes les autres, chacune d'elles pouvant se transformer en toutes les autres.

*L'électricité* se transforme en mouvement mécanique, en chaleur, en lumière, en magnétisme.

*La chaleur* donne naissance au mouvement mécanique, à la lumière, aux courants électriques à l'aide desquels on a l'aimantation.

*La lumière* donne naissance aux couleurs avec leurs actions caloriques et leurs actions chimiques.

*Le magnétisme* propre à l'aimant détermine des courants électriques qui peuvent se transformer en lumière, en mouvement.

Tenant compte de ces données nouvelles, nous devons considérer que tout ce qui se rattache à la terre, les êtres et les choses, obéissent à une loi unique ayant pour point d'observation les contrastes, c'est ce qui forme la polarité dans l'électricité, et dans l'aimant nous distinguons aisément les deux modalités qui constituent la polarité : universellement connues sous les noms de positif et négatif, ces deux modalités établissent que les pôles ou vibrations de mêmes noms se repoussent et que ceux de noms contraires s'attirent.

On sait que les courants terrestres sont négatifs par rapport aux courants atmosphériques qui sont positifs.

Les chercheurs en électro-culture ont, pour beaucoup, sans s'en douter, appliqué les lois de la polarité à leurs expériences, et cela sous trois formes :

1º Les poteaux servant aux expériences puisaient dans l'atmosphère de l'électricité positive pour équilibrer les courants terrestres ;

2º Les poteaux dégageaient le sol de sa trop grande quantité de négatif et mettaient les deux modalités sur pied d'équilibre ;

3º Les deux cas précédents pouvaient se produire, apport et dégagement : l'un, pendant le jour ; l'autre, pendant la nuit.

Si aucun instrument ne peut nous indiquer sous laquelle des trois formes l'électricité se présente dans nos expériences, il n'en existe pas moins une présomption puissante en faveur de la polarité, et c'est basé sur la polarité que j'ai fait toutes mes expériences dont les résultats sont assez sensibles pour intéresser le chercheur ; mes faibles moyens ne m'ont pas permis d'opérer en grand, ce sont donc des expériences en chambre que j'ai à vous présenter.

Ces expériences présentent un intérêt en ce qu'elles ont été renouvelées plusieurs fois à titre de contrôle.

Expérience I. — J'ai soumis des fruits, Poires et Pommes, aux courants de l'aimant, et j'ai constaté que les fruits soumis au courant positif avançaient en maturité d'une manière sensible ; qu'au contraire, les fruits soumis au courant négatif retardaient leur maturité, ceci m'indiquait que les infiniment petits n'étaient pas seuls sensibles aux courants électriques en électro-culture.

Expérience II. — Je semais des graines (Cresson alénois ou Radis) dans des pots que je reliais par des fils conducteurs aux pôles d'un ou plusieurs aimants.

Un premier pot laissé sans contact.

Un deuxième pot était soumis au courant négatif.

Un troisième pot était soumis au courant positif.

Un quatrième pot était soumis aux courants positif et négatif.

J'ai constaté huit ou neuf fois sur dix que : le premier pot avait une levée régulière et parfaitement en rapport avec celle habituelle aux mêmes graines, que le deuxième pot avait une levée tardive et des germes étiolés, que le troisième pot était régulièrement le premier à la levée, avec des germes très vigoureux.

Que le quatrième pot présentait, à côté de germes bien constitués, d'autres atrophiés, ce qui correspondait vraisemblablement à l'un et à l'autre pôle.

Expérience III. — La même que les précédentes, mais sans aucun contact direct ; les pots placés dans le champ des vibrations des pôles de l'aimant ; les résultats sont identiques à ceux déjà donnés.

Expérience IV. — Cette fois, les aimants n'agissent plus directement sur les pots, mais très indirectement, à l'aide de l'eau saturée de leurs contacts positif et négatif et qui sert à l'arrosage ; cette expérience donne des résultats plus sensibles que les précédents, mais dans le même ordre.

Expérience V. — Les graines sont remplacées par des Pommes de terre ; les constatations et les observations sont les mêmes, on remarque pourtant plus spécialement que les germes négatifs sont sans coloration, à l'encontre des positifs qui en ont une.

Une sixième expérience, qui n'est pas complètement terminée, à l'heure où j'écris ces lignes, fut faite à titre de recherche pour ou contre la théorie de l'apport ou du dégagement.

J'ai pris deux Pommes de terre de même nature, de même poids et même forme, je les ai traversées d'une aiguille d'acier dont la base était reliée par un fil à un des pôles de l'aimant ; pour empêcher le dégagement par les pointes je les reliai toutes deux à l'aide d'un fil conducteur.

Les Pommes de terre ainsi préparées furent mises en terre ; mes premières observations sont les suivantes :

Les premiers germes apparents se trouvent du côté positif, et prennent un bon développement.

Je constate que la pointe retournée des germes se dirige vers la tige d'acier ; l'absorption de l'eau se fait rapidement les premiers temps, puis diminue journellement.

Dans le pot négatif, les germes s'étiolent et s'éloignent de leur tige d'acier ; l'absorption de l'eau qui était lente les premiers jours devient plus rapide maintenant.

Dans le pot positif, les germes se colorent et les feuilles se forment, dans le pot négatif les germes sont blancs, sans feuilles et s'étiolent de plus en plus. Les tiges d'acier ne semblent plus avoir la même influence sur les germes.

Ces petites expériences faites avec des aimants m'amènent à conclure :

1° *Que les courants positifs communiqués au sol et aux racines activent la végétation, et que les courants négatifs la retardent.*

2° *Que les végétaux sont soumis aux lois de la polarité.*

Il serait intéressant de poursuivre ces expériences sur un champ plus vaste ; en tenant compte de l'enchaînement des forces physiques nous arriverons peut-être à résoudre le problème de la chlorophyle sous forme de modalités électriques lumineuses et des transformations chimiques, par les vibrations caloriques de l'électricité.

Je pense être agréable à mes collègues en leur faisant part de mes recherches : à ceux qui ont la fortune et le temps, de poursuivre plus loin le sentier que je viens de tracer.

M. CHASSANT, répétiteur de sciences physiques à l'École nationale d'Agriculture de Rennes, délégué de la Société d'Horticulture d'Ille-et-Vilaine. — Messieurs, il ne m'a pas été possible de présenter mon mémoire dans les délais réglementaires, mais je voudrais cependant exposer dans ses grandes lignes le rôle de l'électricité dans la végétation, en l'état actuel de la science.

Les documents sont très nombreux à ce sujet, puisque certains d'entre eux remontent à 1748 et qu'il s'en publie depuis lors presque chaque année dans les annales de l'Académie des sciences ou dans diverses publications. Les plantes les plus variées ont été observées sous l'influence des diverses sources d'électricité.

Certains résultats d'expériences montrent une action favorable de l'électricité ; ils sont suivis immédiatement d'autres résultats en sens opposé, et tel fait que semble avoir prouvé une expérience est démenti par la suivante.

Il est assez difficile, dans ces conditions, de se former une opinion, mais an peut le faire cependant, en s'appuyant sur les données de la physique et de la physiologie modernes.

Un être vivant quelconque, plante ou animal, a besoin d'aliments pour vivre ; la plante les emprunte au sol, mais pour qu'ils puissent être absorbés, puis assimilés, il faut l'intervention d'une force étrangère, d'*énergie*.

L'énergie nécessaire aux végétaux peut leur être fournie sous forme de chaleur, de lumière — et je dis également : d'électricité. — Nous voyons, en effet, journellement, dans les laboratoires, la chaleur se transformer en mouvement grâce à une machine à vapeur qui, actionnant une dynamo, transforme ce mouvement en électricité ; cette dernière se transforme en lumière dans une lampe à incandescence. On peut de même revenir de l'électricité au mouvement en passant par l'intermédiaire d'un moteur électrique. L'énergie ne se détruit donc pas, elle se transforme comme la matière.

Lorsqu'une plante vit dans un milieu où il existe de l'électricité, cette forme de l'énergie peut devenir, soit chaleur, soit lumière, et, par conséquent, agir sur elle. Mais il faut encore, pour que la plante se développe dans des conditions normales, que l'énergie et les aliments se trouvent en quantité voulue.

C'est ainsi que, si l'on exagère la quantité d'azotate de soude employée comme engrais, la plante dépérit ; il en est de même si elle reçoit un excès de chaleur, ou bien lorsqu'un agent nécessaire vient à lui manquer.

Lorsque l'électricité est en trop grande quantité dans l'atmosphère, elle donne naissance à la foudre qui tue le végétal ; si elle fait totalement défaut, la plante dépérit, ainsi que l'ont prouvé des expériences faites par M. Grandeau, en 1877, à la Faculté des sciences de Nancy.

Il n'est malheureusement pas possible, en lisant les mémoires qui ont été écrits sur cette question, de comparer les résultats, parce que l'on ne peut se rendre un compte exact des conditions dans lesquelles les expériences ont été faites. Peut-être pourrait-on prouver que certains des résultats obtenus ne sont contradictoires qu'en apparence.

On voit ainsi que l'énergie électrique, manifestant sa présence dans les milieux où vit la plante, doit agir sur elle. Mais, quel est son mode d'action ?

Elle peut avoir une action directe ou indirecte.

Lorsqu'une décharge électrique se produit dans l'atmosphère, il se forme des composés utiles à la plante, car l'azote et l'oxygène de l'air forment des composés nitrés qui se combinent eux-mêmes à l'ammoniaque, si bien qu'il existe toujours dans l'air de petits cristaux de nitrite et de nitrate d'ammoniaque. Ces cristaux tombent lentement et sont dissous par l'eau de pluie, qui contient toujours une certaine proportion d'azote. Dans ce cas, l'électricité agit indirectement.

Elle agit encore indirectement, en favorisant la nitrification dans le sol, ainsi qu'il résulte d'expériences de M. Grandeau.

En troisième lieu, l'électricité favorise l'absorption de l'azote gazeux de l'air, sous l'influence des microorganismes du sol, ainsi que les expériences de Berthelot semblent le prouver.

L'électricité paraît également favoriser l'assimilation de certains principes dans le sol, d'après les travaux de M. Spechnew, professeur à Kiew.

L'électricité doit agir aussi d'une manière directe. Par des expériences remontant à 1749, l'abbé Nollet constata, en effet, que le dégagement d'électricité favorise l'évaporation.

Des expériences récentes de Chodot et Royer ont montré que le passage d'un courant électrique dans une plante facilite la montée de la sève. Il doit y avoir une certaine corrélation entre ces deux phénomènes.

2

Il serait intéressant de connaître l'influence de l'électricité sur chacune des fonctions de la plante. Tant que dans des expériences conduites sans méthode, on se bornera à constater les résultats généraux apparents, on n'aboutira à rien.

Il serait nécessaire aussi d'étudier l'influence spécifique de la plante, les variations amenées par le climat dans les résultats obtenus.

Je sais qu'il est difficile d'isoler un facteur de tous ceux qui l'accompagnent et qu'il sera très difficile, en particulier, de distinguer le rôle de l'électricité sur les diverses fonctions de la plante.

Ce sont là des études de détail qu'il faudrait suivre avec une grande rigueur scientifique.

MM. Grandeau et Berthelot, en terminant l'exposé de leurs intéressants travaux sur cette question, ont dit que l'étude du rôle de l'électricité dans la végétation pouvait mener à de fort belles découvertes.

Mais, pour entreprendre de tels travaux, des capitaux assez considérables sont nécessaires, puisqu'il faut des instruments de mesure, des machines pour fournir l'énergie électrique, et les expériences seront longues et difficiles à conduire.

Il ne faut pas désespérer, cependant, que l'on n'arrive à d'excellents résultats. (*Applaudissements.*)

M. Petit. — J'ai quelques mots à dire sur cette question, que je voudrais envisager à un autre point de vue, celui de l'utilisation de la lumière électrique en Horticulture.

Chacun sait que la lumière est indispensable au développement des plantes vertes; c'est dans la lumière, en effet, que la cellule verte prend le complément d'énergie qui lui permet d'assimiler le carbone de l'acide carbonique de l'air. Or, les plantes cultivées sous verre ne jouissent souvent, en hiver et au début du printemps, que d'un éclairage insuffisant, par suite de la longueur relative des nuits et de la nébulosité fréquente et intense du ciel. Aussi s'est-on demandé s'il ne serait pas possible de remédier à cet état de choses par l'emploi de foyers lumineux artificiels.

S'il pouvait en être ainsi, un grand progrès serait réalisé dans la culture des primeurs, car la lumière est à peu près la seule des conditions extérieures de la végétation sur laquelle nous ne pouvons agir. L'horticulteur sait, en effet, fournir à la plante de la chaleur et des aliments; quant à la lumière, il n'est en son pouvoir que d'en modérer l'intensité.

Au point de vue scientifique, la question de l'utilisation des foyers lumineux artificiels pour favoriser le développement des plantes peut être considérée comme résolue. Les radiations utiles aux végétaux verts existent aussi bien, en effet, dans la lumière d'une bougie ou d'une lampe que dans la lumière solaire. Mais, comme l'intensité des foyers artificiels est relativement très faible, leur action sur la végétation est minime. Nous devons donc nous demander si leur emploi peut être avantageux, et interroger, dans ce but, l'expérience. Bien entendu, nous nous adresserons aux plus puissants d'entre eux, à la lumière électrique notamment.

Des expériences sur ce sujet ont été entreprises par MM. Dehérain et Siemens. Il en résulte que l'arc voltaïque nu, c'est-à-dire non entouré d'un globe de verre, est nuisible aux plantes ; sous son action, les feuilles sont entravées dans leur croissance et peuvent même noircir, la plupart des végétaux manifestent une forte tendance à monter à graines et souvent les jeunes plantes périssent.

Dans de nouveaux essais, Siemens a observé que tout dommage disparait si la lumière des lampes à arc traverse une lame de verre avant d'atteindre les plantes. Or, on sait que le verre est opaque pour les radiations ultra-violettes ou chimiques, dont l'arc voltaïque est particulièrement riche. Les funestes effets produits par les lampes à arc doivent donc être attribués surtout à l'action de ces radiations. De sorte que, pour expérimenter l'emploi de la lumière électrique, il importe d'entourer l'arc voltaïque d'un globe de verre.

En prenant cette précaution, Siemens prétend avoir obtenu d'excellents résultats avec le Melon, le Pois, la Vigne, le Fraisier, etc.

Des expériences semblables ont été poursuivies en Amérique, par M. Bailey. Ce savant a constaté aussi que l'arc voltaïque nu est nuisible à beaucoup de végétaux et que l'emploi d'un globe de verre en diminue notablement le préjudice, mais sans le faire disparaître complètement toutefois. D'après M. Bailey, la meilleure disposition consisterait à placer les lampes à arc munies d'un globe en dehors des serres, au-dessus du vitrage, afin que la lumière ait deux lames de verre à traverser avant de frapper les plantes. De la sorte, la plupart des végétaux, mais pas tous, auraient bénéficié du supplément de lumière qui leur fut ainsi accordé. La Laitue, en particulier, aurait fourni des résultats très encourageants.

Un autre savant américain, M. Rane, s'est livré à des essais de culture à la lumière électrique, mais en se servant de lampes à incandescence. Il a reconnu également que la lumière électrique agit efficacement sur beaucoup de plantes, sur la Laitue notamment, mais il doute que son emploi en Horticulture puisse être rémunérateur.

Nous nous livrons, M. Nanot et moi, à des essais de cette nature depuis deux ans, à l'École nationale d'Horticulture de Versailles, grâce à la générosité du Directeur de la Société versaillaise de Tramways électriques. Nous avons employé des lampes à arc munies d'un globe de verre et nous les avons placées en dehors de la serre, à 50 centimètres environ au-dessus du vitrage. Suivant les observations de M. Bailey et de M. Gaston Bonnier, qui ont reconnu que l'éclairage intermittent est préférable à l'éclairage continu, nos lampes ne fonctionnaient qu'une partie de la nuit, jusqu'à onze heures environ.

Les résultats auxquels nous avons été conduits sont peu satisfaisants.

Certaines plantes, comme la Laitue, le Haricot, semblaient avoir acquis un développement un peu plus grand sous l'influence de l'éclairage électrique, mais leur poids n'excédait pas sensiblement celui des végétaux cultivés dans les conditions ordinaires. Pour d'autres, comme *Coleus*, *Anthemis*, etc., l'action de la lumière électrique a été nettement défavorable.

Nous nous proposons de reprendre ces essais l'hiver prochain. Mais, dès à présent, nous ne croyons guère à la possibilité d'utiliser avantageusement la lumière électrique dans la culture des primeurs, pour remédier à l'insuffisance de l'éclairage naturel.

M. LE PRÉSIDENT. — Des explications très intéressantes qui viennent d'être fournies, il résulte que la question à l'étude n'est pas épuisée, malgré les recherches dont vous voyez les résultats. Je crois, et l'Assemblée sera probablement de mon avis, qu'il y a lieu de la maintenir au programme de notre prochain Congrès.

L'Assemblée, consultée, se prononce dans ce sens.

### VŒU CONCERNANT LA CRÉATION D'UN JARDIN D'EXPÉRIENCES DE CULTURE MAGNÉTIQUE

M. LE PRÉSIDENT. — M. Gravier a déposé un projet de vœu qu'il demande à l'Assemblée d'adopter.

J'en donne lecture :

« Le Congrès émet le vœu de voir la ville de Paris et le département de la Seine prendre l'initiative de la création d'un jardin d'expériences de culture électro-magnétique. »

M. GRAVIER. — Messieurs, comme l'a constaté le précédent orateur, les moyens d'investigation dans la matière qui nous occupe manquent aux particuliers. L'État, ou d'autres pouvoirs publics, ont pris l'initiative d'expériences pour l'emploi des engrais, par exemple. Pourquoi ne feraient-ils pas de même pour l'électro-culture ? On pourrait en charger un professeur de l'État, en l'invitant à poursuivre la recherche des meilleurs procédés. J'ai pressenti, à ce sujet, des conseillers municipaux ; mais il faut, pour que des démarches en ce sens aient chance d'aboutir, que le Congrès demande, avec l'autorité qui lui appartient, la création d'un jardin d'expériences. A ce prix seulement, ces recherches pourront être poursuivies avec fruit.

M. LE PRÉSIDENT. — Nous pouvons évidemment émettre un vœu dans ce sens. Mais la ville et le département trouveront peut-être la question trop peu mûrie, trop peu sortie de l'ornière, pour y affecter dès maintenant un service et des crédits.

J'estime qu'il faudrait, pour obtenir un sacrifice des pouvoirs publics, être en mesure de présenter des expériences à peu près concluantes.

Si vous le voulez bien, la question sera ajournée au prochain Congrès.

Si, à cette époque, des matériaux plus considérables nous sont apportés, il nous sera possible alors de formuler un vœu, avec chances de le voir prendre en considération.

Personne ne demandant la parole sur les 4e, 5e, 6e, 7e et 8e questions, il est passé à la

## NEUVIÈME QUESTION

### Monographie horticole d'un seul genre de plante au choix de l'auteur.

M. Henry, chef de culture au Muséum, résume en quelques mots le travail présenté par lui au Congrès, sur la monographie des *Syringa*, qui a été récompensée d'une médaille d'or.

M. LE Président. — Je remercie M. Henry de son très remarquable travail. Il sera, à mon avis, nécessaire de maintenir également cette question au programme du Congrès. Elle donnera naissance à des recherches sur les monographies des différents genres de plantes, qui seront profitables pour tous.

L'Assemblée, consultée, adopte cet avis, à l'unanimité.

## DIXIÈME QUESTION

### De la meilleure installation d'un fruitier.

M. LE Président. — La parole est à M. Labitte.

M. Labitte. — Je ne me propose pas, Messieurs, de vous faire une leçon sur l'installation d'un fruitier. Je me bornerai, si vous le permettez, à vous donner la description d'un fruitier construit chez moi. J'en ai cinq. J'ai fait un rapport sur le meilleur. Il est construit en bois, à la russe. Le bâtiment est recouvert d'un revêtement de planches, à l'intérieur et à l'extérieur, avec, dans l'intervalle, de la sciure de bois pilée, pour intercepter l'air et la chaleur. Jamais, depuis dix ans, et malgré des hivers rigoureux, le thermomètre placé à l'intérieur n'est descendu au-dessous de $+ 2$ degrés, température excellente pour conserver les fruits. Le bâtiment, construit dans le genre chalet, comme je viens de le dire, est construit au milieu de ma ferme fruitière.

Pour placer les fruits, j'ai fait installer des planches espacées de 40 centimètres en hauteur et mesurant 60 centimètres en profondeur. Entre celles-ci, sont des planches plus petites ayant 35 centimètres de large, et posées à 25 centimètres au-dessus des premières, ce qui permet de surveiller tous les fruits jusqu'au fond. Il ne pénètre ni air ni jour, sauf quand on place les fruits.

Le fruitier est précédé d'un vestibule comme pour les glacières. Une ouverture garnie de toile métallique est percée dans la porte d'entrée et permet à l'air de circuler. Dans le fond est pratiquée une cheminée d'appel. La porte intermédiaire restant ouverte la nuit, un courant d'air s'établit et permet la sortie des émanations malsaines.

Il faut aussi voir clair pour emballer les fruits. J'ai, à cet effet, une lumière placée sur une table ; mais, pour empêcher l'arrivée de cette lumière sur les fruits, j'ai placé des rideaux devant les rayons, comme s'il s'agissait d'une bibliothèque. Ces rideaux s'ouvrent de haut en bas. Quand on allume pour surveiller les fruits, on tire le rideau qui les abrite. Tous les fruits de même catégorie sont placés à la même hauteur. De cette façon, la lumière ne frappe pas tous les fruits à la fois. Un escalier roulant surmonté d'une plate-forme pourvue elle-même d'un panier demeure continuellement dans le fruitier pour le service général.

J'ai été fort satisfait de ce fruitier. J'en ai d'autres également construits en sous-sol, à 1m30 de profondeur, voûtés en brique avec poutres en fer. Les conditions d'installation en sont excellentes. Le thermomètre à minima n'y descend jamais plus bas que de + 2 degrés. La température y est, vous le voyez, la même que pour le fruitier construit au-dessus du sol.

Le fruitier que j'ai décrit peut être construit par tout le monde, et quel que soit le terrain dont on dispose. Il peut se placer à proximité de l'endroit où se trouvent les fruits. Il évite ainsi les transports, si mauvais pour la bonne conservation.

Je terminerai en vous disant : « Si quelqu'un veut conduire un fruitier, qu'il vienne me voir. Vous verrez chez moi une ferme fruitière créée il y a quinze ans qui, il y a dix ans, a été récompensée par la Société des Agriculteurs de France et, il y a a quatre ans, par la Société d'Horticulture.

M. JAMIN. — Comment est construit le plancher de votre fruitier ? C'est un point très important.

M. LABITTE. — Je dois vous avouer que je ne m'étais jamais occupé d'arboriculture. J'étais agriculteur et président de la Société d'agriculture de mon département. J'avais fait construire une grange pour y mettre mes foins. Mais, mes arbres ayant grandi, j'avais besoin d'un emplacement pour mes fruits. Il me fallait un sous-sol parfaitement sec. J'ai fait creuser à 0m50. Les fondations ont été faites en moellons du pays et chaux hydraulique. A la place de la terre enlevée, j'ai fait mettre du mâchefer sur lequel j'ai mis du sable. Le tout a été recouvert de brique cimentée. Cette brique était de bonne qualité et le sous-sol très sec. Le résultat a été excellent. (*Applaudissements.*)

CRÉATION D'UN MUSÉE HORTICOLE. — VŒU DE M. THÉVENY

M. LE PRÉSIDENT. — Un article du règlement autorise les membres du Congrès à présenter d'autres questions que celles inscrites au programme. M. Théveny nous a soumis un mémoire pour la lecture duquel je lui donne la parole.

M. THÉVENY. — J'ai le plaisir et le devoir, deux choses qui dans la vie de l'homme doivent toujours se lier, du moins quand les intérêts de nos semblables sont en jeu, j'ai, dis-je, le plaisir et le devoir de venir vous rappeler l'idée que j'ai eu l'honneur de vous soumettre naguère.

Je reviens aujourd'hui à la charge et j'espère, Messieurs, que vous pardonnerez mon insistance sur ce même sujet que je vais de nouveau développer devant vous.

Le premier exposé que je vous en ai fait ici au Congrès d'Horticulture de 1898, et qui m'a valu votre approbation, n'a cependant pas été suffisamment compris.

Je vous demande, en conséquence, de bien vouloir me permettre de mieux préciser, cette fois.

Je réclame surtout, Messieurs, toute votre indulgence pour la façon simple et dépourvue d'artifices oratoires dont je vous expose mes idées.

Le principal est que je me fasse bien comprendre, et que je réussisse à vous convaincre, ce que j'espère et désire ardemment, puisque personne depuis lors n'a repris la parole sur cet intéressant sujet.

Une bonne fois pour toutes, messieurs, il faut parfaitement nous entendre.

Ce n'est pas seulement de la création de musées régionaux horticoles et agricoles que j'ai voulu parler à ce Congrès de 1898 ; c'est surtout, et d'abord, de la création en France d'un musée national tout spécialement destiné à l'Horticulture et à l'Agriculture.

Celui-ci une fois créé — sous les auspices du Ministère de l'Agriculture, par exemple, — servirait de point de départ et provoquerait, dans les nombreuses régions qui y sont le plus intéressées, la formation de musées à peu près analogues.

Ce serait alors, le couronnement de l'œuvre dont je poursuis la réalisation.

Je crois, Messieurs, maintenant, contrairement à ce qui a été dit au Congrès de 1898, que l'État seul doit et peut utilement se charger de cette création.

Je ne pense pas, du reste, que l'initiative privée ait fondé seule aucun de nos musées nationaux. Où l'initiative privée jouerait un très grand rôle, bien certainement, ce serait, par la suite, dans la création des musées régionaux, mais ceux-ci, je le répète, ne seront que le complément de l'entreprise première.

Ils seront d'autant plus faciles à créer alors, que tous les principaux éléments utiles à cette création pourraient leur être fournis par l'administration du Musée national d'Horticulture et d'Agriculture, voici comment :

Il suffirait aux intéressés de solliciter le concours du Ministère de l'agriculture, et ils trouveraient là ce qui serait nécessaire en la circonstance ; il va sans dire que toutes les mesures auraient été prises pour cela.

A mon humble avis, je suis donc persuadé que ce concours de l'État serait des plus précieux et à nul autre pareil.

Toutes les écoles spéciales ou autres, même, pourraient également trouver auprès de l'État un pareil appui.

Il est bien évident que les musées régionaux n'auraient, à leur début, besoin que des documents concernant les productions spéciales à la région de chacun d'eux.

Mais il n'en serait pas de même pour le Musée national de Paris.

Celui-ci devant recevoir et instruire tous les spécialistes, devrait contenir toutes les spécialités pour répondre à tous les besoins des nombreux intéressés.

Paris étant la ville que tout le monde aime à visiter, me paraît indiqué pour posséder ce premier musée spécial.

Cependant, si l'installation ne peut être faite à Paris même, il existe aux portes mêmes de la capitale, un coin absolument charmant, pour ne citer que celui-là, qui, pour l'établissement du grand projet que j'ai l'honneur de vous soumettre, me paraît aussi des plus parfaits : je veux dire le bois de Vincennes.

Il existe là, déjà, vous le savez comme moi, Messieurs, un petit jardin botanique, école de la Ville de Paris, et le ravissant Pavillon des forêts.

Tous, en effet, seraient là en pays de connaissances et dans un cadre vraiment délicieux.

En cet endroit, il me semble également qu'il serait très commode, étant donné le splendide emplacement, de laisser libre cours à la plus large et à la plus belle conception.

Le but de ce nouveau musée sera le même que celui des autres temples de la science et des arts ; lui aussi sera une exposition permanente de choses, il présentera à l'intelligence l'application des produits horticoles et agricoles et favorisera le développement du goût inné des Français pour le bon et le beau.

J'ai déjà dit autre part (1) que non seulement de très nombreux intéressés professionnels visiteraient constamment ce musée, mais que le grand public s'y rendrait en masse, car il aime à s'instruire, et, je crois que la diffusion toujours plus grande donnée à l'enseignement de l'Horticulture et de l'Agriculture aurait sur l'éducation populaire une très heureuse influence.

Je dois vous dire, Messieurs, que j'admire beaucoup l'esprit qui a présidé à

_____

(1) Voir le compte rendu du Congrès d'Horticulture de 1898.

la création de nos nombreux musées ; et comme vous, du reste, j'en suis fort satisfait, je suis même d'avis qu'ils ne sont pas encore en assez grand nombre : ma démarche en est la preuve.

Cet esprit, dis-je, si je ne me trompe, a ce très noble but qui est de développer chez tous, autant que possible, la connaissance du beau et du vrai, afin de rendre les gens meilleurs, et cela par la vulgarisation toujours plus complète de toutes les sciences et de tous les arts.

Néanmoins, je reconnais qu'il reste encore énormement à faire pour atteindre à la perfection, si toutefois il est possible d'y atteindre jamais.

En effet, ne trouvez-vous pas comme moi, Messieurs, qu'il est étonnant que les sciences horticoles et agricoles soient les moins favorisées en ce sens, et qu'elles n'aient pas au moins un musée qui leur soit propre?

Vraiment, on se demande la raison de ce manque d'égard pour ces deux grandes et primordiales sciences qui se tiennent, sans contredit, au premier rang parmi toutes les branches des connaissances humaines.

En conséquence, Messieurs, je crois que ce ne serait pas montrer une exigence extrême que de demander à l'État d'organiser pour elles ce qui a été fait et se fait encore pour toutes les autres sciences, c'est-à-dire de leur accorder aussi leurs musées confortables et spéciaux.

Afin de bien faire comprendre ce que j'entends par un musée national spécialement destiné à l'Horticulture et à l'Agriculture, il est utile, je crois, Messieurs, que je vous en fasse ici une très rapide définition.

Vous saisirez ainsi, par l'imagination du moins, toute ma conception.

Elle est très vaste, comme vous allez en juger, et ne pourra que le devenir davantage quand d'autres collaborateurs plus autorisés et aussi plus savants se seront joints à moi.

Prenons, par exemple, un élève ou un professionnel agriculteur voulant connaître à fond et étudier tous les documents concernant la spécialité de cette profession.

Il n'aura qu'à aller au musée d'Horticuture et d'Agriculture, et, là, il trouvera tous les meilleurs renseignements scientifiques et autres les plus pratiques pour servir à son besoin de savoir, et cela par les documents très nombreux suivants :

1° Dans une bibliothèque bien composée, sous forme de livres et gravures de toutes sortes;

2° Par des échantillons très complets de matériel de petite et grande culture, etc., etc. :

3° Par des collections en échantillons secs ou autres, des Blés, Orges, Avoines, plantes alimentaires, fourragères, textiles, oléagineuses, tinctoriales, aromatiques, officinales, plantes à caoutchouc, à gutta-percha, à résine, à bois précieux, etc., etc.

4° Par une collection savamment présentée, pour l'étude des différents engrais et amendements.

5° Enfin, par des collections très soignées et aussi complètes que possible de figures plastiques et autres.

Les élèves-maraîchers ou cultivateurs trouveront là également et avec les mêmes éléments, tout ce qui est nécessaire à l'étude de leur si utile et intéressante spécialité.

Pour ne pas être trop long, je ne ferai pas ici l'énumération de tout ce qui pourrait se faire pour les différentes cultures; vous connaissez mieux que moi, Messieurs, toute la complexité du sujet.

Les viticulteurs devront trouver aussi, dans ce lieu, les éléments nécessaires à leurs études; sur ce chapitre, de même, il y aurait énormément à dire et plus encore à faire, car le sujet est très vaste, et ne manque pas d'un certain intérêt.

Il en sera de même pour les pépiniéristes. Il y aura à leur intention, dans ce musée, les collections les plus complètes de tous les fruits de table, indigènes et exotiques, les fruits d'ornement; tous les meilleurs documents concernant, avec la taille des arbres, les façons de cultiver le plus pratiquement toutes ces différentes espèces ou variétés de fruits, leur exploitation à tous points de vue, leur conservation, la description, avec de très nombreuses figures à l'appui, des maladies particulières à chacun, la manière de les en protéger, les remèdes et leur application, etc., etc.

D'autres trouveront là, avec les très nombreuses collections de fruits à cidre et à poiré, tout ce qui concerne cette étude particulière, et avec cela, tous les documents relatifs à la fabrication des boissons, qui est le côté essentiel et la raison d'être de la culture de ceux-ci.

Une large place sera faite aux primeuristes, pour l'étude de tout ce qui se rapporte à cette très intéressante culture, qui rend de si grands services et qui est appelée à en rendre de bien plus grands encore.

Il sera fait également aux fleuristes une bonne place dans ce musée, pour l'étude et la présentation au public de leur art si coquet, qui ajoute à la vie une jouissance des plus nobles et des plus exquises.

Pour un très grand nombre d'autres spécialistes, ce sera aussi l'étude de la sériciculture, de l'apiculture, de la sylviculture, de l'aviculture, voire même de la pisciculture et de l'ostréiculture, etc., etc., qui les attirera dans ce grand musée consacré à l'enseignement de tous.

En joignant à tout cela une section réservée à l'étude si utile de la culture coloniale, et une autre, réservée à la zootechnie, je crois que je vous aurai suffisamment démontré, Messieurs, toute la grandeur de l'œuvre à laquelle je vous prie de vous intéresser.

En un mot, je veux dire qu'autant que possible rien de ce qui intéresse et se rattache à l'Horticulture et à l'Agriculture en général, ne devra manquer dans ce nouveau et premier temple exclusivement réservé à la science horticole et agricole.

Il n'est pas facile, Messieurs, de créer une œuvre de cette importance, je le conçois parfaitement; mais il faut un commencement à tout, et ce ne serait pas faire preuve d'un très grand courage que de ne s'attaquer qu'à ce qui est sans grandeur et sans difficulté.

Je sais fort bien aussi que cette œuvre ne peut être ni celle d'un jour ni celle d'un seul.

Pour réussir il faut, au contraire, la collaboration du grand nombre, voire même des plus humbles, parmi lesquels je me compte.

Ce dont je suis également bien certain, Messieurs, c'est que parmi mes très honorables collègues se trouvent de très bons et nombreux collaborateurs.

Qu'ils veuillent bien se mettre à l'œuvre; ils feront beaucoup mieux que moi, j'en ai la certitude.

De mon côté, dans la limite de mes faibles moyens et de mes efforts, mon concours le plus absolu leur est acquis.

La bienveillance, Messieurs, avec laquelle vous avez bien voulu m'écouter, et dont je vous remercie infiniment, me fait espérer que vous ne laisserez pas réaliser à l'étranger, comme tant d'autres inventions ou idées françaises, le patriotique projet que j'ai l'honneur de vous soumettre.

M. le Président. — Nous sommes obligés à M. Théveny de sa communication; mais je ne vois pas à sa proposition d'autre sanction qu'un vœu à adresser aux pouvoirs publics.

M. Théveny. — Je demande que l'on examine si la chose en vaut la peine et s'il y a lieu d'émettre un vœu ou de faire les démarches nécessaires.

M. le Président. — Je crois que la chose demande à être étudiée autrement que dans les discussions générales d'un Congrès. Il faudrait une étude de détail pour juger de l'importance des ressources nécessaires, et le Congrès de cette année ne peut, faute d'informations plus précises, prendre l'initiative de la proposition. Si vous le voulez bien, la question sera remise à la prochaine session. (Il en est ainsi décidé.)

Messieurs, un certain nombre des questions proposées cette année n'ont pas été traitées. Il serait intéressant qu'elles le fussent et, si vous le voulez, elles pourront figurer au programme du Congrès de 1902. Je vous engage, d'ailleurs, à nous soumettre celles que vous croyez utile d'appeler à la lumière d'un examen public dans nos séances. Nous recevrons avec plaisir les propositions que vous voudrez bien envoyer dans ce sens à la Société. et qui seront, je puis vous en donner l'assurance, examinées avec soin.

Plusieurs documents traitant de questions non à l'ordre du jour, et les auteurs n'étant pas présents, sont renvoyés à un prochain Congrès, l'heure tardive ne permettant pas de les examiner.

Voici celles qui réussiront bien dans ces conditions spéciales, c'est-à-dire dans le vestibule, contre les murs : *Aucuba japonica*, le type et les variétés à feuilles ponctuées de jaune ou de blanc, ainsi que toutes celles à feuilles vertes obtenues par les semis. Ces plantes cultivées en pot, pendant un an, sont aptes à cet emploi : *Phormium tenax* et toutes ses variétés à feuilles panachées ou teintées de rouge ; la forme en éventail de ces plantes convient admirablement ; *Aspidistra elatior* et ses variétés à feuilles panachées : toujours la plante la plus précieuse pour les mauvaises situations ; *Dracæna indivisa* et ses variétés ; *Chamærops excelsa* et *humilis* ; *Evonymus* variés, verts et panachés, *Buxus sempervirens* et ses variétés ; les Buis sont très résistants ; *Rohdea japonica* et ses variétés, bonnes plantes japonaises ; *Bambusa aurea, nigra, viridi-glaucescens, Metake, Simoni* et autres ; les Bambous, par leurs tiges élancées et leurs feuilles légères, gracieusement posées sur les branches, sont excellents pour le vestibule ; *Rhododendron*, surtout les variétés dérivées du *ponticum*, ainsi que le type et les variétés du *caucasicum*. Nous en avons vu fleurir en vestibule un peu éclairé.

Comme Fougères, le *Darea diversifolia* et l'*Aspidium proliferum* conviennent très bien. Pendant l'été, les *Polystichum setosum* et *incisum*, les *Lastrea* et *Athyrium* ainsi que les *Scolopendrium officinarum*, type et variétés, tiendraient très bien.

Souvent, de chaque côté de l'escalier (deux à trois marches) qui conduit à l'antichambre, on garnit les marches. Pour cela, rien ne convient mieux que les *Aspidistra elatior foliis variegatis*, alternés avec des *Dracæna congesta discolor* ou le type, en plantes élancées, ou encore des Bambous.

Quelquefois une niche fait face à l'entrée de l'antichambre. Si le propriétaire n'y a pas fait placer une statue ou un vase, on peut y mettre une plante à choisir dans les genres suivants : *Astelia Banksii*, en fort exemplaire ; *Phormium Veitchi*, en touffe ; *Chamærops humilis*, un peu élancé ; *Dracæna indivisa lineata, Dracæna cannæfolia, rubra, Bruanti* et *congesta*, ce dernier en touffe.

Si l'amateur peut border la garniture des trottoirs, rien ne convient mieux pour cet emploi que les *Ophiopogon Jaburan* fol. var., *O. spicatus foliis albovariegatis*, et son type l'*Ophiopogon japonicus*, nommé par Alphonse Karr : Herbe aux Turquoises.

Dans la bonne saison, on pourra aussi employer le *Cordyline vivipara* (*Phalangium lineare*) et ses variétés panachées, ainsi que les *Carex* et les *Isolepis*. Ces petites plantes formeront de charmantes bordures.

Dans l'antichambre, un Palmier élégant tel que le *Cocos Weddelliana*, en fort exemplaire, ou l'*Areca lutescens* en belles touffes, ou les *Kentia Forsteriana* et *Belmoreana* seraient des sujets dignes d'être isolés sur une console. La glace, s'il y en a une, serait garnie de chaque côté par une plante fluette : *Dracæna Sanderiana* en touffes élancées ou *Ficus elastica*. Le bas de la glace sera garni de Fougères : *Polystichum incisum, Adiantum cuneatum* et d'*Ophiopogon spicatus* fol. albo-var., parmi lesquels on intercalerait de petites plantes en fleurs, selon les saisons : Primevères de la Chine, Tulipes hâtives, Jacinthes, Narcisses, Cinéraires et Calcéolaires, Broméliacées fleuries, telles que *Billbergia splendida, rhodocyanea, amœna, Joinvillei, quadricolor* et autres ; *Æchmea fulgens* et toutes les belles variétés de *Vriesea* dont notre ami Duval s'est occupé avec tant de succès.

Pendant l'hiver, ce bas de glace, le plus joli décor floral de l'entrée, recevrait de petits Lilas cultivés en pots, bien fleuris, des *Deutzia gracilis*, des *Prunus sinensis flore pleno*, des *Spiræa* et *Hoteia japonica*, quelques *Azalea indica* en fleurs, de même que des *Azalea mollis* et *pontica* et des *Azalea sinensis* à fleurs doubles, au parfum suave. Des *Asparagus* allégeraient le tout.

Par abonnement, ou autrement, cet arrangement idéal de l'antichambre serait délicieux.

Dans le ou les salons, qui, généralement, ne sont chauffés que les jours de réception, il faut placer surtout des plantes de serre froide et de serre tempérée. Voici les noms des plantes qui conviennent davantage pour cet emploi. Parmi les Palmiers : *Kentia Forsteriana, Kentia Belmoreana, Chamærops humilis* à pétioles allongés, autant que possible, *Chamærops Fortunei, Cocos Weddelliana, Cocos flexuosa* dans les angles, *Bambusa aurea*, id., *Clivia miniata* et variétés, auxquels on aura soin de ne pas mettre comme on le voit trop souvent, un horrible *manchon d'ouate* à la base. Je ne sais quel mauvais farceur a conseillé cela, pour, dit-on, amener une meilleure floraison ! Il est évident que cette idée n'a pas le sens commun ! Pour que le *Clivia* fleurisse bien en appartement, il faut qu'il soit placé aussi près que possible des vitres de la fenêtre, sans y toucher naturellement. L'exposition du Midi et de l'Est favorisera la floraison.

Dans les salons, les *Araucaria excelsa, Bidwilli, Cunninghami, robusta, brasiliensis* et toutes les autres espèces y trouvent leur place. Ces Conifères apportent dans la maison la fraîcheur des montagnes, avec leur agréable aspect et leur port élégant. Aussi les *Araucaria* sont-ils de nos jours multipliés par milliers. Leur prix est devenu à la portée de toutes les bourses.

Les Broméliacées, auxquelles on reproche la raideur, sont presque toutes des plantes d'appartement par excellence. Les genres suivants méritent d'être employés : *Pourretia* (*mexicana, argentea, Joinvillei, brevifolia*) ; *Ortgiesia* (*tillandsioides*, etc.) ; *Bromelia* (*undulata, Ananassa, Binoti* et *Karatas*) ; *Billbergia* (*amœna, thyrsoidea, splendida, Moreliana, Joinvillei, rhodocyanea* et *horrida*) ; *Æchmea* (*fulgens, miniata, Dregei* et *Weilbachi*) ; *Vriesea* (*psittacina, brachystachys, Duvali, Rex* et toutes les variétés de Léon Duval et autres) ; *Caraguata* (*lingulata, tricolor, cardinalis, discolor* et autres) ; *Hohenbergia* et *Hoplophytum* ; *Hechtia* et *Tillandsia*.

Comme Fougères de salons, citons des espèces qui pourraient être placées contre les murailles, dans des appliques en rotin, en bambous ou en vieilles faïences : les *Platycerium alcicorne, Hillii* et *Willinckii*, même les

*P. grande* et les *Davallia*, aux rhizomes abondants se projetant partout autour de la motte, tels que *elegans, polyantha, canariensis, lucida fidjiensis* et autres. Le caractère original de ces plantes enlève un peu de la raideur du décor d'un salon.

Les jours de réception, on attacherait aux lustres et aux appliques de gaz des branches coupées de ces jolies Asperges aux feuilles durables : *Asparagus tenuissimus* et *Sprengeri* et du gracieux *Medeola asparagoides* ou *Myrsiphyllum*. Ces branches légères, arrangées en guirlandes produiraient un effet charmant et donneraient un air de fête !

Voilà pour les salons.

Passons à la salle à manger. Ici, les garnitures doivent être plus intimes et plus abondantes ; les plantes doivent être plus choisies et relativement plus mignonnes. Il y a les fenêtres, le buffet, le piano, les angles des consoles et quelquefois des suspensions.

Dans cette pièce, les superbes Crotons aux feuilles richement bigarrées d'or et de feu, les Bégonias à feuilles zonées d'argent ou pointillées ou moirées, les coquets *Cocos Weddelliana*, les *Geonoma gracilis* et *insignis, Geonoma imperialis, Corypha australis*, ainsi que le riche *Latania borbonica* et le curieux *Livistona rotundifolia* ont leur emploi tout indiqué.

Les luxuriants *Dracæna* à feuilles colorées joueront un rôle, ainsi qu'une corbeille d'*Adiantum cuneatum* ou *æthiopicum*. Les *Pandanus utilis, Veitchi* et *graminifolius* seront utiles aussi, de même que les *Anthurium Scherzerianum* et *Andreanum, Phœnix canariensis, leonensis* et *reclinata*.

Sur les fenêtres, une dame aimant les plantes pourra cultiver le *Vallota purpurea* à la riche floraison, aussi facilement que le Clivia, et des plantes fleuries, *Reseda, Bouvardia*, Héliotropes, Jasmins, pourront parfumer la salle, à manger, selon les saisons.

Ici encore, un *Azalea indica* bien fleuri sera placé de façon à y faire sa saison florale ; un *Rhododendron* ou un bel *Hortensia* rose ou bleu y arriveront aussi en leur saison. Le choix est immense quand on peut dépenser de l'argent et quand on ne tient pas à ce que les plantes vivent toujours ! Pour les suspensions, ce qui réussit le mieux ce sont les *Pourretia* entourés de *Tradescantia repens*.

Dans les chambres à coucher et boudoirs, ce qui sera de meilleur goût, ce sont les Fougères, telles que *Nephrolepis exaltata* ou *cordifolia compacta* ou *plumosa*, ainsi que les *Asparagus*. Ce sont les plus faciles à cultiver.

Soit aux étages, soit au rez-de-chaussée, il y a souvent véranda et serres-fenêtres. Dans ces endroits spéciaux, toutes les plantes précédemment indiquées pourront prospérer, si le chauffage est bien compris. Trop souvent les calorifères nuisent : nous y reviendrons.

On pourrait ajouter des Sélaginelles et des Fougères de toutes sortes, lorsque les conditions sont bonnes.

Passons maintenant à la seconde sous-question et donnons les noms des plantes les plus solides, les plus résistantes en appartement. Forcément le nombre en est limité. Beaucoup de celles citées plus haut souffriraient de la sécheresse des pièces habitées, ainsi que du gaz, du calorifère, de l'obscurité et du manque de soins.

Pour le vestibule, nous pouvons conserver à peu près tous les noms indiqués, c'est à-dire : *Aucuba, Phormium, Aspidistra, Chamærops, Rohdea,* Bambous et *Rhododendron.*

Les Fougères nommées sont assez solides pour vivre et même prospérer dans ces conditions spéciales.

Pour l'escalier, de chaque côté sur les marches, on peut s'en tenir à ce que nous avons dit. Quant à la niche, l'*Astelia Banksii* est la plus solide, ainsi que les *Chamærops humilis* et *Fortunei.*

Comme bordures, ce qu'il y a de plus résistant, ce sont les *Ophiopogon.*

Dans l'antichambre, la fantaisie ne pourra plus se donner autant libre cours. On pourra cependant y placer *Cocos* et *Kentia, Dracæna congesta* et *congesta discolor, Ophiopogon Jaburan* et *spicatus* et *Polystichum incisum.* Les Broméliacées dans les genres *Pourretia, Ortgiesia, Dyckia* et *Hoplophytum* sont les plus solides.

Dans les salons, comme plantes pouvant endurer cette situation particulière, on doit recommander : *Kentia, Chamærops, Cocos Bonneti, Weddelliana* et autres; Bambous, *Clivia, Araucaria,* Broméliacées dans les genres indiqués plus haut, *Platycerium* et *Davallia, Pteris tremula* et *Ouvrardi, Rohdea.*

Pour la salle à manger, on peut choisir dans les genres *Aspidistra, Cocos, Corypha, Latania, Dracæna,* en exceptant les espèces et variétés à feuilles colorées, *Pandanus (graminifolius), Phœnix* (tous), *Clivia, Vallota* et *Pourretia.*

Pour le reste de la maison, tout ce que nous avons déjà dit peut s'appliquer entièrement.

La culture des plantes d'appartement n'est pas aussi difficile qu'on semble le croire.

Que faut-il aux végétaux, en général? De la lumière, plus ou moins; de l'air; la température qui convient aux habitants, et des arrosements réparateurs, avec la fumure aussi réparatrice.

Cela posé, il faut que l'amateur et le jardinier apprennent à bien connaître les plantes qui servent à garnir les appartements. Il faut qu'ils sachent, par exemple, qu'un coin d'appartement ne peut convenir à un *Clivia.* Pour ce genre, il faut absolument la fenêtre, le plein jour; ou du moins, on doit le rapprocher de la fenêtre *le plus possible.*

Dans les angles, souvent peu éclairés ce qui résistera mieux ce seront certainement les Palmiers, surtout les espèces, que nous indiquons plus haut, comme plantes solides.

Ce qui nuit aux plantes, à propos de lumière, dans les appartements, ce sont les grands rideaux en étoffe opaque. Ces rideaux — que la mode, espérons-le, fera disparaître, — donnent aux pièces de la maison le demi-jour d'une cave et, par cela même, nuisent aux habitants. Les opticiens feraient de moins bonnes affaires, peut-être, si ces rideaux étaient remplacés par du tulle et de la dentelle!

Et derrière ces gracieux abris, les plantes, aussi, se porteraient mieux; comme les humains, elles ne seraient pas assujetties aux pâles couleurs.

Voyez ce paysan vivant en plein air et, dans sa maison sans rideaux d'étoffe, comme il respire la santé, combien sa figure colorée fait plaisir à voir.

Que nos habitations reçoivent de la lumière et de l'air, souvent, nous nous en porterons mieux!

En résumé, nous croyons que seuls, les Palmiers, les Fougères, les Broméliacées et les Aspidistra pourront vivre dans une lumière diffuse. Néanmoins, toutes ces plantes seront plus belles lorsqu'elles seront plus éclairées.

L'aération est nécessaire quand le temps le permet: il ne faut pas aérer l'appartement quand il gèle, bien entendu. Hors ce temps-là, les végétaux et ceux qui les soignent et les aiment ont besoin d'un renouvellement d'air. Pour cela ne pas craindre d'ouvrir portes et fenêtres, pendant un moment — une demi-heure ou une heure, selon les saisons — et tous les jours. Il est évident qu'il ne faut pas le faire quand la tempête et le vent, mugissant, peuvent troubler l'harmonie du décor de l'appartement. On doit toujours raisonner les choses.

A propos de la lumière et de l'air, qu'il faut regarder comme nécessaires à la vie des plantes, il faut lire avec attention les articles du savant professeur M. L. De Nobele, de Gand. Dans le Journal *La Revue de l'Horticulture Belge et étrangère*, ce savant distingué a donné une étude très intéressante sur le rôle que joue la *chlorophylle* dans l'existence des végétaux. Or, la chlorophylle ne se forme pas bien dans une lumière trop diffuse.

Tout le monde connaît le blanchiment des légumes qui ne s'obtient que par la privation de la lumière. La cueillette se fait au moment psychologique; si l'on attend trop tard, les feuilles *pourrissent* ou *meurent*.

Il est donc bien entendu que pour faciliter la culture des plantes, il faut, pour leur placement, profiter des conseils donnés ci-dessus et de ceux des praticiens consciencieux.

La température artificielle est souvent dangereuse dans les serres, lorsqu'elle est exagérée. C'est une raison pour l'éviter en appartement, où, là, elle se compliquera de sécheresse. Pour toutes les plantes et même pour les habitants, il est bon d'avoir un thermomètre dans les appartements.

Comme température saine, pour toutes les plantes d'appartement il est bon de ne pas dépasser 15 à 18° par la chaleur artificielle. Et lorsqu'elle atteint le maximum, soit par le soleil, soit par les calorifères, sauf quand il gèle, il faut aérer.

Ce que nous disons pour les plantes est applicable aux personnes ; il n'est pas bon de se trop chauffer ; la marque *tempérée* sur le thermomètre est ce qui nous convient.

Il n'y a donc pas incompatibilité entre les plantes et les amateurs ! Quand ces derniers se trouveront bien dans leur habitation, il en sera de même des végétaux. Je parle, bien entendu des plantes solides de la deuxième sous-question.

Les arrosements sont la partie la plus difficile dans ce genre de culture. Il est essentiel de se servir d'eau de pluie ou de rivière pour les arrosements des plantes en appartement.

A défaut de ces eaux on peut employer l'eau de source filtrée.

En thèse générale, il vaut mieux, sauf exception, que les plantes aient un peu soif que d'avoir trop d'eau. Nous en exceptons naturellement les plantes aquatiques telles que *Cyperus, Azolla, Salvinia, Pontederia* et *Pistia*, ou demi-aquatiques, telles que les *Richardia*.

Il faut donc être prudent dans les arrosements comme pour les fumures.

Pour cette opération, il est bon, une fois ou deux par semaine, de sortir toutes les plantes et de les arroser, soit dans une cuisine en hiver, soit à la cour en été.

Le moyen le plus pratique employé pour se rendre compte de l'état de la motte des plantes d'appartement est de frapper doucement sur le pot avec l'index plié : *s'il sonne clair*, la plante a soif ; *s'il sonne mat*, inutile d'arroser.

En sortant les plantes de la maison, on a la facilité de les laver soigneusement en même temps, ou de frotter à sec celles qui ont les feuilles lisses, telles que *Ficus, Aralia, Latania*, etc., etc. Une vaporisation d'eau claire et propre, filtrée si l'on peut avec l'appareil *Muratori*, terminera le travail.

Les rempotages sont nécessaires aux plantes d'appartement. Les amateurs peuvent les faire eux-mêmes, mais nous les engageons à les confier, au moment voulu, c'est-à-dire mars-avril, à leur fournisseur, un horticulteur consciencieux. Généralement ils le sont ; ce ne sera pas difficile à trouver.

Si l'amateur veut faire le travail lui-même il devra se procurer de la bonne terre de feuilles qu'il additionnera de terre franche, dite terre à blé, en quantités proportionnées aux genres cultivés. Par exemple, les Fougères seront rempotées, en France, en terreau de feuilles sans mélange ; les Palmiers demandent un mélange plus lourd en vieillissant et du terreau de feuilles sablonneux dans le jeune âge.

Les Dracæna sont dans le même cas, de même que les autres plantes ; en tout cas, il vaut mieux que le terreau de feuilles et le sable dominent. La terre franche doit être mélangée intimement, lorsqu'on en met. On peut y ajouter les engrais en sec recommandés par les savants. Nous allons en parler, en suivant exactement leurs prescriptions.

Les plantes à oignons, en général, préfèrent la terre franche sablonneuse additionnée de bouse de vache desséchée ou de tourteaux en poudre, mélangés intimement.

Les Clivia sont dans le même cas; cependant, ils sont généralement cultivés en terreau de feuilles.

Le travail du rempotage se fera soit dans un débarrassoir, soit dans la cour sur une table. On en profitera pour changer les plantes de pots; des pots neufs seront toujours à préférer. Les vieux pots, malgré tous les soins, s'encrassent de champignons et de mousse; ils sont moins poreux.

Le système radiculaire sera examiné avec soin; s'il y a des racines mortes on doit les couper en tranchant dans le vif, et dans ce cas, si la plante est un peu souffrante, rempoter en pot plus petit. Si, au contraire, la plante est vigoureuse, on rempotera en pot un peu plus grand.

Les plantes à diviser, tels que Clivia, Ophiopogon, Aspidistra, Marica, etc., pourront l'être en avril, et les divisions plantées en plusieurs pots proportionnées à la motte. De cette façon, les mêmes cache-pots pourront toujours être garnis. Dans beaucoup de maisons, le rempotage en grands pots dérange, car les vases ne peuvent plus les contenir. On fait alors des changements. Et il est bon de savoir que certaines plantes, les Palmiers, par exemple, peuvent rester trois ans et même quatre ans sans être changés de pots. Des arrosements copieux en été, et un peu de fumure, rendront les rempotages inutiles.

Il sera toujours utile, du reste, de prendre conseil de l'homme de l'art, c'est-à-dire l'horticulteur.

Quant aux engrais, il est préférable de se servir des composés, à petite dose (engrais chimiques de Grandeau, Jeannel, Poiret, Truffaut et autres), en suivant exactement les prescriptions des savants chercheurs.

Les engrais organiques répandent des odeurs désagréables, qu'on peut éviter avec les formules chimiques.

Du reste, dans les grandes cultures comme dans les petites, la chimie est appelée à jouer un rôle considérable.

Les arrosements dans la saison d'hiver doivent être pratiqués le matin; au contraire, en été, on les fera dans l'après-midi. Ce système aura de plus l'avantage de donner aux plantes un air plus humide dont elles profiteront.

Le lendemain matin, la dame de la maison se fera apporter les plantes bien égouttées et les remettra en place. La même chose pourra être faite en hiver, à la condition expresse que la pièce soit à la température voulue.

On profitera du séjour hors des appartements pour laver et frotter très soigneusement les feuilles qui peuvent supporter ce travail utile. Les poussières bouchent les stomates des feuilles et nuisent à la bonne végétation des plantes. Il faut donc entretenir soigneusement les plantes; ce qui demande peu de temps lorsqu'on le fait une fois chaque semaine.

Certaines plantes, telles que les Fougères et les Asparagus, ne peuvent pas être frottées, cela se comprend, mais on peut les laver à grande eau, en ayant soin de les pencher au moment de l'opération. Il est inutile de noyer les plantes et de faire déborder la terre des pots par un lavage trop abondant, trop rude.

Les insectes contrarient souvent la culture des plantes en appartement. Déjà, avec les soins de propreté que nous venons d'indiquer, on évitera la venue des insectes. Et, surtout, si l'on a soin, de temps à autre, d'ajouter dans l'eau de lavage, du jus de Tabac en extrait nouveau, à 2 p. 100, c'est-à-dire 2 centilitres pour 1 litre d'eau, 2 litres par hectolitre de liquide.

Cette méthode préventive rendra les plantes indemnes, et si, malgré tout, certains végétaux, les Palmiers, par exemple, se couvrent de kermès, ces insectes en forme de petites carapaces qui semblent ne pas vivre, il suffira de badigeonner la plante avec de l'alcool à 45 degrés, ou du savon, ou à l'aide d'un autre insecticide. Pour ce faire, il faut un petit pinceau, que l'on trempe souvent dans l'insecticide pour de là, passer vivement sur la plante ; le travail est bientôt opéré.

Mais, nous le répétons, il est mieux de ne pas laisser venir les insectes : pucerons, cochenilles, thrips, araignées rouges et kermès en employant la méthode préventive.

En donnant aux plantes d'appartement une bonne hygiène, c'est-à-dire : air renouvelé, température douce sans exagération, lumière distribuée selon les espèces, et les petits soins indiqués plus haut, on est certain de la réussite.

Ces petits travaux seront une distraction pour les ménagères qui, ainsi que ceux qui vivent sous le même toit, seront heureux des résultats acquis.

Pour compléter ce petit traité de la culture des plantes en appartement, je vais dire un mot des plantes à fleurs que l'on peut cultiver dans sa maison, aux fenêtres.

En dehors des *Clivia*, dont nous avons déjà parlé, il faut citer : les *Vallota*, de très facile et superbe floraison, plus éclatante quoique moins forte que celle des *Clivia* ou *Imantophyllum* ; les *Weltheimia*, oignons dont le repos est en été : à l'automne, on rempote, on arrose, et bientôt feuilles et tige florale se montrent ; les délicieux *Marica*, aux fleurs éphémères et charmantes, dont les tiges après la floraison vont, avec une sollicitude toute maternelle, planter sur le sol leurs prolifications ; les *Moræa*, les *Libertia* ; les *Cyclamen*, qu'on peut semer à la fenêtre et faire prospérer ; l'*Eucomis punctata*, si curieux et facile ; tous les oignons à fleurs des genres Jacinthes, Tulipes, Narcisses, Scilles, *Muscari*, Perce-neige, Muguets, *Chionodoxa*, *Crocus*, *Ixia*, *Sparaxis*, *Freesia*, *Tritonia*, etc., etc. Il est bon pour ces genres d'avoir préparé à l'avance, en plein air, dans une cour à l'ombre, dans de la cendre, l'enracinement des bulbes avant de les placer aux fenêtres. On peut encore y cultiver avec succès l'*Impatiens Sultani* et ses variétés.

Pour les oignons, une armoire dans une pièce non chauffée pourrait être utilisée, de même que pour les Jacinthes cultivées en carafe. L'enracinement complet avant la mise en floraison produit de plus beaux sujets et facilite la culture sur l'appui des fenêtres.

Sur les fenêtres, on peut encore cultiver les *Pelargonium grandiflorum*, *hederæfolium* et *zonale*, les *Fuchsia*, les Héliotropes, les Œillets, les Réséda, l'antique Basilic et le Musc (*Mimulus moschatus* et *Harrisoni*).

En voilà assez, me direz-vous. Je voudrais cependant vous parler de la fenêtre idéale, celle qui pourrait se passer de rideaux. Je m'explique. En cultivant à la fenêtre, sur l'appui, des Campanules pyramidales ; dans les embrasures, des *Campanula fragilis*, *Lindheimeiri* et *Lowii* ; en haut, une suspension de *Linaria* et de *Campanula gracilis*, on obtiendrait, à la floraison, un spectacle charmant, de bleu, de blanc, et de rose, qui serait ce que j'appelle la *fenêtre idéale*. A ce moment, les rideaux seraient inutiles.

Pour ceux qui possèdent la fortune, nous conseillons la double fenêtre, garnie de Fougères, d'Orchidées, d'*Asparagus*, de *Cocos Weddelliana*, de *Caladium* et de toutes les plus gracieuses plantes de la serre tempérée.

# DEUXIÈME QUESTION

## QUEL A ÉTÉ LE ROLE DE LA FÉCONDATION ARTIFICIELLE DANS L'HORTICULTURE

### par M. FOUSSAT

CHEF DES TRAVAUX HORTICOLES A L'ÉCOLE MATHIEU DE DOMBASLE, A TOMBLAINE

La première partie de ce travail est rédigée comme si la question avait été énoncée au *présent* et non au *passé*. Il m'a semblé, en effet, que ce petit changement, qui ne modifie en rien le *fond*, donnait plus de force à l'argumentation en faveur de la fécondation artificielle. C'est pourquoi je l'ai adopté.

### PREMIÈRE PARTIE

#### CONSIDÉRATIONS GÉNÉRALES SUR L'IMPORTANCE DE LA FÉCONDATION ARTIFICIELLE EN HORTICULTURE

Envisagée au point de vue des avantages que l'Horticulture peut en retirer, la fécondation artificielle a une importance capitale. Elle a pour objet, chacun le sait, d'obtenir entre plantes de parenté plus ou moins rapprochée ou éloignée, au moyen des organes de la fécondation, de nouvelles variétés de plantes.

Par ces mariages provoqués, on cherche à produire des descendants avec des caractères ou des qualités différentes, mais communs à ceux que possèdent les deux plantes croisées.

Les variations qui peuvent sortir de ces opérations affectent généralement la forme, la grandeur, les coloris des fleurs et du feuillage, le port, la rusticité des plantes, etc., etc.

Il me semble qu'il est opportun ici de faire remarquer que la fécondation artificielle chez les plantes se réalise, soit par la main de l'homme, soit par des moyens que la nature met en œuvre, insectes, vent. Dans le premier cas, elle est *intentionnelle*, tandis que dans le deuxième elle est *fortuite*. La fécondation effectuée par l'entremise du vent ou des insectes est tout à fait incertaine ; tout est laissé au hasard et il n'est pas possible de pouvoir préciser à l'avance le genre de variations qui en sortira, les parents étant souvent inconnus.

Bien au contraire, lorsque la main de l'homme intervient, c'est ordinairement avec connaissance de cause; ce n'est qu'après avoir mûrement réfléchi aux variations qu'on désirerait voir apparaître, qu'on opère. Evidemment on ne réussit pas constamment, souvent les produits de ces unions forcées ne constituent pas toujours des plantes d'élite; seulement on a beaucoup plus de chances de voir surgir les variations dans le sens visé à l'avance, en se rappelant qu'il faut une persévérance souvent de plusieurs années pour arriver à des résultats marquants. Puis le nombre des fleurs à travailler devient tout à fait secondaire; il suffit même, à la rigueur, qu'il n'y en ait qu'une, mais sûrement, pour que les graines qui en proviennent portent en germe les qualités des deux parents.

Je suis loin de vouloir dire qu'il suffit, dans tous les cas, de ne féconder qu'une seule fleur, je veux simplement marquer la supériorité de la fécondation artificielle intentionnelle sur celle de la fécondation artificielle fortuite, en supposant, bien entendu, pour cette dernière, comme je l'ai vu faire, que les plantes qu'on désirerait voir féconder ensemble soient cultivées très proche l'une de l'autre. Ce sont des moyens empiriques que les véritables hybridateurs rejettent quand ils cherchent à obtenir des variations dans un sens déterminé. Ils ne peuvent être utilisés que dans des cas particuliers, lorsque d'un semis on s'attend à tout.

Le rôle de la fécondation artificielle en Horticulture est immense. A mon avis, il est tellement grand que je considère les destinées de l'Horticulture, ses progrès, comme étant intimement liés aux créations des nouveautés horticoles. L'illustre naturaliste anglais, Charles Darwin, dans un livre resté célèbre sur la *fécondation croisée* et *directe*, a montré d'une façon magistrale la supériorité des plantes issues des fleurs fécondées par le pollen d'une autre fleur choisie sur une plante distincte, mais de la même espèce, comparées à celles dont la provenance était due à la fécondation des fleurs par leur propre pollen, ou par celui d'une fleur choisie sur le même pied.

Les avantages qui ressortent de ces expériences, diversement interprétées, s'appliquent, en dehors des variations observées dans les dimensions et la coloration des fleurs, à la vigueur constitutionnelle, au poids et à la fécondité des espèces.

Laissant de côté la vigueur, la fécondité est une des considérations qui n'ont qu'une importance relative en Horticulture. Peu importe, dans bien des cas, si les plantes à venir sont plus ou moins fécondes ou infécondes, même.

L'hybridateur à d'autres moyens à sa disposition, autrement sûrs que le semis pour la reproduction fidèle du caractère de ses hybrides, il n'a pas en vue, comme Charles Darwin, le but final de l'espèce, la survivance des plus aptes. Ce qui importe le plus à un horticulteur qui s'occupe de fécondation artificielle, c'est un nouvel état particulier, une variation quelconque qui fassent que l'hybride se montre avec des caractères nouveaux, utilisables, avec la certitude qu'ils joueront des rôles différents de ceux des deux parents;

tout est là. L'amélioration, le perfectionnement, le raffinement viendront par la suite.

Pour se faire une idée des conséquences qu'entraînerait avec elle la cessation de toute fécondation artificielle chez les végétaux utilisés à l'ornementation de nos serres et de nos jardins, il suffit de songer qu'à l'avenir nous aurons constamment les mêmes plantes devant les yeux. Bien sûr, elles sont nombreuses, suffisantes pour satisfaire de grandes exigences ; seulement, ce qu'on peut affirmer, c'est que si cette proposition avait été réalisée il y a seulement cinquante ans, nous ne pourrions pas disposer actuellement de la dixième partie des plantes qui sont la gloire de nos jardins, et qui affirment la renommée de nos horticulteurs. Ce serait la cessation de tout progrès en Horticulture. La création de nouvelles variétés par la fécondation artificielle s'impose. Sans elle, que deviendraient les plantes des pays nouvellement explorés ? Sans doute, il y en a de fort belles qui se suffisent à elles mêmes, mais elles resteraient ce qu'elles sont. Tandis que, mises en rapport avec d'autres, ces espèces contribuent puissamment à donner plus de valeur à un genre. Très fréquemment elles sont le point de départ de transformations successives dont l'ensemble, comme on pourra le remarquer par la suite, contribue à la création de nouvelles races souvent plus décoratives que celles que nous connaissons.

Le rôle de la fécondation artificielle en Horticulture ne peut être mis en évidence que par des faits constatés ; et, comme ceux à venir nous sont inconnus, nous sommes dans l'obligation d'emprunter nos exemples aux croisements antérieurs. De ce que l'Horticulture lui est redevable, nous aurons une idée de ce que nous pouvons en espérer à l'avenir.

Vouloir passer en revue, en détail, les types mis en rapports et qui ont été le point de départ des variations observées seulement dans les principaux genres de plantes est tout à fait impossible dans les limites de temps assignées par la Société nationale d'Horticulture de France ; de plus le cadre réservé est beaucoup trop petit : il faudrait ni plus ni moins, qu'un gros volume. Toutefois, en prenant comme exemple les genres dont les espèces et variétés sont les plus répandues, il est relativement facile de montrer combien l'Horticulture est redevable à la pratique des croisements, dans la création des innombrables races et variétés de plantes qui servent à l'ornementation des serres et des jardins.

### DEUXIÈME PARTIE

#### DIFFÉRENTES SORTES DE VARIATIONS SUSCEPTIBLES DE NAITRE
#### A LA SUITE DE FÉCONDATIONS ARTIFICIELLES

Les variations qui ont pour origine les fécondations artificielles se sont manifestées de différentes façons sur les organes des plantes ; il est donc nécessaire d'établir des divisions correspondantes. L'étude de ces modifications sera ainsi rendue plus claire, en même temps qu'il sera plus facile d'en saisir la portée.

Je me propose de montrer que les croisements ont eu pour effet :

1° De créer des variations dans les coloris, les dimensions et la forme des fleurs ;

2° De créer des variétés à fleurs doubles ;

3° De produire des plantes à feuillage diversement coloré ;

4° De créer de nouvelles races de plantes ornementales, qui n'auraient probablement jamais existé sans le secours de la fécondation artificielle ;

5° De rénover un genre ayant des dispositions à n'être plus apprécié ;

6° De fournir la possibilité, l'espérance, de créer des variétés ou quelquefois des races entières avec des caractères et des propriétés nouvelles, inconnues dans le genre ;

7° De créer des variétés ornementales plus rustiques à un point de vue donné ;

8° De varier le parfum des fleurs ;

9° De créer des variétés plus florifères que les parents croisés ;

10° De créer des plantes à fleurs curieuses.

11° De provoquer dans un genre de plantes l'apparition de variétés à floraison plus hâtive que ne le sont celles connues jusqu'alors dans ce même genre.

Maintenant, avant d'aborder l'étude des variations comprises dans ces différentes catégories, je tiens à faire remarquer qu'il y a un point particulier, appartenant à chacune des variétés, difficile à mettre en relief et que je laisse de côté. D'ailleurs, vouloir le faire ressortir, entraînerait trop loin. Cependant, je déclare que ce facies spécial, tout en étant secondaire, n'en est pas moins important pour affirmer la valeur d'une variété. Je prends un exemple qui m'est fourni par le genre Rosier.

Les variétés y sont excessivement nombreuses, et, bien qu'il soit impossible d'indiquer, pour toutes, les parents qui ont joué le rôle de père et de mère, nous pouvons affirmer que les gains nouveaux, de mérite, sont dus à des croisements intentionnels dans lesquels sont intervenus différentes espèces ou différentes variétés : le hasard en a fourni relativement peu.

Eh bien, si nous prenons les cent variétés de Roses considérées comme les plus belles, nous remarquons dans chacune d'elle une charme particulier difficile à saisir et qui est indépendant du coloris ou du nombre de pétales porté par chaque fleur. Il y a la forme, le maintien de la Rose, demi-éclose ou épanouie, voire même en bouton, qui sont autant de facteurs qui donnent de la grâce et font apprécier une variété.

J'aurais pu, aussi, introduire dans cette étude plusieurs autres chapitres, ceux par exemple qui se rattachent au port et aux dimensions des plantes (Géantisme et Nanisme), je les ai laissés de côté parce qu'il m'a semblé que ce sont des variations qui sont susceptibles d'être fixées sans avoir recours à la fécondation artificielle.

1° **Variations dans les coloris, les dimensions et la forme des fleurs.** — Je réunis en un seul paragraphe ces trois sortes de variations car, bien que ce ne soit pas toujours exact, les changements qui surviennent dans les coloris des fleurs à la suite de fécondations artificielles sont suivis, ordinairement, de l'agrandissement des corolles ; c'est pourquoi j'ai jugé qu'il était inutile de les séparer.

La multiplicité des coloris des fleurs est un des caractères qui contribuent le plus à donner à un genre de plantes son maximum d'effet décoratif. Les espèces qui ont produit des variétés de mérite à la suite des nouvelles teintes que leurs fleurs ont acquises et qu'elles doivent à la fécondation artificielle sont excessivement nombreuses ; les exemples abondent et il n'y a que l'embarras du choix.

Examinées avec attention, y a-t-il rien de plus merveilleux que les teintes que l'on remarque sur les fleurs de *Ligeria* (*Gloxinia*)? Le rouge, le rose, le violet, le carmin, le bleu s'y rencontrent, soit en teintes uniformes, soit sous forme de marbrures, de ponctuations, de stries, avec des intensités de tons d'une finesse absolument supérieure, dont la Nature seule est capable. Pour obtenir ces merveilles, il a fallu seulement que le *Ligeria speciosa* donnât quelques variétés qui, croisées entre elles, ont produit l'ensemble des plantes qui forme ce magnifique genre de serre chaude.

Les Bégonias tubéreux hybrides ne sont-ils pas, eux aussi, un exemple frappant en faveur de la fécondation artificielle? Les coloris, pour n'être pas très variés en teintes de fond, n'en sont pas moins d'une fraîcheur incomparable.

Les jaunes, les roses, les rouges nuancés sont, chez quelques variétés, tout ce qu'il y a de plus frais. Cette belle race doit tout à l'hybridation. Le point de départ étant le croisement du *Begonia boliviensis* par le *B. rosæflora* qui produisit le *B. hybride Sedeni*. Celui-ci croisé avec les deux premiers, puis avec les *B. Veitchi* et *B. Pearcei* furent les premiers éléments utilisés.

Mais est-il possible de trouver quelque chose de plus favorable pour mettre en relief l'influence de l'hybridation que ce que nous offre le genre Rosier ?

Les variétés sont innombrables : elles sont cependant issues de quelques espèces fondamentales, puis de leurs variétés croisées entre elles. Tous les coloris y sont représentés, avec des teintes qu'il est impossible de retrouver ailleurs.

L'influence de la fécondation artificielle a été telle, que beaucoup d'anciennes variétés ont été délaissées pour de nouvelles.

Un autre genre non moins remarquable en ce qui concerne les coloris des fleurs est le genre *Pelargonium*, et tout particulièrement l'espèce désignée sous le nom de *P. grandiflorum*. S'il n'est pas possible de pouvoir désigner, d'une façon certaine, les différents types qui ont été l'origine des races de ce groupe, nous pouvons affirmer que les croisements entre variétés et variétés ont été la cause des superbes coloris avec taches et ponctuations que l'on observe sur les fleurs.

Sans être aussi riches, les teintes que nous offrent les *Pelargonium inquinans* et *P. zonale* ne sont pas moins remarquables. Si les variétés issues de ces deux races sont si appréciées pour la décoration estivale de nos jardins, elles ne doivent pas cette faveur uniquement à leur facilité d'adaptation, mais aussi aux coloris des fleurs qui, sans être très variés, sont *très nuancés*, surtout en corolles roses, rouges, blanches, maculées et auréolées. Au point de vue des nuances, il n'y a pas de genre de plantes qui ait produit autant de variétés dues à la fécondation artificielle.

Les genres *Rhododendrum* et *Azalea*, personne ne l'ignore, ont donné, grâce à la fécondation artificielle, des variétés aux fleurs si richement et diversement colorées, qu'ils sont devenus des arbustes de tout premier ordre pour la constitution de massifs permanents dans nos jardins, en même temps qu'ils forment deux groupes de plantes des plus précieux pour l'ornementation de nos serres et de nos jardins d'hiver. La part prépondérante qui revient à chacune des espèces fécondées entre elles dans la production des nombreuses variétés cataloguées est assez difficile à préciser. Cependant, il est possible de pouvoir affirmer que les *Rhododendrum arboreum* et *catawbiense* ont été le point de départ d'une lignée de variétés rustiques de pleine terre.

Interviennent encore les *R. Ponticum maximum, dahuricum, ferrugineum*, etc., puis les fécondations artificielles opérées entre variétés et variétés.

La beauté des fleurs chez les Azalées est due aux hybridations entre espèces à feuilles persistantes, Azalées de l'Inde : *Azalea indica*, *A. liliiflora*, *A. punicea*, *A. reticulata*, etc., etc. ; d'autre part, entre les Azalées à feuilles caduques, dont les principales espèces sont l'*A. Pontica*, l'*A. viscosa*, l'*A. glauca* et l'*A. calendulacea*, l'*A. mollis* et par suite les hybridations continuées entre variétés et variétés.

Les fleurs de Clématites, ces superbes et incomparables plantes grimpantes, n'ont-elles pas pris, sous l'action du pollen étranger, des coloris inconnus chez les types : *Clematis Viticella, Cl. patens, Cl. lanuginosa, Cl. Jackmani* ? Si les variétés issues de ces principales espèces sont si recherchées actuellement pour garnir les treillages appliqués sur le devant des maisons, les supports isolés, elles le doivent non seulement aux teintes nouvelles, mais aussi aux dimensions plus grandes qu'ont acquises leurs fleurs entre les mains de spécialistes habiles.

Pour citer des exemples tirés d'espèces plus modestes, je signalerai les Calcéolaires hybrides, Calcéolaires herbacées, aux fleurs non seulement bizarres, mais encore marbrées, ponctuées, panachées, bariolées, mouchetées de couleurs les plus diverses en des arrangements qui font que cette race est une des plus recommandables pour l'ornementation des serres froides. Toutes ces Calcéolaires sont sorties de croisements entre les *Calceolaria corymbosa*, *C. crenatifolia, C. arachnoidea*, suppose-t-on ; mais surtout, maintenant, entre variétés et variétés.

Enfin les Pétunias hybrides qui doivent leur origine aux *Petunia nyctagini- flora* et *P. violacea* et aux croisements entre variétés choisies.

Les Phlox de Drummond, aux fleurs étoilées, cuspidées, oculées et étoilées, dont les coloris brillants ont été obtenus par des fécondations longtemps poursuivies entre variétés.

Les Phlox vivaces hybrides, si appréciés des amateurs de plantes vivaces, ont produit, eux aussi, de nombreuses variétés dans des croisements primitive- ment faits avec les *P. pyramidalis, P. paniculata* et *P. decussata* et actuelle- ment entre les meilleures sortes qui se produisent dans les cultures.

Mais le genre le plus extraordinaire dans cette catégorie de variations est bien sans contredit celui qui renferme le Chrysanthème de l'Inde. Cette espèce a donné, en effet, dans un espace de temps si court, une telle quantité de variétés aux fleurs si jolies et si originalement colorées, qu'il est impos- sible de pouvoir dire quand cela s'arrêtera. Je ne vois de fin probable à cette exubérante production de coloris que lorsque la fécondation artificielle n'interviendra plus.

Je pourrais m'étendre encore sur un bien plus grand nombre de genres qui ont été améliorés par la fécondation artificielle, je me contente de citer les genres *Pentstemon*, Tulipe, Jacinthe, Pensée, *Fuchsia, Iris*, qu'il s'agisse pour ce dernier des sortes dont les ancêtres sont des espèces rhizomateuses : *Iris germanica, I. florentina, I. pallida, I. Kæmpferi*, ou de ceux issus d'espèces à souches tubéreuse ou bulbeuse, tels que *Iris xiphioides* et *I. Xiphium*, chez lesquels la fécondation a eu la plus heureuse influence en créant des coloris nouveaux merveilleusement associés.

**2° Création de nouvelles variétés à fleurs doubles.** — La création de nouvelles variétés à fleurs doubles contribue pour une large part à établir la renommée d'un genre de plantes. J'en ai un exemple dans le genre *Pelargo- nium*, chez les variétés issues des *P. zonale* et *P. inquinans* et que j'ai eu l'occasion de citer à propos de leurs coloris. Les variétés ne sont pas moins intéressantes à ce point de vue. L'intérêt nouveau qui est apparu avec les fleurs semi-doubles et doubles a donné à ce genre une valeur commerciale et décorative qu'il n'avait pas avant.

Sans vouloir méconnaître, par exemple, l'importance ornementale des Potentilles à fleurs simples, il est indéniable que les variétés dont les fleurs sont semi-doubles et doubles et dont les pétales présentent des couleurs si veloutées, rouge sang, jaune, rouge foncé, jaune d'or, orange, etc., doivent tout leur principal mérite à la duplicature qu'ont acquises les fleurs par la fécondation artificielle.

L'exemple tiré des Bégonias hybrides tubéreux est encore, à mon avis, plus édifiant, quant à la valeur ornementale, que celui tiré des *Pelargonium*. La façon dont les pétales sont emboîtés les uns dans les autres, la disposition que prennent certains de ceux-ci par rapport à leurs voisins donnent aux fleurs un cachet tout particulier.

Je ne saurais oublier le genre Rosier qui est celui qui a produit par la fécondation artificielle le plus grand nombre de variétés à fleurs doubles. La duplicature des fleurs y prend même, comme j'ai eu l'occasion de le dire, une importance qu'elle n'a pas chez un autre et qui a de l'intérêt depuis le bouton jusqu'à ce que les fleurs soient complètement épanouies.

Les Pivoines en arbre, les Pivoines herbacées me fournissent aussi l'occasion de faire valoir combien l'échange de pollen entre espèces d'abord, puis entre variétés et variétés, a eu d'influence dans la création de types à fleurs doubles qui constituent un genre de plantes considéré à juste titre comme un des plus beaux pour corbeilles et plates-bandes.

Un genre beaucoup plus modeste, mais d'une incontestable valeur ornementale est celui dans lequel rentrent les *Delphinium* vivaces. La fécondation artificielle a imprimé aux fleurs, en outre des coloris variés, un caractère ornemental que les types à fleurs simples ne possèdent pas.

L'Anémone du Japon me donne aussi prétexte de faire remarquer qu'il n'y avait jusqu'à ces dernières années que deux variétés à fleurs semi-doubles ou doubles : l'A. du Japon *Whirlwind* et l'A. du Japon *Coupe d'argent*. Mais voici que maintenant, grâce à des croisements heureux, ce genre vient de s'enrichir de nouvelles variétés à fleurs pleines.

Nous avons aussi les fleurs de nos arbrisseaux dont les pièces de la corolle ont vu leur nombre augmenter sous l'action d'un pollen étranger. Je m'en voudrais si j'oubliais de citer les Lilas à fleurs doubles qui forment actuellement un groupe de variétés extrêmement décoratives.

3° **De produire des plantes à feuillage diversement coloré.** — La coloration des feuilles est une de ces variations que les horticulteurs ont toujours cherché à modifier au moyen de la fécondation artificielle. Le moindre changement qui survient dans la teinte du feuillage prend tellement d'importance, quelquefois, qu'il suffit à lui seul, dans bien des cas, pour donner de la valeur à l'espèce sur laquelle il s'est révélé. Pour en donner une idée, les quatre genres de plantes de serre chaude : *Caladium, Begonia Rex, Croton* et *Dracæna* me suffiront. Est-il possible de trouver quelque chose de plus merveilleux que le feuillage des deux premiers, des *Caladium* surtout, qui faisaient écrire à Edmond About, en voyant ceux de M. Bleu à une Exposition de Paris, que « s'il était fabricant de papiers peints, ils (les Caladium) le feraient mourir de jalousie » ? Enfin, pour être des plantes moins imposantes que celles-ci, je ne veux quand même pas oublier les *Coleus*, ces plantes de tout premier ordre en mosaïculture.

4° **De créer de nouvelles races de plantes ornementales qui n'auraient jamais existé sans le secours de la fécondation artificielle.** — La création de nouvelles races de plantes ornementales n'est pas une fantaisie que les horticulteurs peuvent se permettre tous les jours. Il faut de la patience, de l'esprit de suite, et, la chance aidant, on arrive parfois à obtenir des plantes de valeur. Les genres Glaïeul, *Cyclamen* et *Canna* me fourniront les exemples suffisants pour mettre en relief la nécessité de la fécondation artificielle dans la production de nouvelles races ornementales. Nous savons combien sont appréciées les variétés du Glaïeul de Gand ; elles sont superbes et forment une race de grand mérite. L'hybridation a été seule en jeu dans sa constitution.

Cette race a, comme on le sait, pour origine, les *Gladiolus psittacinus* et *Gladiolus cardinalis* qui furent croisés ensemble et donnèrent le *Gladiolus gandavensis*.

Deux races de grande valeur et de création plus récente sont venues enrichir nos jardins de coloris nouveaux.

Le *Gladiolus purpureo-auratus* n'est pas décoratif par lui-même, mais son pollen porté sur le stigmate des plus belles variétés du Glaïeul de Gand donna le jour à des variétés qui furent le point de départ d'une nouvelle race des plus appréciées et connue sous les noms de *Gladiolus hybridus Lemoinei*, ou Glaïeuls hybrides à grandes macules.

Ce n'est pas tout : quelques variétés de Glaïeuls hybrides à grandes macules fécondées par une espèce nouvelle, le *Gladiolus Saundersii*, produisirent encore une deuxième race désignée sous le nom de *Gladiolus hybridus nanceianus*, dont les variétés sont tout à fait remarquables comme intensité et diversité de coloris.

Bien que les fleurs des Cannas ordinaires ne soient pas dépourvues d'élégance, il y a seulement vingt ans ces plantes étaient principalement cultivées comme plantes à feuillage. Maintenant, nul n'ignore que nous possédons une nouvelle race de ces plantes, annuellement et incessamment améliorée par des fécondations artificielles. L'effet décoratif des variétés nouvelles réside surtout dans les fleurs. On les appelle *Cannas à grandes fleurs* ou *Cannas florifères*. Ils ont pour origine probable le *Canna Warscewiczii* et le *Canna iridiflora*, ces deux espèces croisées entre elles.

Les Cyclamens me fournissent aussi l'occasion de montrer combien l'hybridation est précieuse pour l'obtention de nouvelles races ornementales.

Nous n'avions jusqu'alors comme Cyclamens vraiment décoratifs que les variétés à grandes fleurs du Cyclamen de Perse; mais voici que depuis quelques années, sous le nom de *Cyclamen papilio*, vient de surgir une nouvelle race qui se distingue de la première, non seulement par la forme des pièces de la corolle, mais aussi par des coloris absolument inconnus jusqu'alors dans ce genre de plantes et qui se maintiennent ainsi et s'améliorent tous les ans par des hybridations nouvelles.

5° **De rénover un genre ayant des dispositions à n'être plus apprécié.** — Les Dahlias, avec leur ancienne forme de fleurs doubles, ont joui dans le temps d'une grande faveur. Seulement, on voudra bien m'accorder que cet enthousiasme commençait fortement à fléchir dans ces dernières années; les capitules étaient par trop réguliers et n'avaient pas ce qui caractérise l'élégance.

Pour donner à ces plantes un développement inattendu, il n'a pas fallu plus que l'introduction d'une nouvelle espèce. Nous savons, en effet, que c'est depuis que le *Dahlia Juarezii* a été introduit du Mexique dans nos cultures que datent les superbes et élégantes variétés nées de croisements poursuivis depuis cette époque.

6° **De fournir la possibilité, l'espérance, de créer des variétés ou quelquefois des races entières avec des caractères et des propriétés nouvelles inconnus dans le genre.** — Il est incontestable qu'il y a des genres de plantes qui jouiraient d'une plus grande faveur auprès du public si leurs fleurs étaient odorantes. Eh bien, les Bégonias tubéreux me fournissent un exemple remarquable de ce que peut la fécondation artificielle pour procurer du parfum aux fleurs des variétés issues de cette race qui en sont généralement dépourvues.

Les fleurs d'une espèce, d'introduction récente, en possèdent pendant certaines heures de la journée, et voici que cette espèce : le *Begonia Baumanni*, croisée avec des variétés tubéreuses, a produit des variétés odoriférantes. On l'avouera, ces premiers succès sont encourageants et peuvent s'étendre à d'autres espèces.

Maintenant, il nous est permis de fonder les plus grandes espérances sur la nouvelle espèce de Clématite odorante qu'a décrite M. D. Bois dans le journal de la Société nationale sous le nom de *Clematis Buchaniana*. Si, au moyen de croisements, nos hybridateurs parvenaient à fixer « le délicieux parfum rappelant celui de la fleur d'Oranger » sur les fleurs des autres races de Clématites, ce serait une inappréciable qualité en plus que posséderait ce beau genre.

**7° De créer des variétés ornementales plus rustiques à un point de vue donné.** — Je ne pense pas qu'il soit possible de choisir dans ce sens d'exemples plus frappants que celui que nous offre le genre Rosier. En effet, les variétés qui constituent la section des Thé sont relativement délicates. Sans vouloir enlever quoi que ce soit de leurs mérites, combien sont appréciées aussi celles des hybrides de Thé et des hybrides remontants pour leur plus grande rusticité. Je signale encore les variétés de Rosiers hybrides remontants issus de Portland et ceux du Rosier rugueux du Japon.

Le mariage du *Rhododendrum arboreum* et du *Rh. catawbiense* a été aussi le point de départ d'un groupe de plantes plus rustiques.

**8° De varier le parfum des fleurs.** — Nous savons par exemple que les Roses et les Jacinthes ont un parfum tout à fait spécial qui sont, à n'en pas douter, l'odeur de Rose et l'odeur de Jacinthe; cependant, en y regardant d'un peu près, on remarque qu'il y a des nuances et que toutes les Roses et toutes les Jacinthes n'ont pas *absolument* le même parfum.

Pour prendre un exemple plus récent, je citerai les nouveaux hybrides de *Philadelphus* obtenus par croisements des variétés du *Philadelphus coronarius* avec l'espèce *Ph. microphyllus*. Le parfum est très atténué chez les hybrides; il n'est pas aussi fatigant et se rapproche peut-être plus de l'odeur de la Fraise des bois que de celle de la fleur d'Oranger.

Tous ces parfums nouveaux ont été fixés sur les fleurs en même temps que les plantes ont pris naissance au moyen de croisements.

**9° De créer des variétés plus florifères que les parents croisés.** — Je voudrais, au moyen de quelques exemples, montrer qu'il a été possible d'obtenir des variétés à floraison plus abondante que celle observée chez les deux parents. Ainsi, le Bégonia *Gloire de Lorraine* est un hybride obtenu par croisement entre le *Begonia socotrana* et le *B. Dregei*. Il est indiscutable que l'hybride possède, à un degré supérieur, des qualités ornementales que n'ont pas les deux parents, les fleurs étant infiniment plus nombreuses sur chaque pied, avec une durée plus grande.

Je peux encore citer les nouveaux *Deutzia* issus des *D. discolor purpurascens* et *D. gracilis* : *Deutzia discolor grandiflora* et *D. gracilis campanulata*; les *Deutzia Lemoinei* qui ont pour parents les *Deutzia parviflora* et *D. gracilis.*

Les *Philadelphus*, que j'ai cités plus haut à propos des parfums, sont dans le même cas.

Il est inutile de rappeler l'enthousiasme avec lequel furent accueillies les premières variétés de Rosiers susceptibles de donner une deuxième floraison ; maintenant, elles ne se comptent plus : elles sont inombrables.

De même, les premiers Œillets remontants ont été, comme dans le genre Rosier, un succès dans l'amélioration des plantes.

Bien que le nombre des variétés méritantes et susceptibles de remonter ne soit pas très nombreux, celles qui existent sont suffisantes pour donner au genre une importance qu'il n'avait pas.

La création de variétés remontantes dans ces deux groupes de plantes est tout à l'honneur de la fécondation artificielle ; elle montre aussi à quel degré les croisements sont précieux pour la production de variétés à floraisons successives.

10° **De produire des plantes á fleurs curieuses.** — Je crois qu'un seul exemple me suffira pour donner une idée du rôle de la fécondation artificielle dans la production des fleurs curieuses, originales, différentes de celles qu'on a l'habitude de remarquer dans le genre de plantes auquel elle appartient. Cet exemple, je le tire des Bégonias et ce sont les variétés que nous avons vu apparaître sous le nom de Bégonia à fleurs cristées et Bégonia phénomène. Bien que la culture soit pour quelque chose dans ces productions bizarres, les fleurs ne s'affolent ainsi que lorsqu'un genre a été longtemps *travaillé*, sans qu'on puisse donner une explication de leur apparition.

11° **De provoquer dans un genre de plantes l'apparition de variétés à floraison plus hâtive que ne le sont celles connues jusqu'alors dans ce même genre.**

Je prendrai comme exemple les arbustes si intéressants, à floraison printanière, connus sous les noms de *Diervilla* ou *Weigela*.

Les variétés les plus répandues proviennent des *D. grandiflora* et *D. rosea*. Les plus belles d'entre elles, croisées par le *D. præcox*, espèce japonaise à floraison hâtive, ont donné des variétés qui commencent à fleurir trois semaines avant les anciennes et qui sont les plus répandues.

Ces nouvelles variétés sont très précieuses ; elles permettent, au moyen de plantations combinées, d'obtenir de ces magnifiques arbustes des floraisons successives, plus durables.

### CONCLUSIONS.

De toutes ces diverses considérations que nous avons passées en revue, il ressort avec la plus grande évidence que la fécondation artificielle est absolument indispensable dans la création de nouvelles formes végétales pour imprimer aux plantes des caractères nouveaux *durables*. S'il est vrai qu'en dehors d'elle il peut en surgir d'intéressants chez des plantes qui n'ont pas été croisées, ceux-ci ne peuvent avoir d'importance que pour les individus sur lesquels ils se sont montrés, ils n'iront pas plus loin qu'eux. Bien mieux, les accidents dus à des causes autres qu'à la fécondation peuvent disparaître lorsque les plantes sont placées dans des conditions nouvelles, différentes de celles où elles ont pris naissance. Jamais ils n'auront la valeur de ceux que la *pollinisation* fait naître, et jamais ces accidents ne seront *le point de départ* d'une nouvelle race végétale fixe, s'ils ne sont pas transmissibles au moyen de la fécondation artificielle.

La fécondation artificielle a établi la renommée d'un grand nombre d'horticulteurs, et, d'un autre côté, la façon dont elle a été pratiquée contribue puissamment à affermir la gloire de l'Horticulture française; les jardins lui sont beaucoup redevables.

Avec elle et par elle, c'est un perpétuel changement de décor, puis, en perspective, de nouveaux motifs d'embellissements et la création de nouveaux modes d'emploi des plantes.

# HUITIÈME QUESTION

## ORCHIDÉES DE CULTURE FACILE
### POUVANT COMPOSER UNE COLLECTION D'AMATEUR DÉBUTANT
### LEUR TRAITEMENT

par M. LÉON DUVAL, horticulteur.

La collection des quatre-vingt-quinze Orchidées que nous donnons ici comporte des espèces réputées depuis de longues années pour leur rusticité et la facilité qu'offre leur culture.

Si l'amateur ou l'horticulteur, qui n'ont jamais tenté la culture des Orchidées, veulent bien lire attentivement les quelques indications que nous leur donnons ici, sous forme de causerie, il est certain qu'ils pourront réussir à cultiver avec succès un grand nombre des espèces et variétés que nous désignons à leur attention, ce qui les encouragera à en cultiver d'autres encore, réputées plus délicates et qui ne le sont pas davantage en réalité.

La chose leur sera facile s'ils savent observer les points principaux que nous allons essayer d'établir aussi clairement et aussi succinctement que nous le permet le peu d'espace qui nous est réservé ici.

Tout d'abord, voyons les serres, ou la serre. Si c'est une seule serre d'une certaine longueur, divisons-la en trois compartiments, dont le chauffage sera établi de façon à fonctionner très régulièrement, les changements brusques de température (hausse ou baisse) étant des plus préjudiciables aux Orchidées.

Si nous avons trois serres, c'est la même chose d'ailleurs; leur nomenclature est celle que nous indiquons pour la liste des principales espèces à cultiver, savoir : serre chaude, serre tempérée, serre froide, avec les degrés qu'on y doit maintenir. Aménageons l'aération très largement par des trappes s'ouvrant dans les murs, puis par des vasistas fixés au faîtage. Organisons l'ombrage avec des claies ou toiles, mais à une certaine distance du verre, 15 à 25 centimètres au moins.

Ayons des récipients avec de l'eau de pluie, que nous conserverons précieusement pour les bassinages et arrosages, nous contentant de l'eau ordinaire pour mouiller les sentiers. Tenons nos serres très propres et tâchons, si possible, de n'y cultiver que des Orchidées ou autres plantes similaires comme soins, par exemple : Népenthès, Anthuriums, quelques Broméliacées, quelques Bégonias dans les dessous, et bannissons-en les plantes de nature à leur communiquer des insectes, comme les Crotons, les Pandanus, les Dracænas et certaines Fougères, sans compter la série des plantes tendres, comme Coléus, Bégonias frutescents, etc., etc.

Supposons que nous avons acheté une collection d'Orchidées ; que cette collection se compose de plantes établies, en bon état : il nous faudra classer les plantes par serre, selon leur nature ; nous le ferons vite en consultant la liste que nous avons là sous les yeux, mais nous nous arrangerons pour grouper autant que possible, les espèces d'un même genre, ainsi : les Cattleyas avec les Cattleyas, les Lælias avec les Lælias et, ainsi de suite, pour les autres espèces.

Nous examinerons les plantes qui ont besoin d'être rempotées et celles qui n'en auront pas besoin.

Celles qui auront besoin d'être rempotées sont celles qui, ayant fleuri depuis un certain temps, se sont reposées ; car les Orchidées se reposent, et ce repos est d'une durée plus ou moins longue, selon les soins donnés par celui qui les a possédées avant vous ; le repos peut se prolonger plus ou moins de temps : un mois, deux mois et souvent plus. Ce repos est nécessaire à la plante pour se reconstituer après avoir fourni une période de végétation active et une floraison abondante, mais il n'est pas général, ni absolument le même pour toutes les espèces. Ainsi, par exemple : les *Cattleya, Lælia, Dendrobium, Oncidium* se reposent davantage et plus longtemps que les *Odontoglossum*, les *Angræcum*, les *Cymbidium* et surtout les *Cypripedium*. Par contre, les *Calanthe* se reposent très longtemps.

A quoi reconnaît-on qu'une plante vient d'être mise au repos (Cattleya, par exemple)? C'est quand la tige des fleurs a été coupée depuis quelque temps déjà, ou si la plante n'a pas fleuri lorsque le dernier pseudo-bulbe a atteint son complet développement, qu'il s'est solidifié et qu'il porte à sa base un œil *à peine visible*.

A quoi voit-on que cette plante a besoin d'être remise en végétation? C'est quand cet œil se gonfle, qu'il semble vouloir se transformer en une sorte de gros bourgeon et qu'il ne tarde pas à se développer à sa base (cela est très visible pour certains Cattleyas) des sortes de petits mamelons qui se transforment très rapidement en racines transparentes, charnues, du plus réjouissant aspect.

On dit alors qu'il est temps de mouiller les plantes et que la *remise en végétation s'impose*.

Il y a, pour indiquer ces périodes de repos et de végétation, des tables et des ouvrages désignant aussi bien que possible ces deux périodes distinctes ; nous y renvoyons le lecteur (1), mais cela ne nous empêchera pas d'en reparler ici.

Nous allons donc procéder au rangement de nos serres et, tout en ran-

(1) Voir *Guide pratique de la culture des Orchidées* (L. Duval); *Guide des travaux mensuels* (L. Guillochon); Librairie du Jardin.

geant, nous allons causer de la culture de chacune des espèces ou groupe d'espèces dont nous donnons la liste dans ce mémoire.

Mettons nos Cattleyas sur des pots renversés, de façon à pouvoir bassiner entre leurs propres pots ; si ce sont des paniers, suspendons-les, mais arrangeons-nous de façon à ne pas les suspendre au-dessus d'autres plantes pour éviter les égouts résultant de leur trempage. L'eau tombant goutte à goutte sur les plantes du dessous est très préjudiciable.

Nous placerons ensemble les espèces de Cattleyas, en ayant le soin de les étiqueter et de les numéroter, pour la raison qu'il nous sera plus facile de savoir si tel ou tel numéro a fleuri ou doit se reposer ; tous devront avoir les mêmes soins ou à peu près : arrosages abondants pendant la période de végétation ; cessation non pas absolue des arrosages pendant le repos, mais réduction au strict nécessaire.

Les plantes devront être lavées de temps à autre avec de l'eau bien propre, et débarrassées des insectes ; la partie qui porte la ou les pousses, doit être tournée du côté du jour, la lumière donnée en grande abondance ; mais à partir du 15 mars, le soleil devient ardent, il faut ombrer vers 10 heures et relever les claies vers 3 ou 4 heures ; on pourra bassiner les plantes qui sont en pleine végétation, mais seulement quand les feuilles ne seront plus chaudes.

Le rempotage se fait quand la plante, ayant accompli la période de repos dont nous avons parlé, donnera des signes de végétation. Mais ce rempotage se fera si la plante paraît en avoir besoin, ce qui se voit à la diminution de la grosseur des pseudo-bulbes nouveaux (avec le compost de terreau de feuilles, on ne rempote que tous les deux ans).

C'est aussi à ce moment qu'on peut sectionner une plante dont on veut avoir plusieurs exemplaires ; bien entendu, il faudra être prudent pour les arrosages et ne pas tremper ces plantes si elles n'ont pas de racines à la base de la nouvelle pousse.

Nous procéderons de la même manière pour les Lælias, mais nous ferons bien attention au *Lælia purpurata*, auquel il ne faut pas d'humidité du tout de novembre à mars ; aussi, sans le laisser absolument sec, nous montrerons-nous très parcimonieux pour lui donner de l'eau pendant cette période.

Le *Phajus grandifolius* (14) est une espèce qui demandera à se reposer d'avril à juin ; nous le rempoterons dans de la terre fibreuse additionnée d'un peu d'excellent gazon décomposé, et quand nous serons sûr (en retournant le pot), qu'il a des racines, nous le mouillerons assez et nous le placerons très en lumière avec les *Cattleya*.

Les *Miltonia* seront d'autant plus beaux que nous les mettrons dans le terreau de feuilles et que nous ne les arroserons avec l'arrosoir à pomme que lorsqu'ils seront bien enracinés. Nous les bassinerons aussi et nous les garderons des insectes ; ils aiment la lumière.

Les *Calanthe* seront rempotés en avril-mai, et alors il sera bon de s'as-

surer qu'ils *repartent* pour les arroser assez abondamment ; nous les placerons en pleine lumière, et nous pourrons leur donner un peu d'arrosage à
l'engrais composé de bouse de vache.

Les *Dendrobium nobile* seront traités en serre chaude de janvier en avril-
mai, jusqu'à ce qu'ils aient terminé leur végétation, on donnera des bassinages
et des arrosages fréquents ; puis on les repassera alors dans la serre tempérée
où l'on modérera les arrosages, puis en serre froide, où ils resteront *presque
secs* jusqu'au moment où l'on verra sur les tiges de petites protubérances qui
annoncent les boutons à fleurs : alors nous les replacerons en serre chaude.

Les deux autres espèces, 20 et 21, seront traitées en serre tempérée chaude
et mises au repos après la floraison en serre tempérée.

L'*Oncidium papilio* aime à être placé dans la partie humide et chaude de
la serre chaude ; il faut se méfier cependant des excès d'humidité qui peuvent faire pourrir les racines, et bien surveiller les insectes.

Le *Vanda Kimballiana* doit être placé bien en lumière ; il végète en février,
mars, avril ; en mai, le placer en serre tempérée avec un peu d'air ; il forme
alors ses boutons et fleurit ; le replacer après en serre chaude, mais le laisser
reposer un mois environ.

Le *Vanda tricolor* est une espèce qui sera bien dans la partie en pignon
de la serre chaude ; il sera utile de veiller à ce qu'il ait toujours du beau
sphagnum à la base et de ne pas lui donner trop d'humidité l'hiver ; l'été, il
aime des bassinages fréquents ; se méfier des cloportes qui mangent les
extrémités des racines.

L'*Angræcum sesquipedale* aura la même place et le même traitement.

Les dix *Cypripedium* de serre chaude dont nous donnons les noms seront
tous bien faciles à cultiver si l'on veut observer les indications suivantes :

« Placer les n^os 33, 34, 35 dans le voisinage du *Vanda tricolor* ; cependant,
ne pas les tenir trop humides, et surtout les rempoter quand ils en auront
besoin, de préférence toujours vers mars-avril, et, en tout cas, quand ils ne
sont pas en fleurs, et toujours après la floraison.

« Les autres espèces seront placées dans l'endroit de la serre qui sera le plus
ombré ; jamais le soleil ne doit frapper directement sur leur joli feuillage. Des
bassinages peuvent être donnés, mais seulement par les très beaux temps. Les
arrosages très modérés, le rempotage après la floraison dans d'excellent
humus mélangé de terre de Bruyère fibreuse. Surfaçage au sphagnum. »

## SERRE TEMPÉRÉE

Les quatre espèces de *Cattleya* pour la serre tempérée seront traitées
comme celles de la serre chaude ; et l'on remarquera que nous avons fait
figurer les C. *Mossiæ* pour les deux serres ; selon qu'on voudra les avoir plus
ou moins tôt, on pourra les cultiver indifféremment dans l'une ou l'autre ;

mais, dans la serre tempérée, il faudra se montrer très réservé pour les arrosages.

Les *Lælia anceps* et *autumnalis* pourront être placés en pleine lumière; leur repos, très prolongé (de décembre à mars), doit être observé rigoureusement.

Une fois la végétation déclarée, il leur faudra beaucoup d'eau, d'air et de lumière; le soleil même ne les affecte pas, sauf par les journées très chaudes de l'été, cependant.

Les *Sophronitis grandiflora* (n° 31) se cultivent très bien en petits paniers ou terrines suspendus près des vitres. Quand on les arrosera, le mieux sera de tremper la plante dans le bassin et de la laisser ressuyer avant de la raccrocher.

Le *Lycaste Skinneri* (n° 44) est en fleurs en janvier, février, mars. Il suffit de le laisser reposer un peu, de le rempoter sans le mouiller, et de ne commencer à le traiter que lorsqu'on aperçoit la ou les nouvelles pousses; il lui faut alors de bons arrosages et des bassinages. Il faut se méfier des insectes qui attaquent les fleurs (pucerons).

Les *Zygopetalum* fleurissent souvent en hiver. Ils veulent de bons rempotages en terre fibreuse et terreau; ils redoutent l'humidité stagnante et aiment l'ombre et les bassinages fréquents l'été.

L'*Odontglossum grande* fleurit en septembre-octobre.

L'*Odontoglos um Insleayi*, en janvier-février; ce sont des espèces aimant à avoir une longue période de repos; pour l'*O. grande*, elle va de novembre à janvier; pour l'*Insleayi*, après la floraison, plus ou moins tôt. Il faut les tenir fort secs pendant ce repos, puis les rempoter dans de bonne terre humifère et les bassiner légèrement jusqu'à l'apparition des pousses; puis après, on peut les arroser copieusement.

L'*O. citrosmum* (n° 48) fleurit en mai-juin; à cette époque il veut de la lumière, un peu d'air et aime à être suspendu; mais, lorsqu'il se repose, ce qui va de fin juillet-août jusqu'en janvier-février ou de septembre en mars, il faut le laisser absolument sec, sans quoi les pousses ne donnent pas naissance aux rameaux à fleurs.

Les *Oncidium varicosum* ou *Rogersii* (n° 49) fleurissent en octobre-novembre jusqu'en fin janvier. Donnez-leur un bon repos de deux mois après la floraison. Rempotez quand vous voyez la nouvelle pousse apparaître et recommencez à mouiller légèrement. Il faut beaucoup d'air et de lumière à cette espèce, et se méfier des excès d'humidité tant qu'ils n'ont pas de belles racines.

Le *Sarcodes* fleurit en avril-mai; il lui faut la place chaude de la serre tempérée; pas d'eau pendant la période de repos qui cependant est moins accentuée que celle du n° 39, à cause de la structure de ses feuilles et de ses pseudo-bulbes. On reprend les arrosages quand on voit le rameau apparaître.

Le bel *Oncidium Marshallianum* (n° 51) fleurit en avril-mai. Donnez de la lumière l'hiver, peu de chaleur et tenez sec jusqu'à l'apparition du rameau; méfiez-vous des limaces : elles en sont très friandes; mouillez alors plus abondamment; quelques bassinages quand il fera doux et de l'air. Repos après et rempotage généreux, à l'inverse de ce qui se pratiquait il y a vingt ans!

L'*O. concolor* (n° 52) de même, mais la plante fleurit un peu plus tôt.

L'*O. crispum* (n° 53) de même, mais a une époque de floraison un peu plus variable; même traitement que 51,52.

L'*Oncidium tigrinum* (n° 54) fleurit l'hiver. Quoiqu'en fleurs, il faut, dans cette saison, ménager l'humidité et faire attention à l'air froid frappant sur les fleurs, fort jolies, mais fragiles comme toutes les fleurs d'un beau jaune. Repos accentué; rempotage en mars.

Le *Cœlogyne cristata* (n° 55) fleurit l'hiver; doit avoir beaucoup d'eau dans la période de végétation, mais doit être impitoyablement laissé au sec et à froid pour donner des fleurs en abondance.

Le *Cymbidium Lowianum* (n° 56) et ses congénères aiment les grands vases; bonne terre de bruyère fibreuse mélangée d'humus riche, et bon surfaçage. Abondance d'arrosage dans les mois chauds; un peu de repos et beaucoup moins d'eau dans les mois pluvieux et brumeux de l'automne et de l'hiver. Fleurit généralement de janvier à avril; rempotage après la floraison.

*Cypripedium.* — Les Cypripédiums (57, 58, 59, 60, 61, 62) de notre liste demandent tous le même traitement : rempotage en bonne terre fibreuse et terre d'humus (terreau de feuilles); surfaçage en bon sphagnum. Peu d'eau l'hiver; quelques légers bassinages si la chaleur le permet, et jamais une trop grande lumière. L'été, il leur faut beaucoup plus d'eau et il ne faut pas négliger de mouiller entre les pots. Les autres numéros recevront les mêmes soins; mais, lorsque le feuillage est tessellé, maculé, on devra ombrer plus fortement encore, été comme hiver, et ne leur donner de petits bassinages qu'autant qu'il fera beau et chaud.

Les *Selenipedium* (nos 68, 69, 70 et 71) devront être tenus de préférence dans un endroit près du pignon; ils ne devront jamais être tenus secs, ni manquer d'éléments nutritifs, ce sont des espèces voraces auxquelles deux rempotages ne font pas peur.

### SERRE FROIDE

Toute la série des *Odontoglossum* qui figure ici, depuis le n° 72 jusqu'au n° 82 inclusivement, peut être cultivée en serre froide dans les mêmes conditions et aux mêmes places. Cependant, quelques numéros sont de nature à attirer l'attention de l'amateur et il faut être un peu plus prudent avec eux pour les arrosages; ce sont les *O. Pescatorei, cirrhosum* et *Hallii.*

Les grandes lignes de culture pour les *Odontoglossum* consistent à les tenir constamment dans une température égale : l'hiver, 12 à 16 degrés le jour au plus, et 8 ou 9 degrés la nuit; à ne pas les arroser trop et même du tout si le temps est mauvais, sans lumière, froid ou simplement brumeux ; à ne les bassiner que fort peu, mais en ne négligeant pas pour cela d'arroser les sentiers, les tables et les tablettes; à vaporiser souvent; à bien surveiller les insectes très difficiles à bien voir et à les détruire par les moyens ordinaires : trempage et pulvérisation ; à donner peu d'air l'hiver, quoiqu'il en faille toujours *un filet* ; à rendre l'aération plus grande et plus prolongée quand viennent les beaux jours; l'ombrage, léger d'abord, doit être de plus en plus accentué au fur et à mesure que le soleil prend de la force. Toujours et plus que jamais alors on doit répandre beaucoup d'eau dans les sentiers. Pour compléter ce qui concerne les *Odontoglossum*, nous renvoyons le lecteur à ce qu'il en a été dit dans le mémoire présenté au Congrès en 1899 (*Bulletin de la Société nationale d'Horticulture de France*).

Les rempotages peuvent toujours se faire en n'importe quelle saison, du moment qu'il ne fera pas trop chaud. Pour les plantes qui, ayant donné leurs fleurs, montreraient leur pousse nouvelle et auraient leur pot tapissé de racines, on fera bien de démolir la motte sans trop briser les racines, en supprimant celles qui sont décomposées; l'on plongera ladite motte ainsi préparée dans le milieu du vase dans lequel on aura mis du terreau de feuilles, en ayant soin toutefois de placer les pseudo-bulbes anciens en arrière, le long des parois du pot, de façon à laisser à la nouvelle pousse la place suffisante pour croître à l'aise.

Mouillez fort peu après le rempotage jusqu'à l'apparition de nouvelles racines, mais bassinez souvent et peu à la fois, et donnez moins d'air en face des plantes nouvellement rempotées.

Les *Masdevallia* se cultivent en terre fibreuse mélangée de terreau de feuilles; il suffit de les rempoter quand ils ont empli leur pot de racines, ce qui se fait généralement avant la floraison, en janvier-février; il leur faut un peu d'air, de la lumière et pas d'humidité stagnante, surtout sur les feuilles. Ils sont sujets aux insectes et demandent à être examinés de près et à être lavés souvent; il n'y a pas de repos très accentué : cependant, l'été, on peut leur laisser un semblant de repos en ne les excitant pas trop à la végétation et en les ombrant assez fortement.

Les *Cypripedium* de serre froide se cultivent comme les autres, en terre fibreuse additionnée de terreau de feuilles et surfacée de bon sphagnum; il leur faut de l'ombre l'été, de l'air modérément et jamais de sécheresse d'atmosphère; il faut surveiller les insectes et mouiller convenablement : un Cypripédium qui a soif voit ses pousses s'atrophier, et sa floraison en souffre beaucoup. L'hiver, les arrosages doivent être plus réservés ; il faut occuper les mauvaises journées à les nettoyer, enlever les feuilles gâtées, etc. etc.

Dans le cours de cette notice, demandée par le Congrès, il n'est pas possible de tout prévoir et de tout indiquer; il est bien certain que l'amateur et le cultivateur devront, s'ils veulent avoir des résultats au moins satisfaisants, y mettre beaucoup du leur et savoir lire entre les lignes de celui qui s'efforce de leur donner des explications qu'il croit aussi claires que possible et qui cependant ne vaudront jamais la propre expérience qu'on acquiert quand on opère soi-même.

D'autre part, il a été parlé souvent ici *du terreau de feuilles* comme substance employée pour le rempotage au lieu du traditionnel sphagnum haché plus ou moins menu et mélangé avec le polypodium; la raison en est bien simple : il faut que, dès maintenant, les amateurs qui veulent tenter la culture des espèces les plus rustiques ou réputées telles, la pratiquent avec la substance qui est le plus susceptible de donner de bons résultats et surtout d'éviter les multiples soins souvent fort ennuyeux qui résultaient de la difficulté de se procurer du bon polypodium et du bon sphagnum et de savoir s'en servir de façon à composer un mélange homogène et sain.

A vrai dire, le choix du terreau de feuilles paraît *a priori* aussi difficile ; mais, en réalité, le terreau de feuilles sera toujours bon s'il est composé de feuilles de Chêne, de Bouleau et de Châtaignier additionnées de débris de Fougères et de Bruyères et d'une assez notable proportion de silice ; surtout si, en le manipulant, il ne sent pas le moisi. On pourra donc se rendre compte facilement de ce que nous avançons. Si les feuilles étaient un peu grossières et pas assez brisées, on les éliminerait pour les hacher à part et les réintégrer ensuite dans le compost ; celui-ci, une fois sec, doit ressembler assez bien à de la grosse tannée. Il doit être mis à l'abri sous un hangar et ne doit être contaminé par aucune substance étrangère ; l'emploi du terreau, d'ailleurs, ne dispense pas du surfaçage au sphagnum vivant, qui nous paraît toujours fort utile.

Un seul inconvénient est à craindre avec le terreau de feuilles, et il est très facile à éviter en arrosant beaucoup moins les plantes, tant que celles-ci n'ont pas émis leurs racines en tous sens.

Quand l'état des racines est parfait, il faut encore mouiller avec discernement ! Il suffit, pour cela, de traverser la motte une bonne fois, puis d'attendre pour mouiller de nouveau que la plante ait soif ; puis, au lieu de répandre sur la plante quelques gouttes d'eau comme on le faisait autrefois, on n'aura plus qu'à imiter la nature, c'est-à-dire mouiller à fond et laisser ressuyer pendant quelques jours, et recommencer chaque fois que le besoin s'en fera sentir. On bassinera judicieusement une plante que l'on ne voudra pas arroser à fond.

Le terreau de feuilles ne se décomposera pas ; il restera pour la plante une matière utile dans laquelle les racines feront merveille. La plante prendra un aspect solide, étoffé et fleurira abondamment. Que faut-il de plus ?

# LISTE DES ORCHIDÉES, D'UNE CULTURE FACILE

## POUVANT COMPOSER UNE COLLECTION D'AMATEUR COMMENÇANT

| **Serre chaude.** | **Serre tempérée.** | **Serre froide** |
|---|---|---|
| L'hiver de 16 à 20° le jour, et de 12 à 14° la nuit. | L'hiver de 14 à 16° le jour, et de 10 à 12° la nuit. | L'hiver de 12 à 14° le jour, et de 8 à 9° la nuit. |

### Serre chaude.

**Cattleya.**

1. *Mossiæ.*
2. *Warneri.*
3. *Trianæi.*
4. *Schrœderæ.*
5. *Gaskelliana.*
6. *Skinneri.*
7. *Mendeli.*
8. *labiata autumnalis.*
9. *Harrisoni.*

**Lælia.**

10. *flava.*
11. *purpurata.*
12. *cinnabarina.*
13. *grandis tenebrosa.*

**Phajus.**

14. *grandifolius.*

**Miltonia.**

15. *candida.*
16. *cuneata.*

**Calanthe.**

17. *Veitchi.*
18. *vestita.*

**Dendrobium.**

19. *nobile.*
20. *thyrsiflorum.*
21. *densiflorum.*

**Oncidium.**

22. *papilio.*

**Vanda.**

23. *Kimballiana.*
24. *tricolor.*

**Angræcum.**

25. *sesquipedale.*

**Cypripedium.**

26. *œnanthum.*
27. *œ. superbum.*
28. *Lawrenceanum.*
29. *barbatum*
30. *b. superbum.*
31. *callosum.*
32. *Dominyanum.*
33. *grande.*
34. *Schrœderæ.*
35. *caudatum.*

### Serre tempérée.

**Cattleya.**

36. *Loddigesii.*
37. *intermedia.*
38. *Mossiæ.*
39. *Youngeana.*

**Lælia.**

40. *anceps.*
41. *autumnalis.*

**Sophronitis.**

42. *grandiflora.*

**Lycaste.**

43. *Skinneri.*

**Zygopetalum.**

44. *Mackayi.*
45. *crinitum.*

**Odontoglossum.**

46. *grande.*
47. *Insleayi.*
48. *citrosmum.*

**Oncidium.**

49. *varicosum (Rogersii).*
50. *sarcodes.*
51. *Marshallianum.*
52. *concolor.*
53. *crispum.*
54. *tigrinum.*

**Cœlogyne.**

55. *cristata.*

**Cymbidium.**

56. *Lowianum.*

**Cypripedium.**

57. *Lathamianum.*
58. *nitens.*
59. *Lecanum.*
60. *L. superbum.*
61. *Harrisianum.*
62. *H. superbum.*
63. *Dauthieri.*
64. *superciliare.*
65. *Sallieri.*
66. *villosum.*
67. *Boxalli.*

**Selenipedium.**

68. *Sedeni.*
69. *Sedeni candidulum.*
70. *calurum.*
71. *longifolium.*

### Serre froide

**Odontoglossum.**

72. *crispum (Alexandræ).*
73. *gloriosum.*
74. *luteo-purpureum.*
75. *Sceptrum.*
76. *Pescatorei.*
77. *triumphans.*
78. *cirrhosum.*
79. *Hallii.*
80. *Andersonianum.*
81. *Ruckerianum.*
82. *Rossi majus.*

**Masdevallia.**

83. *Harryana.*
84. *Lindeni.*
85. *Veitchi.*
86. *ignea.*
87. *læta.*
88. *tovarensis.*

**Cypripedium.**

89. *insigne (et ses variétés).*
90. *i. Chantini.*
91. *montanum.*
92. *venustum.*
93. *Ashburtonæ.*
94. *Crossianum.*
95. *Charlesworthi.*

Si, avec cela, l'amateur sait préserver les plantes des insectes ; s'il sait ventiler ses serres et s'il tient la main à ce que le chauffage soit régulier ; s'il sait comprendre que plus il chauffe, plus il doit tenir ses plantes dans une atmosphère humide ; que plus il tiendra ses serres tempérées moins il arrosera, et, par conséquent, plus il aura des plantes solides, résistantes et riches en floraison ; s'il sait observer par lui-même, en un mot, il pourra, avec les renseignements que nous venons de donner ici, tenter, et peut-être mieux que cela, réussir la culture des Orchidées dont nous venons de lui donner la nomenclature.

Il pourra même, dans l'avenir, compléter sa collection, car il n'y a pas d'Orchidées qui ne soient cultivables : il n'y a que des cultivateurs qui ne savent pas les cultiver ! Et c'est pourquoi, s'il est utile de demander des renseignements sur la culture de certaines espèces, il est encore plus nécessaire de les suivre, sinon rigoureusement, au moins dans leurs grandes lignes.

Ce que nous souhaitons de voir faire à tous ceux qui voudront bien nous accorder leur confiance.

# NEUVIÈME QUESTION

## MONOGRAPHIE HORTICOLE D'UN SEUL GENRE DE PLANTE
## AU CHOIX DE L'AUTEUR

### LES LILAS ET LES LIGUSTRINA

par M. L. HENRY

PROFESSEUR A L'ÉCOLE NATIONALE D'HORTICULTURE DE VERSAILLES,
CHEF DES CULTURES AU MUSÉUM

#### AVANT-PROPOS

Le genre *Syringa*, dont on connaît actuellement quatorze ou quinze espèces (en y comprenant les *Ligustrina*), est certainement l'un des plus intéressants pour les horticulteurs. Decaisne en a donné une étude (*Monographie des genres Ligustrum et Syringa*) dans les *Nouvelles Archives du Muséum*. Mais cette monographie est en latin, et, comme telle, peu accessible au plus grand nombre de ceux qu'intéressent ces belles plantes. D'autre part, elle a été écrite en 1878, et, depuis cette époque, de nouvelles espèces ont pris place dans les jardins ; de nouvelles et nombreuses variétés ont été obtenues par nos habiles semeurs ; une nouvelle série même (la série des Lilas doubles) a été créée par M. V. Lemoine. Enfin les croisements ont fourni des formes qui n'existaient pas du temps de Decaisne.

Il n'est donc pas superflu de refaire une monographie de ce beau genre.

Depuis une quinzaine d'années, nous avons réuni quantité de documents, fait des observations suivies, pris de nombreuses notes et descriptions concernant les Lilas ; nous avons assisté aux premières floraisons de plusieurs espèces nouvellement introduites par le Muséum ; en outre, nous avons été assez heureux pour obtenir, par des croisements, quelques formes encore inconnues. C'est ce qui nous a engagé à écrire cette Monographie horticole. Horticole, nous le répétons, car nous avons surtout cherché à donner, non pas des descriptions botaniques, mais des caractères faciles à saisir pour quiconque a cultivé des plantes ; nous avons eu constamment en vue la valeur ornementale des espèces et variétés ; en un mot, notre but a été de présenter des indications pratiques, de nature à renseigner les collectionneurs, les jardiniers et les amateurs, sur les noms des Lilas qu'ils peuvent posséder, et sur le mérite de ceux qui, à l'heure actuelle, figurent dans les catalogues des pépiniéristes.

Pour cela, nous nous sommes uniquement servi de nos notes personnelles ; aucune de nos descriptions n'a été faite d'après des ouvrages ; toutes ont été prises avec grand soin sur des échantillons vivants et bien nommés.

Nous avons donné quelques renseignements bibliographiques se rapportant surtout aux ouvrages français, de manière à faciliter des recherches toujours longues et ennuyeuses lorsqu'on ne possède pas ces renseignements.

Enfin nous avons pensé que de courtes notices historiques, dont certaines sont de nature à dissiper des incertitudes et à fixer quelques particularités, quelques dates d'introduction, etc., ne seraient pas sans intérêt.

Paris (Muséum), le 30 mars 1901.

### TABLE DICHOTOMIQUE POUR LA DISTINCTION PRATIQUE

#### DES ESPÈCES DU GENRE **Syringa** ET DU SOUS-GENRE **Ligustrina**

A. — Fleurs longuement tubuleuses, de coloris variable. Étamines à filets plus courts que le tube de la corolle ou (rarement) à peu près de même longueur ; ne le dépassant jamais. Écorce ne s'exfoliant pas. — **Syringa** Lin. .

B. — Fleurs très courtement tubuleuses, rotacées, toujours blanches. Étamines à filets dépassant longuement le tube de la corolle. Écorce s'exfoliant. — **Ligustrina** Rupr . . . . . . . . . . . . . . . . . . . . . . .

# SYRINGA

Inflorescences insérées directement sur le bois de l'année précédente, sans interposition de feuilles normales. . . . . . . . . . . . . . . . . . .    1

Inflorescences portées à l'extrémité de pousses feuillées de l'année même. Floraison nettement plus tardive que dans le groupe précédent. . . . . .    5

1 { Anthères lilas violacé, puis violettes. Fruits verruqueux : (I) **Syringa pubescens** Turcz.

Anthères jaunes. Fruits non verruqueux . . . . . . . . . . . . . . .    2

2 { Feuilles cordiformes . . . . . . . . . . . . . . . . . . . . . . .    3

Feuilles non cordiformes . . . . . . . . . . . . . . . . . . . . .    4

3 { Limbe des feuilles plus large que long, ou au moins aussi large que long ; épais, luisant et lustré sur les deux faces. Floraison très hâtive : (II) **Syringa oblata** Fort.

Limbe des feuilles plus long que large, moins épais et moins ferme que dans l'espèce précédente, non luisant, ou luisant seulement sur les pousses jeunes. Floraison plus tardive de huit à quinze jours : (III) **Syringa vulgaris** L.

$$
4 \begin{cases}
\text{Feuilles étroites, lancéolées, longuement atténuées en pointe ou encore} \\
\text{laciniées. Fleurs à tubes grêles, non renflés ou à peine renflés à} \\
\text{leur partie supérieure; assez souvent fertiles dans la forme laciniée :} \\
\textbf{(IV) Syringa persica L.} \\
\text{Feuilles nettement plus larges que dans le type précédent, ovales acumi-} \\
\text{nées, jamais laciniées. Fleurs à tube un peu renflé à sa partie supé-} \\
\text{rieure; rarement (par exception) fertiles : } \textbf{(V) Syringa dubia Pers.}
\end{cases}
$$

$$
5 \begin{cases}
\text{Feuilles nettement discolores, blanchâtres ou argentées sur la face infé-} \\
\text{rieure, qui a ordinairement un aspect pulvérulent; glabres sur la même} \\
\text{face, ou pourvues de poils très courts, visibles seulement à la loupe.} \quad 6 \\
\text{Feuilles plus pâles en-dessous, glauques, mais non argentées; présen-} \\
\text{tant, du même côté, des poils blancs, clairsemés, mais assez longs et} \\
\text{bien apparents : } \textbf{(VI) S. Bretschneideri Hort.}
\end{cases}
$$

$$
6 \begin{cases}
\text{Bourgeonnement en saison ordinaire. Fleurs à anthères incluses et pro-} \\
\text{fondément situées. Diamètre du limbe nettement inférieur à la lon-} \\
\text{gueur du tube : } \textbf{(VII) S. Josikæa Jacq. f.} \\
\text{Bourgeonnement très tardif. Fleurs à anthères atteignant ou dépassant} \\
\text{plus ou moins la gorge du tube. Diamètre du limbe sensiblement égal} \\
\text{à la longueur du tube : } \textbf{(VIII) Syringa Emodi Wall.}
\end{cases}
$$

# I

## LILAS PUBESCENT

**Syringa pubescens** Turcz., *Bullet. Soc. Mosc.*, 1840, p. 73; *Le Jardin*, 1900, p. 248, pl. color.; 1894, p. 249 et 1895, p. 110 et 114, fig. — *S. villosa angustifolia* D C., *Prodr.*, VIII, p. 283. — *S. villosa* Dcne., *Monogr.*, 1878, p. 41 (*non* Vahl).

**Histoire.** — Le Lilas pubescent se rencontre à l'état spontané dans la région montagneuse qui, vers le nord-est de l'Empire chinois, sépare la Mongolie de la Chine proprement dite et de la Mandchourie. Il a été introduit par le Muséum d'Histoire naturelle de Paris, qui, à la fin de 1880, en reçut des graines envoyées de Chine par le D$^r$ Bretschneider et les enregistra sous le nom de *Lilas à fruits verruqueux*. La première floraison eut lieu en 1885; la plante fut présentée en fleurs à la Société Nationale d'Horticulture en mai 1887 (1) par M. le Professeur Max. Cornu, du Muséum, et mise en distribution en avril 1889.

**Description.** — Arbrisseau atteignant de 4 à 5 mètres, d'aspect buisson-nant et assez irrégulier. —*Bois* grêle, rameaux allongés, divariqués, les jeunes subtétragones, à angles saillants et à écorce grisâtre cendré parsemée de lenticelles peu nombreuses, mais fortes et saillantes. — *Bourgeonnement* très précoce; bourgeons (jeunes pousses) légèrement bronzés à leur extrémité.

*Feuilles* petites, molles, courtement pétiolées, ovales, brièvement acumi-nées; à bords ciliés; pubescentes sur la face inférieure, surtout à l'aisselle des nervures; vert gai en dessus, plus pâle et blanchâtre en dessous.

---

(1) Voir *Journal de la Société Nationale d'Horticulture*, 1887, p. 275.

*Floraison* très hâtive, devançant d'une douzaine de jours celle du Lilas commun. — Inflorescences en grappes corymbiformes, petites, peu fournies, en nombre variable à l'extrémité des rameaux. Dans les formes les moins bonnes, elles sont ou géminées, ou solitaires par avortement. Dans les formes meilleures, elles sont réunies à l'extrémité des rameaux par deux à cinq et jusqu'à sept paires, avec, en général, une grappe terminale. Il résulte de cette disposition des sortes de panicules ordinairement compactes et courtes, ou quelquefois allongées et légères. — Bouton floral (1) petit, oblong, obtus, lilas pourpré. — Fleurs de dimensions très variables suivant les individus de semis : tantôt remarquablement petites, grêles et mignonnes, tantôt notablement plus grandes, tout en restant toujours fines et longuement tubuleuses. Tube très allongé (12 à 17 millimètres), un peu anguleux, avec deux renflements correspondants aux anthères. Limbe de 5 à 10 millimètres ; divisions courtes, étroites, aiguës, à bords relevés, épaissis, et extrémité en griffe ou en capuchon, s'étalant finalement, devenant récurves et quelquefois contournées. — Coloris lilas purpurin, variable comme intensité, depuis les tons très pâles jusqu'au pourpré bleuâtre assez foncé. — Calice rouge purpurin, à divisions très aiguës et très fines, mais très nettes. — Étamines affleurant la gorge ; anthères (avant la déhiscence) d'un beau violet pourpré (2). — Odeur toute particulière, très pénétrante, rappelant celle du Jasmin ; suave ; surtout agréable à distance, un peu capiteuse de près.

*Fructification* assez incertaine. — Capsules pointues, brunes à la partie supérieure, jaunâtres à la base, couvertes de verrues blanc grisâtre. Graines brunes, aplaties, courtement ailées.

*Nota.* — Le *S. pubescens*, dont les inflorescences sont visibles dans les boutons dès le mois de février, fleurit à peu près à la même époque que le *S. oblata*, et, comme ce dernier, il est quelquefois touché par les froids ; toutefois, il en souffre en général beaucoup moins, et il est assez rare que la floraison en soit complètement perdue.

Cette espèce a une tendance marquée à remonter, et souvent de nouvelles fleurs, en petit nombre il est vrai, apparaissent fin mai. Elle est très rustique et se plaît bien en sols sains et même secs.

**Variétés.** — En raison de l'introduction récente de cette intéressante espèce, on n'en a pas encore de variétés à proprement parler. Toutefois, les semis faits au Muséum ont donné, parmi un grand nombre de plantes médiocres, quatre formes particulièrement méritantes et assez distinctes pour être séparées.

**A.** — Inflorescences allongées, ramifiées, légères et particulièrement élégantes, rappelant celles du Lilas de Perse ; coloris lilas grisâtre, devenant plus

---

(1) Nous donnerons ce nom au renflement qui surmonte le tube de la fleur, avant l'épanouissement.

(2) C'est jusqu'ici le seul de tous les Lilas qui présente cette particularité. Les autres ont des anthères jaunes.

pâle vers la fin de la floraison. Fleurs à très long tube. Forme très hâtive.

B. — Inflorescences allongées, mais plus étroites et plus serrées; coloris lilas rougeâtre.

C. — Inflorescences assez petites, courtes et serrées; coloris violacé, le plus foncé que nous ayons encore remarqué dans la série; forme relativement tardive.

D. — Inflorescences moyennes, assez étoffées, lilas rosé.

*Particularité relative à la multiplication.* — Le Lilas pubescent réussit assez mal au greffage sur Lilas commun, et inversement. Il donne de meilleurs résultats sur les espèces à bois fin (*S. persica* et *S. dubia*), et peut aussi leur servir de sujet. Il réussit également sur *Ligustrum*. Les jeunes pieds de semis ont une croissance relativement lente.

## II

## LILAS OBLATA

**Syringa oblata** Lindl., *Gardn. Chron.*, 1859, p. 868; Dcne., *Monogr.*, 1878, p. 40; Mouill., *Traité Arb.*, 1892-98, p. 908. — *S. chinensis* Bnge., *Mém. Sav. étr. Acad. Saint-Pétersb.*, 1853, II, p. 116 (*non* Willd.).

**Histoire.** — Cette espèce a été observée pour la première fois par Bunge, en 1831, dans les jardins des environs de Pékin; mais ce n'est qu'une quinzaine d'années plus tard qu'elle a été introduite en Europe par Robert Fortune, à la suite de son voyage en Chine (1843 à 1845). Il paraît qu'on ne la trouve pas à l'état sauvage dans le pays où Bunge l'a rencontrée, et qu'elle serait d'origine plus septentrionale.

**Description.** — Arbrisseau de 2 à 3 mètres, végétation assez trapue. — *Rameaux* érigés, cylindriques ou très légèrement anguleux à leur extrémité. — *Écorce* gris roussâtre, parsemée, sur les jeunes rameaux, de lenticelles assez fortes et nombreuses; d'abord lisse, puis rugueuse, puis fendillée. — *Bourgeonnement* très précoce; bourgeons bronzés.

*Feuilles* : les jeunes, bronzé rougeâtre luisant, à reflets métalliques; celles complètement développées, à peu près de même grandeur que celles du Lilas commun, mais d'aspect différent en ce qu'elles sont cordiformes-orbiculaires, acuminées, plus larges ou tout au moins aussi larges que longues; épaisses et fermes; très glabres, luisantes; vert foncé en dessus, vert gai en dessous; elles conservent longtemps une bordure rougeâtre.

*Floraison* très hâtive, devançant d'une quinzaine de jours celle du Lilas commun, ce qui fait qu'en plein air les inflorescences sont presque toujours contrariées dans leur développement par les froids tardifs et restent courtes et contractées. — Inflorescences géminées, mais l'une d'elles souvent plus ou moins avortée; ne dépassant guère 12 à 13 centimètres; élargies à leur base, pyramidales, compactes, entremêlées de quelques bractées ; rachis gros, tétragone, pubérule. — Bouton floral souvent verruqueux, globuleux-aplati, pourpré vineux luisant. — Fleur relativement grande ; limbe de 10 à 12 millimètres de diamètre, s'étalant bien ; divisions larges, ovales-arrondies, terminées en capuchon. Coloris pourpré vineux, plus clair au centre ; pâlissant rapidement, jusqu'à devenir blanc argenté teinté lilas ; revers lilas pourpré, ce qui donne à la fleur un aspect bicolore. Tube lilacé bleuâtre extérieurement, bleu intérieurement ; gros, comprimé à la base, de longueur très sensiblement égale au diamètre du limbe. — Calice glabre, court, à divisions filiformes, rougeâtres. — Étamines profondément situées. Style pourpré rougeâtre. — Odeur fine et très suave.

*Fructification* assez rare sous le climat de Paris. — Capsules courtes (10 à 12 millimètres), comprimées, oblongues, brusquement acuminées, lisses, non verruqueuses.

Espèce encore assez rare et confinée dans les collections. Très rustique sous le climat de Paris.

*Nota.* — Le Muséum d'Histoire naturelle de Paris possède un Lilas à fleurs blanches qui peut être rapproché du *Syringa oblata*. Obtenu, dans cet établissement, de graines reçues en 1880, du D*r* Bretschneider, médecin de la légation russe à Pékin, ce Lilas, qui n'a pas encore été nommé ou assimilé (1) jusqu'ici, a fleuri pour la première fois en 1891. Médiocre au point de vue ornemental, il est très intéressant par certaines particularités, notamment par ce fait que tous les pieds obtenus de semis sont identiques entre eux et n'ont pas donné, jusqu'ici, la moindre variation, ce qui paraît indiquer tout au moins un type encore sauvage.

Ce Lilas rappelle beaucoup le *S. oblata* par la forme des feuilles, par la forme et la grandeur des capsules, et surtout par l'extrême précocité de la floraison. Il s'en distingue assez nettement par sa taille plus élevée, ses rameaux plus grêles et plus déjetés ; par ses bourgeons et ses jeunes pousses vert jaunâtre ; par l'aspect terne (non lustré) et le coloris vert pâle des feuilles ; par leur pubescence, au moins au début de la végétation ; par leur moindre épaisseur et leur moindre consistance ; enfin, par les inflorescences plus longues, plus légères, beaucoup moins fournies, et toujours blanc pur. Bien qu'il fleurisse à peu près en même temps que le *S. oblata*, ce Lilas est moins sujet à souffrir des froids tardifs, et il s'épanouit généralement bien.

Il présente, d'autre part, une assez grande ressemblance avec le Lilas commun ; il en diffère surtout par la forme de ses feuilles ; par sa très grande précocité ; par ses fleurs toujours blanc pur, à tube plus court (environ 10 millim., contre 10 à 12 millim. de diamètre du limbe), à divisions arrondies, avec bords relevés et extrémité en capuchon, ne s'étalant jamais complètement ;

---

(1) On pourrait peut-être l'appeler *S. affinis*, à cause de ses rapports avec le *S. oblata* d'une part et le *S. vulgaris* d'autre part.

par ses inflorescences beaucoup plus maigres et plus lâches et par son aspect général plus grêle et moins rigide.

# III

## LILAS COMMUN

**Syringa vulgaris** L., *Sp.*, p. 11 ; Duham., *Ed. nov.*, II, p. 206, tab. 64 ; Spach *Suites*, 1839, VIII, p. 282 ; Denc., *Monogr.*, 1878, p. 40 ; Mouill., *Traité Arb.*, 1892-1898, II, p. 997. — *Lilac vulgaris* Lmk.

**Histoire.** — Le pays d'origine du Lilas commun est incertain. Les ouvrages antérieurs au milieu du siècle dernier sont très généralement d'accord pour dire qu'il est venu, soit de la Perse, soit de l'Asie Mineure. Dans la seconde moitié de ce même XIX⁰ siècle, au contraire, les botanistes lui attribuent plutôt une origine européenne. Nous voyons même Decaisne, après avoir écrit, dans son *Manuel de l'Amateur de Jardins* (t. III, p. 87, sans date), que cette espèce a été « introduite d'Asie en Europe », indiquer plus récemment, dans sa Monographie des genres *Ligustrum* et *Syringa* (1878), qu'elle se rencontre dans les montagnes de l'Europe centrale, et notamment de la Hongrie.

Franchet (*Rev. Hort.*, 1891, p. 309) déclare que les anciens auteurs, y compris Linné, en assignant, au Lilas commun, la Perse pour patrie, commettent une inexactitude. Il rapporte que le botaniste Heuffel le donne comme très abondant et véritablement indigène dans toute la région du Danube, sur son passage à travers le Banat jusqu'aux Thermes d'Hercule. Franchet fait suivre, toutefois, cette indication de commentaires qui, sans mettre absolument en doute cet indigénat, tendraient plutôt à conclure à une naturalisation. Mais une note additionnelle de M. E. André, qui a vu la plante croître en abondance sur les montagnes qui séparent la Serbie de la Bulgarie, émet l'opinion qu'elle s'y trouve à l'état vraiment spontané. C'est aussi l'avis de M. Martinet, qui a parcouru le pays, et de M. Lochot, qui l'habite actuellement comme chef des cultures de S. A. R. le prince Ferdinand de Bulgarie.

Quoi qu'il en soit de cette origine, il paraît bien établi (*Rev. Hort.*, 1891, p. 309) que le Lilas commun a été remarqué à Constantinople par Belon, vers 1548, et qu'il a été apporté de cette ville dans l'ancien empire d'Allemagne (le Saint-Empire romain) en 1562, par Augier de Busbeck (1).

C'est Matthiole qui, dans ses *Commentaires sur Dioscoride* (édition de

---

(1) Augier Ghislain de Busbeck (ou Busbecq), diplomate et écrivain, né à Comines (Nord) en 1522, mort aux environs de Rouen en 1592, fut ambassadeur de l'empereur Ferdinand Iᵉʳ (frère de Charles-Quint et son successeur au trône impérial) auprès de Soliman II (1555-1563), puis ambassadeur de l'empereur Rodolphe II près de la Cour de France.

1565), parle le premier de cette introduction, en même temps qu'il figure la plante, sous le nom de *Lilac.*

L'arbrisseau se répandit rapidement, et, au dire de Clusius (1), cité par Desfontaines (*Hist. Arbr.* 1809, II. p. 100), le Lilas, qu'il nomme *Syringa à fleurs bleues,* était déjà cultivé de son temps dans la plupart des jardins d'Allemagne et autres pays.

**Description.** — Arbrisseau atteignant 3 à 4 mètres et quelquefois un peu plus. — *Rameaux* rigides, dressés ou divariqués, arrondis ou légèrement anguleux ; — *Écorce* des jeunes pousses gris olivâtre, finement lenticellée. — *Bourgeonnement* précoce. Bourgeons vert pâle ou vert jaunâtre chez les variétés à fleurs blanches, plus ou moins bronzés ou rougeâtres chez les autres.

*Feuilles* cordiformes, plus longues que larges, de grandeur variable selon les variétés, beaucoup plus allongées que dans le *S. oblata* ; glabres, vert gai, plus clair en dessous.

*Floraison* en mai, plus ou moins hâtive, se produisant ordinairement une quinzaine de jours après celle du *S. oblata.* — Inflorescences géminées, pyramidales, plus ou moins grandes et plus ou moins fournies. — Bouton floral globuleux, quelquefois verruqueux, de couleur variable suivant les formes. — Fleurs de dimensions également très variables. Largeur du limbe plus grande que la longueur du tube (2). Divisions de la corolle arrondies, longtemps cucullées, avec extrémité en capuchon et ne s'étalant en général que tardivement et incomplètement. — Coloris très divers, allant du blanc pur au bleu lilacé et au rouge pourpré foncé. — Étamines plus ou moins profondément situées, n'affleurant la gorge qu'exceptionnellement (3). — Odeur agréable.

*Fructification* en général très abondante. — Fruits longs de 12 à 15 millimètres, comprimés, oblongs, brusquement terminés en pointe, non verruqueux.

**Type du Lilas commun.** — Quel est le type de ce Lilas ? Il est bien difficile de le dire d'après les exemplaires cultivés ; pour le connaître, il faudrait avoir des pieds sauvages venant directement des pays d'origine. Toutefois, à en juger par les exemplaires que l'on trouve au fond des campagnes reculées, et qui se perpétuent de graines identiquement ou à peu près, il semble que

---

(1) Ch. de l'Écluse (en latin *Clusius*), savant botaniste né à Arras vers 1525, mort en 1609, directeur du Jardin botanique de Vienne, introduisit dans ce Jardin, en 1576, le Marronnier d'Inde, qu'il avait reçu du même Augier de Busbeck, et qui ne commença à être cultivé en France que vers 1615.

(2) Il n'existe que de très rares exceptions à cette règle. Parmi les quarante et quelques variétés à fleurs simples que nous avons pu étudier avec soin, nous avons trouvé chez deux d'entre elles seulement, *Président Massart* et *Prince impérial,* et aussi chez l'ancien Lilas type, le tube de la fleur sensiblement égal au diamètre du limbe.

(3) Au nombre des variétés qui présentent cette particularité peu commune, on peut citer : *macrostachya* et *Docteur Lindley.*

la forme la plus anciennement introduite soit à inflorescences maigres et
petites ; à fleurs grêles, avec limbe s'étalant bien, et de coloris général bleu
ardoisé grisâtre pâle ; l'épanouissement de cette forme, évidemment peu améliorée, si tant est qu'elle le soit, est précoce.

**Variétés** . — Chacun sait que le *Syringa vulgaris* a donné un nombre considérable de variétés à fleurs simples. Depuis quelques années, on possède
aussi toute une série, déjà nombreuse, de variétés à fleurs doubles, dues au
très habile horticulteur nancéien, M. Victor Lemoine. Dans chacune de ces
deux séries, il convient de distinguer :

1° Les variétés de coloris autres que le blanc ;

2° Les variétés blanches.

Cette distinction ne repose pas seulement sur la couleur des fleurs qui, en
somme, n'a pas beaucoup d'importance, mais encore sur tout un ensemble de
différences assez nettes, et dont voici les principales :

*Bourgeonnement.* — Dans les variétés blanches, les jeunes pousses (bourgeons et feuilles en voie de développement) sont vert pâle jaunâtre. Dans les
variétés lilacées, bleuâtres, violacées, rouges ou roses, les jeunes pousses
sont bronzé plus ou moins rougeâtre.

*Remarque.* — L'intensité dans le coloris bronzé ou rougeâtre des bourgeons n'est pas en rapport avec l'intensité dans le coloris des fleurs et ne
peut servir d'indication sous ce rapport : on voit en effet certaines variétés
rose pâle, comme *Gloire de Moulins*, présenter des bourgeons tout aussi
bronzés que ceux de la variété *Rouge ponctué* (*Trianon*), qui est d'un beau
rouge lilacé, et que ceux de la variété *Aline Mocqueris*, qui est pourpré
bleuâtre. Les exemples de ce fait sont nombreux. — Par contre, *aucune variété
à fleurs blanches* n'a les bourgeons bronzés ou rougeâtres.

*Calice.* — Il est de coloris vert clair dans les variétés blanches ; — vert
franc souvent bordé rougeâtre dans les variétés roses ; — plus ou moins
bronzé rougeâtre dans les variétés rouges, rouge pourpré et bleuâtres.

*Descendance par semis.* — Les graines produites naturellement (sans intervention de pollen étranger au groupe) par les variétés à fleurs blanches
paraissent donner en forte proportion des exemplaires à fleurs blanches.
Inversement, les variétés de coloris autres que le blanc ne paraissent fournir,
par le semis, qu'une faible proportion de descendants à fleurs blanches.

De sorte que nous nous sommes demandé si les Lilas blancs ne provien-
draient pas d'un type spécial, et ne constitueraient pas, en quelque sorte, une
race.

En attendant que la question soit mûrement étudiée et résolue, il nous
a paru intéressant de consigner ces faits d'observation personnelle.

Voici, groupées par coloris (1), un certain nombre de variétés choisies

---

(1) Ces groupements résultent de comparaisons d'échantillons attentivement
étudiés, pendant plusieurs années.

parmi les plus intéressantes et les plus recommandables, tant simples que doubles.

### Lilas commun à fleurs simples (1).

#### I. — Variétés lilas bleuâtre, puis ardoisées (Coloris assez clairs).

| | |
|---|---|
| *Vulgaris* type. | * *Delépine.* |
| *Liberti.* | ** *Dr Nobbe.* |
| *Bleuâtre.* | |

*Nota.* — Dans les Lilas qui présentent du bleu, la couleur bleuâtre ou ardoisée s'accentue à mesure que s'avance la floraison. Chez un certain nombre, une nuance argentée apparaît, vers la fin, sur la face supérieure du limbe.

Dans nos semis du Muséum, il s'est trouvé une variété à inflorescences non plus géminées, mais étagées à l'extrémité des rameaux, au nombre de six à huit paires et même davantage, sur une longueur de 0 m. 50 et plus, à la manière des Lilas de Perse. Son coloris bleu lilacé, avec gorge indigo et revers lilas rosé, la classe dans ce groupe.

#### II. — Variétés rouge pourpré foncé ou rouge violacé intense (Coloris très foncés, restant pourprés, ou bien devenant finalement bleuâtres, suivant les variétés).

| | |
|---|---|
| ** *Souvenir de Louis Spaeth.* | * *Toussaint Louverture.* |
| ** *Président Massart.* | ** *Ville de Troyes.* |
| ** *Philémon* (Cochet). | ** *Béranger.* |

*Nota.* — Les variétés de coloris foncé sont, d'une manière générale, sensiblement plus tardives que celles de coloris clair. C'est le cas notamment pour *Philémon*, *Président Massart*, *Toussaint Louverture* (présent groupe) et *Congo* (groupe IV). Toutes les variétés du présent groupe II sont d'une grande beauté, et il serait difficile d'indiquer la plus méritante. Cependant, s'il n'en fallait qu'une, nous conseillerions *Philémon*.

#### III. — Variétés pourpré bleuâtre plus ou moins foncé, devenant ensuite ardoisées (Coloris intenses).

Série allant du plus pâle au plus foncé :

| | |
|---|---|
| *Professeur Stoeckhardt.* | *Moritz Eichler.* |
| *Karlsruhensis.* | *Dark blue.* |
| ** *Jacques Callot.* | *Amæna.* |
| * *Gigantea.* | |

*Nota.* — Voir les indications relatives au groupe suivant (groupe IV).

---

(1) Nous marquerons d'une astérisque les variétés recommandables, et de deux astérisques les variétés de premier choix, c'est-à-dire tout à fait remarquables par leur beauté.

IV. — Variétés rouge vif plus ou moins pourpré;
face supérieure devenant plus ou moins ardoisée (Coloris intenses).

Dans la liste ci-dessous, les coloris vont du rouge violacé foncé au rouge purpurin vif.

de Marly (vulgaris purpurea).
Spectabilis.
Goliath.
** de Croncels.
* Vallettiana.
** Madame Briot.
* Géant des Batailles.
* Prince impérial.
Hericortiana.
** Aline Mocqueris.

** Congo.
** Gloire de Lorraine.
Charlemagne.
* Charles X (rubra major).
** de Trianon, ou Rouge ponctué (rubra insignis).
* Madame F. Morel.
** Docteur Lindley.
* Madame Kreuter.

Nota. — A l'exception de Gloire de Lorraine, Aline Mocqueris, Congo et Jacques Callot, les variétés qui composent les deux dernières listes se rapportent à un même type dont la variété Charles X, ou mieux la variété de Trianon, réunit les particularités les plus saillantes. Elles sont caractérisées par leur calice très court, à dents peu distinctes et de coloris bronzé rougeâtre; par la forme des divisions de la corolle, larges, arrondies, cucullées, ne s'étalant que tardivement et incomplètement et ne se contournant pas (les bords restant relevés et l'extrémité recourbée en capuchon); par leur face supérieure plus ou moins tachetée blanc à la gorge et devenant argentée ou bleuâtre pâle en vieillissant. Les fleurs, de grandeur moyenne, ou quelquefois grandes (comme dans Madame F. Morel et Madame Briot, par exemple) sont régulières et d'une très bonne tenue. Assez souvent (comme dans Rouge ponctué et autres variétés voisines), elles présentent plus de quatre divisions. Les inflorescences sont grandes et bien fournies. Ce sont des variétés en général très méritantes, et plusieurs sont de premier ordre. Rappelons que l'on force souvent les variétés Charles X et Rouge ponctué.

Le Lilas de Marly, si connu au moins de nom, mérite quelques lignes spéciales. Les auteurs du commencement du siècle dernier (notamment le Bon Jardinier pour 1817) regardaient le Lilas de Marly comme un hybride entre le Lilas commun et le Lilas de Perse; aussi l'avaient-ils appelé Syringa media, H. P. (Voir Bon Jardinier, 1805, p. 234, et 1817, p. 751; Dum. de Cours., 1811, II, p. 574, etc.). Le Lilas actuellement appelé L. de Marly, et qui est souvent désigné sous le nom de purpurea, dans les catalogues des pépiniéristes, à cause de la couleur pourpré vif de ses boutons floraux, ne présente aucun caractère permettant de le prendre pour un hybride entre les deux espèces en question. C'est, à n'en pas douter, une variété du Lilas commun, qui se distingue seulement par des fleurs plus petites, à tubes plus grêles, des inflorescences moins amples et moins fournies, et des feuilles plus étroites que dans presque toutes, si non dans toutes les autres variétés. Peut-être n'avons-nous plus le *Syringa media* dont parlaient les auteurs en question?

Rappelons que le *Lilas de Marly* des horticulteurs parisiens est actuellement cultivé par milliers d'exemplaires pour le forçage. Il se multiplie par marcottage et séparation de touffes. Employé comme sujet, il est précieux pour la culture en pots : le greffage sur ce sujet constitue, en effet, le seul moyen d'obtenir des potées bien naines et bien florifères.

### V. — Variétés rose lilacé et rose carné (Nuances claires).

Dans la liste ci-dessous, les variétés sont rangées par ordre inverse d'intensité de coloris. La série va du rose lilacé assez vif au rose carné très pâle.

| | |
|---|---|
| *Princesse Camille de Rohan.* | *Langius.* |
| ** *Rosea grandiflora.* | * *de Laval.* |
| ** *Gloire de Moulins.* | ** *de Louvain.* |
| * *Ambroise Verschaffelt.* | *Schnelavine.* |
| ** *Princesse Marie.* | ** *Clara Cochet.* |
| ** *Lucie Baltet.* | ** *Macrostachya.* |

Ces variétés présentent des coloris d'une grande fraîcheur. Parmi les plus belles, on peut citer : *Rosea grandiflora*, fort jolie, très florifère, tardive ; *Gloire de Moulins*, ravissante variété ; *Lucie Baltet*, rose de Chine, sujet à varier en plus pâle sur certains rameaux ; *de Louvain*, *Princesse Marie* et *Clara Cochet*, trois variétés rose carné, de nuances très tendres ; *Macrostachya* qui, d'abord rosé, devient presque blanc, et dont les fleurs sont très grandes et les inflorescences remarquables par leur ampleur exceptionnelle.

### VI. — Variétés blanches.

| | |
|---|---|
| *Vulgaris alba.* | * *Madame Moser.* |
| *Virginal.* | ** *Marie Legraye.* |
| * *Alba pyramidalis.* | ** *Mademoiselle Fernande Viger.* |
| ** *Alba grandiflora.* | * *La Vierge.* |
| * *Alba Bertha Dammann.* | |

La plus méritante de ces variétés est *Marie Legraye*, à grandes fleurs blanc pur. La variété *Mademoiselle Fernande Viger*, blanc crème à très grandes fleurs, est très remarquable comme beauté, mais peu florifère. La variété *Alba grandiflora*, extrêmement florifère, mais à inflorescences un peu compactes, est également fort belle. La variété *Virginal* est préférée pour les potées.

### Lilas commun à fleurs doubles.

Pendant très longtemps — il n'y a pas encore vingt-cinq ans qu'il n'en est plus ainsi — on n'a connu, dans les cultures, qu'un seul Lilas à fleurs doubles :

c'est la forme ordinairement appelée *azurea plena*. Ce Lilas, de provenance inconnue (1), était, d'ailleurs, fort peu répandu et confiné dans les collections dendrologiques (2). Il appartenait au *Syringa vulgaris*.

Le *S. vulgaris azurea plena* est caractérisé par des inflorescences maigres, courtes, peu nombreuses en général, perdues dans le feuillage ; des fleurs petites, bleuâtres, formées de deux tubes emboîtés, avec plénitude plus ou moins complète de la partie supérieure ; des feuilles glaucescentes, de forme et d'aspect tout spéciaux, qui le font aisément distinguer parmi tous les autres. C'est de lui que M. V. Lemoine, de Nancy, a tiré les premiers représentants de cette superbe série de Lilas doubles dont il a enrichi nos jardins durant ces vingt dernières années. M. E. Lemoine, dans le journal *Le Jardin* (1892, p. 152), a fait l'historique de ces obtentions. Il nous suffira de rappeler ici que le *S. vulgaris azurea plena* ne pouvant fournir de pollen, mais présentant, par contre, des pistils bien conformés, fut pris comme plante-mère. Le pollen fut emprunté à des variétés de choix du *S. vulgaris*, et aussi au *S. oblata*. Et même c'est à l'intervention de ce dernier que M. V. Lemoine dut le premier Lilas double de la série, celui qu'il appela *S. hybrida hyacinthiflora plena*. Cette nouveauté, qui fleurit pour la première fois en 1876, fut mise au commerce en 1877. Le semis dont elle provenait avait été fait cinq ans auparavant. L'année suivante (1878), parut le *S. vulgaris Lemoinei flore pleno*, résultant de l'apport du pollen d'un Lilas commun sur *S. vulgaris azurea plena*. Dès lors, les obtentions se succédèrent d'année en année, sans interruption, de plus en plus belles, de plus en plus méritantes, les variétés précédemment acquises intervenant à leur tour pour la production de formes nouvelles.

Nous avons dit qu'au début M. Lemoine avait pris du pollen sur le *S. oblata ;* quelques-unes des variétés doubles mises par lui au commerce présentent des caractères qui décèlent clairement cette origine : précocité de floraison ; feuilles très larges par rapport à leur longueur, épaisses, lustrées et luisantes. C'est le cas notamment pour les variétés *Double à fleur de Jacinthe* et *Léon Simon*. Chez d'autres variétés, comme *rubella plena*, la forme des feuilles rappelle l'*azurea plena*.

---

(1) Les recherches que nous avons faites pour en découvrir l'origine sont demeurées vaines. Aucun des auteurs que nous avons consultés sur ce point n'en fait mention. La trace la plus ancienne que nous ayons trouvée de ce Lilas est dans le *Catalogue général descriptif* des Pépinières Simon-Louis, publié en 1869 : il y est appelé *S. vulgaris flore pleno*. Noisette (*Manuel du Jardinier*, 1835, t. III, p. 410), cite, il est vrai, une variété à fleurs doubles qu'il appelle *S. vulgaris alba plena* ; mais le coloris qu'indique ce nom prouve qu'il s'agit d'une variété différente de l'*azurea plena*. Cette variété blanche double de Noisette a, sans doute, disparu depuis longtemps des cultures.

(2) Au Muséum, il en existait, il y a cinq ou six ans, près des Galeries de Botanique, un exemplaire en tige, recépé aujourd'hui, dont la plantation, à en juger par son développement (5 mètres de hauteur sur 15 centimètres de diamètre à 1 mètre du sol) datait d'au moins cinquante ans.

Il est à remarquer que la duplicature ne se présente pas de la même manière dans tous les cas. Certaines variétés, par exemple, *Michel Buchner, Lamark, Belle de Nancy, Louis Henry, Madame Léon Simon*, etc., ont leurs fleurs régulièrement imbriquées et arrondies en rosettes planes; d'autres, telles que *Léon Simon* et *Émile Lemoine*, les ont tout à fait globuleuses; d'autres encore, comme *Monsieur Maxime Cornu, Alphonse Lavallée*, etc., les ont étagées; d'autres enfin, parmi lesquelles *Linné* et *Jean Bart*, les ont ébouriffées.

Il faut noter aussi que, souvent, les divisions extérieures montrent des parties vertes : le fait se présente surtout sur les anciennes variétés ; il est caractéristique dans *Lamarck*.

Voici une liste de variétés de Lilas doubles remarquables, presque toutes, par leur beauté, et plusieurs par leur intérêt historique. Dans chaque groupe, elles sont rangées par intensité croissante de coloris.

### I. — Variétés lilas bleuâtre ou lilas rosé passant à l'ardoisé (Coloris assez clairs).

|  |  |
|---|---|
| *Azurea plena.* | *Doyen Keteleer.* |
| *Hyacinthiflora plena.* | *Mathieu de Dombasle.* |
| * *Abel Carrière.* | ** *Michel Buchner.* |
| * *Alphonse Lavallée.* | ** *Monsieur Maxime Cornu.* |
| ** *Condorcet.* | *Renoncule.* |
| ** *Léon Simon.* | ** *Président Grévy.* |

### II. — Variétés rouge pourpré foncé ou violacé, plus ou moins bleuâtres (Coloris intenses).

|  |  |
|---|---|
| ** *Souvenir de Thibault.* | * *La Tour d'Auvergne.* |
| * *Comte de Kerchove.* | * *De Humboldt.* |
| ** *Arthur William Paul.* | ** *Linné.* |
| * *Charles Joly.* |  |

### III. — Variétés rouge vif plus ou moins pourpré; face supérieure devenant plus ou moins ardoisée (Coloris intenses).

|  |  |
|---|---|
| * *Jean Bart.* | ** *Prince de Beauvau.* |
| ** *Madame Léon Simon.* | * *Pierre Joigneaux.* |
| ** *Maréchal de Bassompierre.* |  |

### IV. — Variétés rose carminé ou purpurin (Coloris assez vifs).

|  |  |
|---|---|
| ** *Belle de Nancy.* | ** *Marc Micheli.* |
| ** *Charles Baltet.* | * *Pyramidal.* |
| *Lemoinei.* | *Rubella.* |

### V. — Variétés rose carné et rose lilacé (Coloris clairs)

|  |  |
|---|---|
| ** *Émile Lemoine.* | * *Président Carnot.* |
| ** *Grand-Duc Constantin.* | ** *Louis Henry.* |
| * *Lamarck.* | *Le Gaulois.* |

VI. — **Variétés blanc rosé.**

** *Comtesse Horace de Choiseul.* | *Virginité.*

VII. — **Variétés blanches.**

** *Madame Lemoine.* | ** *Madame Casimir-Périer.*
** *Madame Abel Chatenay.* |

### Croisement du Lilas commun par le Lilas de Perse.

Le Lilas commun a des inflorescences géminées, compactes, un peu lourdes, même dans les meilleures formes.

Le Lilas de Perse les a beaucoup plus légères et étagées à l'extrémité des rameaux.

Des formes qui, à l'ampleur et à la beauté des fleurs du Lilas commun, joindraient un peu de la grâce et de la légèreté du Lilas de Perse, ne présenteraient-elles pas des mérites spéciaux?

C'est le raisonnement qui nous a guidé dans le croisement du Lilas commun par le Lilas de Perse. Nous possédons, en ce moment, une vingtaine de jeunes pieds ainsi obtenus et dont nous attendons la floraison. (V. *Revue Horticole*, 1901, p. 95.)

## IV

## LILAS DE PERSE

**Syringa persica** L., *Sp.*, p. 11; Spach, *Suites Buff.* 1839, VIII, p. 286; Dcne., *Monogr.* 1878, p. 42; Mouill., *Traité Arb.* 1892-1898, p. 998. — *Agem Lilac persarum* Cornuti, *Historia*, 1635, p. 188. — *Lilac persica ligustrina*, Nouv. Duham., II, p. 207, t. LXII. — *Ligustrum nigrum* P. Alpin, *De Plantis exoticis*, p. 176.

**Histoire.** — On pense que le Lilas de Perse, de même que le Lilas commun, mais un demi-siècle plus tard (vers 1614), a été envoyé de Constantinople dans l'Europe occidentale. C'est Prosper Alpin (1553-1617) qui en a parlé le premier ; il en attribue l'introduction à Jérôme Capello, ambassadeur de Venise auprès du Sultan. Cornuti a donné, en 1635, une bonne figure de la plante (sous sa forme à feuilles laciniées) qu'il appelle *Agem Lilac persarum*. Il est établi qu'elle était cultivée en Angleterre en 1658; tout porte à croire qu'à cette époque elle était déjà répandue en France. Tournefort (1656-1708) appelait le Lilas de Perse *Lilas à feuilles de Troène*, ce qui donne à penser qu'il avait en vue la forme à feuilles entières.

En 1879, le major Aitchison rencontra le Lilas de Perse en abondance dans les montagnes de l'Afghanistan, où il croit spontanément à 2.300 mètres d'altitude. Jusque-là, on le supposait originaire de la Perse, sans cependant l'y avoir trouvé à l'état sauvage. En 1890, le prince Henri d'Orléans le retrouva au Thibet, sur les hautes montagnes qui s'étendent de Lhassa à Batang.

Le Lilas de Perse est maintenant très répandu, au moins en ce qui concerne sa forme à feuilles laciniées.

**Description.** — Arbrisseau de 1<sup>m</sup>,50 à 2 mètres, rarement 3 mètres. Végétation assez touffue. — *Rameaux* grêles, fins, allongés, souvent arqués, anguleux à leur extrémité. — *Écorce* brun noirâtre ou brun roussâtre d'un côté, vert olive foncé de l'autre, parsemée de lenticelles grises, nombreuses, fines, saillantes. — *Bourgeonnement* précoce; bourgeons plus ou moins bronzés.

*Feuilles* lancéolées, aiguës, étroites, rétrécies vers la base, longuement atténuées en pointe; glabres; vert gai, plus clair en dessous; ayant une tendance à se lober, quelquefois tout à fait laciniées. On trouve ordinairement, sur les Lilas de Perse à feuilles entières, un certain nombre de feuilles plus ou moins lobées.

*Floraison* précoce, venant cependant un peu après celle du *S. vulgaris*. — Inflorescences courtes, lâches et peu fournies, mais ordinairement groupées en plus ou moins grand nombre à l'extrémité des rameaux, avec grappe terminale, ce qui leur donne l'apparence soit de bouquets, soit de longues panicules étroites, atteignant parfois jusqu'à 30 et 40 centimètres et même davantage, gracieusement arquées. — Boutons floraux relativement gros, ovoïdes, obtus. — Fleurs graciles. Tube (10 à 12 millimètres) grêle, souvent arqué, ordinairement un peu moins long que le diamètre du limbe. Limbe (12 à 16 millimètres) à divisions larges, ovales-acuminées, mucronées, d'abord incurvées et terminées en capuchon, puis s'étalant presque complètement. — Coloris variable. — Étamines jaune d'or, non saillantes, mais affleurant l'orifice du tube, sauf dans la forme à feuilles laciniées, où elles sont profondément situées. Style violacé, atteignant à peine la moitié de la longueur du tube. — Calice très court (2 à 3 millimètres), vert ou vert bronzé, à dents irrégulières. — Odeur spéciale, agréable et pénétrante.

*Fructification* assez fréquente, bien que peu abondante, chez la forme à feuilles laciniées; nulle chez les autres formes. — Fruits longs de 12 à 15 millimètres, presque cylindriques, arrondis à leur extrémité. Non verruqueux.

**Variétés.** — Le type du Lilas de Perse paraît être la forme à fleurs roses et à feuilles entières ou accidentellement lobées. Toutefois, certains auteurs pensent qu'il faudrait plutôt le voir dans la forme à feuilles laciniées. On ne cultive d'ailleurs actuellement que les trois formes suivantes :

*S. persica rosea*. — Ce Lilas, assez rare dans les jardins et même dans les collections, se distingue par sa taille peu élevée (1<sup>m</sup>50 à 2 mètres), ses rameaux très grêles, ses feuilles très étroites, ses fleurs très fines, d'un coloris rose hortensia très frais et très spécial, avec gorge bleutée et revers argenté ; ce coloris, d'un ton fort rare et même unique dans la série des Lilas, est d'un effet ravissant.

*S. persica alba*. — Variété du précédent, différente seulement par la couleur des fleurs qui, au début, sont d'un blanc très légèrement carné, nuancé gris de lin, avec tube ardoisé très pâle, et qui deviennent rapidement d'un blanc presque pur, avec gorge légèrement bleutée.

*S. persica laciniata.* — Cette forme est plus vigoureuse que les précédentes et atteint de plus grandes dimensions. Elle est aussi florifère ; mais les fleurs en sont d'ordinaire sensiblement plus petites et s'étalent plus tardivement et moins complètement. Leur coloris est violacé bleuâtre plus ou moins pourpré, avec gorge plus bleue. Les inflorescences légères, peu serrées, sont plus nombreuses, et s'étagent à l'extrémité des rameaux sur une longueur de 40 à 50 et jusqu'à 60 centimètres. L'odeur en est spéciale et pénétrante. Les feuilles sont, les unes trilobées, les autres tout à fait laciniées (5 à 7 divisions) ; quelques-unes sont entières, et alors plus larges que celle des deux variétés précédentes.

Cet arbuste, souvent appelé *Lilas à feuilles de Jasmin* ou encore *Lilas Persil*, est remarquable par sa floribondité, sa bonne tenue et l'élégance que lui donne son feuillage léger et fin.

Il a donné une sous-variété naine et à feuilles plus complètement laciniées : c'est le *S. persica mimosæfolia*, obtenu par Carrière (*Rev. Hort.*, 1878, p. 453).

*Nota.* — Le Lilas de Perse à *feuilles laciniées*, bien que présentant, d'une manière générale, tous les caractères principaux du type à feuilles entières ou simplement lobées, s'en distingue cependant par une particularité qui a peut-être son intérêt : c'est que les étamines, au lieu d'affleurer l'orifice du tube, sont profondément situées (à moitié environ de la longueur du tube), de sorte que les anthères touchent le stigmate. Faut-il voir, dans ce fait, la cause de la fertilité relative de ce Lilas, et expliquer la stérilité du type à feuilles entières par cette différence dans la position relative des anthères et du stigmate? Constatons aussi que ce Lilas présente parfois quelques feuilles non laciniées, et que ces feuilles, plus larges que celle des Lilas de Perse proprement dits, rappellent beaucoup celles des Lilas Varin.

Comme on le verra plus loin, il semble bien établi que le Lilas de Perse à feuilles laciniées donne, par le semis, le Lilas Varin. Logiquement, il faudrait donc considérer ce dernier comme une variété du premier. Toutefois, à cause des différences que ces deux Lilas présentent au point de vue horticole, et étant donné que le Lilas Varin est un type de série, nous continuerons, sous réserves, et jusqu'à nouvel ordre, à maintenir la séparation généralement admise.

## V

## LILAS VARIN

Syringa dubia Pers., *Enchyr.*, I, p, 9. — *S. chinensis* Willd.; Dene., *Monogr.*, 1878, p. 42. — *S. rothomagensis* Mirb. *Nouv. Duham.*, II, p. 208, tab. 58. — *S. persica rotho-*

*magensis* Mouill., *Traité Arb.*, p. 999. — *Lilac Varina* Dum. Cours., *Bot. cultiv.*, 1811, II, p. 574.

**Histoire.** — On a beaucoup discuté et beaucoup écrit sur l'origine du Lilas Varin, prototype de la série des *Syringa dubia*. L'opinion la plus accréditée à l'heure actuelle est qu'il provient d'un croisement du Lilas de Perse à feuilles laciniées par le Lilas commun. Cette opinion est basée sur ce fait que le Lilas Varin présente tous les caractères d'un intermédiaire entre les deux types spécifiques regardés comme parents. Elle repose aussi sur cet autre fait que M. Lemoine, de Nancy, a obtenu récemment un Lilas Varin à fleurs doubles, en fécondant le Lilas de Perse à feuilles laciniées par un Lilas commun à fleurs doubles.

Si l'on admet qu'il y a eu croisement dans l'obtention du Lilas Varin ordinaire, il faut admettre aussi que ce croisement se produit naturellement et toujours avec les mêmes résultats. En effet, l'obtenteur, Varin, directeur du Jardin botanique de Rouen, dans une lettre écrite à l'auteur du *Bon Jardinier pour 1805* (p. 585), dit expressément que, depuis 1777, c'est-à-dire pendant vingt-huit ans, « il a semé chaque année des graines de Lilas de Perse à feuilles laciniées, et que ces graines lui ont constamment donné du Lilas Varin ». Les semences provenaient de fructifications normales, sans fécondation artificielle. Dans *Le Botaniste cultivateur* (1811, p. 574), Dumont de Courset confirme le fait, et il ajoute : « J'ai vu le premier pied de ce Lilas dans le Jardin botanique de Rouen, dont M. Varin est le directeur... Ce premier pied formait un buisson élargi, haut de plus de 3 mètres. » Dans le *Manuel général des Plantes* (1847, III, p. 54), Jacques et Hérincq affirment qu'on obtient communément le Lilas Varin par semis de *Lilas de Perse*. Nous avons nous-même expérimentalement constaté l'exactitude de cette assertion par des semis de *S. persica laciniata*. (*Revue Horticole*, 1901, p. 373 et suiv.)

Le Lilas Varin (ancien type à fleurs simples) ne proviendrait donc pas d'un croisement, mais bien de graines fournies normalement par le Lilas de Perse à feuilles laciniées. Le Lilas de Perse existant dans le sud-ouest de la Chine, au Thibet, cela explique parfaitement que l'on ait trouvé le Lilas Varin dans les jardins chinois, ainsi que l'a dit Franchet (*Bulletin de la Société Philomatique*, 1885). Il est d'ailleurs à remarquer que, du temps de Varin et pendant de longues années, les ouvrages spéciaux n'attribuent pas à ce Lilas une origine hybride, ou bien, à la suite des explications de Varin, ils rectifient cette opinion. Il semble qu'on ne l'ait admise qu'assez longtemps après lui, alors que ses déclarations avaient pu être oubliées. La première mention que nous en ayons relevée se trouve dans Noisette (*Manuel complet du Jardinier*, t. III, 1833). Elle reparaît ensuite dans presque tous les ouvrages spéciaux publiés ultérieurement. Toutefois, nous voyons plusieurs auteurs faire exception et persister à ranger le Lilas Varin parmi les *S. persica* : c'est le cas pour Jacques et Hérincq (*Manuel de l'Amateur des Jardins*, 1847, III, p. 54), et Mouillefert (*Traité d'Arboriculture*, 1892-1898, II, 999). Decaisne

(*Journal de la Société nationale d'Horticulture*, 1878, p. 277) dit, dans une lettre à Duchartre : « Je ne crois pas beaucoup, je vous l'avoue, à l'origine hybride du *Syringa rothomagensis* ».

Citons enfin Franchet (*Revue Horticole*, 1891, p. 330), qui fait du Lilas Varin une variété du Lilas commun sous le nom de *S. vulgaris*, var. *dubia*. Il y a lieu d'être surpris de cette assimilation : si l'on admet le Lilas de Perse au nombre des espèces, c'est incontestablement à celui-ci et non au Lilas commun qu'il faut rapporter le Lilas Varin.

Le Lilas Saugé, qui ne diffère du Lilas Varin que par son coloris, aurait été distingué, au dire de son obtenteur, Saugé, fleuriste à Paris, dans un semis de graines du Lilas de Marly (1), fait en 1809. Il fut mis au commerce en 1822. (V. *Nouvelles Recherches sur les Lilas*, *Revue Horticole*, 1901, p. 95.)

En mai 1901, au Muséum, un dimorphisme du Lilas Varin a donné le Lilas Saugé. Nous avons nous-même constaté le fait d'une manière absolument précise, et l'avons fait constater par plusieurs de nos collègues du Muséum (V. *Revue Horticole*, 1901, p. 258). Si donc l'origine indiquée par son premier obtenteur est bien exacte, le L. Saugé, qui aurait été trouvé par semis, pourrait provenir aussi d'un dimorphisme du L. Varin.

Le Lilas *bicolor* provient d'un dimorphisme du Lilas Varin, et le L. de Metz d'un dimorphisme du L. Saugé.

**Description.** — Arbrisseau de 3 à 4 mètres, végétation touffue. — *Rameaux* divergents, grêles, moins fins cependant que ceux du *S. persica* ; à peine anguleux à leur extrémité. — *Écorce* brune ou brun verdâtre, à lenticelles noirâtres, très fines et très nombreuses. — *Bourgeonnement* précoce, vert ou un peu bronzé, selon les variétés.

*Feuilles* glabres, vert gai, plus clair en dessous, ovales-allongées, non cordiformes, un peu arrondies à leur base, longuement atténuées en pointe aiguë à leur partie libre, moins grandes et surtout moins larges que dans le *S. vulgaris*, plus amples et moins étroites que dans le *S. persica* ; intermédiaires entre les deux, mais se rapprochant davantage du dernier.

*Floraison* à peu près à la même époque que celle du Lilas commun, ou un peu plus tardive. — Inflorescences petites, en grappes légères, longues de 15 à 20 centimètres, quelquefois solitaires et terminales, le plus souvent réunies en nombre variable à l'extrémité de longs rameaux grêles, soit rap-

---

(1) Nous avons de bonnes raisons pour croire que ce Lilas de Marly était tout autre que la variété aujourd'hui connue sous ce nom, et dont nous avons parlé plus haut assez longuement. Les auteurs du commencement du siècle, *Le Bon Jardinier*, Dumont de Courset, etc., lui donnent le nom de *S. media* et en font un hybride du Lilas de Perse et du L. commun. Decaisne (*Journal de la Société nationale d'Horticulture*, 1877, p. 277) donne ce nom de L. de Marly comme synonyme de L. Varin, et il ajoute : « Cette dénomination est souvent appliquée à tort à une variété du Lilas commun. » C'est avec son ancienne signification de L. Varin qu'il faut prendre le nom de L. de Marly donné par Saugé à la plante dont il a tiré son Lilas.

prochées en gros bouquets, soit étagées de manière à simuler une longue panicule atteignant 0^m30 ou 0^m40 et quelquefois jusqu'à 0^m60 et même davantage; plus fournies que dans le *S. persica*, moins compactes que dans le *S. vulgaris*. — Fleurs de grandeur assez variable. Limbe mesurant de 12 à 20 mill. Divisions ovales-allongées, assez étroites, s'étalant ou se contournant, ou bien arrondies et restant très longtemps cucullées. Tube (10 à 12 millim.) moins long que le diamètre du limbe, assez fin, un peu renflé à la partie supérieure. — Coloris variable. — Etamines non saillantes, mais souvent à fleur de la gorge ou un peu au-dessous. — Odeur rappelant celle du *S. persica*.

*Fructification.* — Rare et en général peu abondante, du moins sous le climat de Paris, où les fruits (semblables à ceux du Lilas de Perse comme forme, mais un peu plus bruns et lustrés) sont presque constamment dépourvus de graines. Carrière a cité comme un fait exceptionnel l'obtention, au Muséum, d'un pied de semis du Lilas Varin (*Journal de la Société nationale d'Horticulture de France*, 1876, p. 326).

*Nota.* — Pendant longtemps, on a cru à la stérilité complète du L. Varin. C'est là une opinion erronée. Carrière a signalé, à diverses reprises, la fructification de ce Lilas. (V. notamment *Revue Horticole*, 1877, p. 403, et *Journal de la Société nationale d'Horticulture de France*, 1878, p. 326). Nous-même en avons récolté plusieurs fois des fruits (*Revue Horticole*, 1901, p. 41); mais alors que Carrière avait pu obtenir une plante de ces fruits, nous n'avons jamais trouvé que des capsules, ou incomplètement formées et vides, ou contenant des graines qui n'ont pas germé.

Au mois de mars 1900, M. Cornu, professeur au Muséum, demandait, sur notre proposition, à l'Institut forestier de Vallombrosa (Italie), qui les faisait figurer sur son Catalogue d'échanges, des graines de *Syringa dubia*, Pers. Ces graines ont parfaitement germé et nous ont fourni trente pieds qui, à l'heure actuelle (juin 1901), présentent tous les caractères du Lilas Varin. Ce fait paraît démontrer que, sous un climat suffisamment chaud, le *S. dubia* donne volontiers des graines fertiles.

**Lilas Varin** (*Syringa dubia* Pers.; *S. rothomagensis* Mirb.). — C'est la première forme obtenue dans cette série; nous avons dit par qui, comment et à quelle date. Bouton floral ovoïde-obtus, lilas purpurin argenté. Fleurs grandes (15 à 18 millimètres de diamètre; tube long de 10 à 12 millimètres), à divisions assez étroites, ovales-oblongues, d'abord incurvées avec extrémité en capuchon, puis s'étalant complètement et se contournant. Coloris d'abord violacé pourpré, devenant ensuite bleuâtre; revers argenté. Floraison particulièrement belle et abondante. Ce type a donné plusieurs formes bien distinctes, parmi lesquelles :

*Lilas Varin à petites fleurs* ou *L. Varin précoce.* — Nous avons trouvé, dans les collections du Muséum, un vieil exemplaire de cette forme très spéciale par ses rameaux plus rigides et plus courts; sa floraison d'une huitaine de jours plus hâtive que celle du Lilas Varin ordinaire; ses boutons globuleux; ses fleurs sensiblement plus petites (10 à 12 millimètres de limbe, 6 à 9 millimètres de tube), à divisions larges, rapprochées, tout à fait arrondies, restant incurvées, d'un bleu plus intense et plus sombre; ses inflorescences plus compactes et plus courtes (ne dépassant généralement pas 7 à 8 centimètres). Nous nous demandons si ce Lilas ne serait pas le vrai L. de Marly dont parlent les éditions du *Bon Jardinier* d'il y a cent ans, Dumont de Courset, Noisette, Spach et Decaisne.

L. *Varin Président Hayes*. — Ne diffère du Varin type que par la nuance des fleurs, dont la face supérieure est violet pourpré bleuâtre, avec gorge bleu métallique, et le revers un peu argenté. C'est une belle forme, intermédiaire comme coloris entre le L. Varin et le L. Saugé.

L. *Varin bicolore* (*Syringa rothomagensis bicolor* Lem.; Syn. *S. rothomagensis alba* Hort.). — C'est un dimorphisme du Lilas Varin, trouvé par M. V. Lemoine, de Nancy, en 1850, à Novéant près Metz, dans la propriété de M. Guerber, conservé et propagé par la greffe.

Il diffère du Lilas Varin type par les dimensions un peu moindres de la fleur (12 à 15 millimètres de diamètre; 5 à 7 millimètres de longueur de tube) et surtout par le coloris; le bouton est blanc grisâtre, avec tube lilas bleuté; le limbe est blanc nuancé bleuâtre; la gorge et la base des divisions sont bleu lilacé, et, par suite, présentent un œil bien apparent; les divisions ont d'ailleurs la forme de celles du L. Varin type et s'étalent de la même manière.

L. *Varin bicolore à petites fleurs*. — Nous avons reçu cette variété de plusieurs établissements sous l'appellation de *S. rothomagensis alba* qui, dans le commerce horticole, est donnée comme synonyme de *S. rothomagensis bicolor*. Nous ne savons absolument rien de son histoire, malgré les recherches que nous avons faites, sinon qu'elle est confondue partout avec la forme trouvée et multipliée par M. V. Lemoine, c'est-à-dire avec le vrai Lilas bicolore. M. V. Lemoine, à qui nous avons soumis ces deux formes, a bien voulu nous indiquer laquelle des deux il a découverte, et nous dire qu'il ignore l'origine de l'autre. Celle-ci, que l'on peut, par comparaison, appeler « L. Varin bicolore à petites fleurs », se distingue du L. Varin bicolore vrai par ses fleurs sensiblement plus petites (6 à 10 millimètres de diamètre de limbe et longueur de tube à peu près égale), ne s'étalant que tardivement et presque toujours incomplètement; par les divisions plus courtes, arrondies, cucullées, à bords relevés et formant bourrelet, à pointe épaissie, terminée par une griffe bien prononcée; par le bouton globuleux, gris de lin, au lieu d'être allongé, et plutôt blanc lilacé; enfin par le coloris général d'apparence plus grise, en réalité blanc légèrement bleuté, avec gorge et base des divisions oculées violacé pourpré ou un peu bleuâtres, devenant plus bleues à la fin de la floraison.

De même que dans le L. bicolore vrai, l'odeur est ici moins prononcée que dans le L. Varin type.

Ces deux formes, et surtout celle à petites fleurs, montrent fréquemment des retours au type. Nous l'avons constaté à maintes reprises, notamment en

1892, 1893, 1896, 1897, 1899, 1900, et 1901 (V. *Rev. Hort.* 1901, p. 258), non seulement sur un pied, mais sur plusieurs pieds de provenance diverse, et, pour un même pied, sur des branches différentes. Tantôt c'est une grappe entière qui se montre bien pourpre au milieu des autres gris de lin ; tantôt, sur une même grappe, on trouve mélangées les fleurs gris de lin du L. bicolore et les fleurs bleu pourpré du L. Varin ; tantôt enfin, on rencontre, sur une même fleur et bien distinctement, les deux coloris : une, deux, trois des divisions se colorent en bleu, tandis que le reste se maintient nettement gris. Mais — fait très intéressant et digne d'être noté — ces retours au type ne se manifestent pas seulement par le changement de coloris, ils se montrent aussi par la différence de forme et de grandeur des fleurs, différence surtout très sensible dans la variété à petites fleurs : au lieu de rester courtes, arrondies, épaisses, et incurvées avec extrémités mucronées, les fleurs, ou même simplement les divisions qui ont repris la couleur bleu pourpré du L. Varin, redeviennent plus grandes, les lobes plus allongés, ovales, planes et étalés. De sorte que l'on peut voir, sur les fleurs versicolores : à la fois des divisions allongées, étalées (les bleues), et d'autres courtes, arrondies et incurvées (les grises), ce qui donne à ces fleurs une apparence des plus singulières.

Sur ce même Lilas bicolore à petites fleurs, nous avons observé, en 1897, un dimorphisme en Lilas Saugé.

*L. Varin semi-double* (*S. rothomagensis semi-duplex* V. Lemoine). — Obtenu par M. V. Lemoine (qui l'a mis au commerce en 1897) d'un croisement du *S. persica laciniata* par une variété à fleurs doubles du *S. vulgaris*. Fleurs grandes (1 centimètre 1/2 de diamètre), formées de deux corolles emboîtées, ou bien, pour un grand nombre, pourvues de 5, 6 ou 7 divisions ; d'abord violacé rougeâtre, puis violet bleuâtre.

**Lilas Saugé** (*S. Saugeana* Hort.) (Voir, pour l'obtention, à la page 18). — Ne diffère du Lilas Varin que par son coloris qui, au lieu d'être pourpré bleuâtre, se montre rouge pourpré, plus ou moins foncé suivant l'insolation. C'est une superbe variété, de tout premier mérite. Elle a donné deux formes remarquables. Carrière (*Revue Horticole*, 1876, p. 413) rapporte avoir observé sur le L. Saugé, en 1875, une grappe à fleurs tout à fait blanches.

*Lilas Saugé de Metz* (*S. metensis* Hort.). — Dimorphisme du L. Saugé, trouvé en 1860, à Metz, sur la promenade de l'Esplanade ; multiplié par l'Établissement Simon-Louis, qui le mit au commerce en 1871. Il ne diffère du type que par sa couleur, d'un joli rose lilacé frais, avec gorge bleuâtre. Cette forme est d'une grande beauté. De même que le L. bicolore, le Saugé de Metz présente de temps à autre des cas de retour au type. Nous en avons observé en 1896 et 1897 au Muséum, et MM. Jouin, des Pépinières Simon-Louis, nous en ont cité de fréquents.

*L. Saugé semi-double.* — Trouvé au Muséum en 1899. C'est une variation du type remarquée par nous sur un pied déjà vieux : un rameau s'est trouvé donner des fleurs semi-doubles ; nous l'avons détaché et multiplié. Les fleurs, qui mesurent jusqu'à 30 millimètres de diamètre, présentent, chez un certain nombre, deux rangs de divisions superposées, contournées et ébouriffées.

**L. Carné de Chine.** — Sous ce nom, nous avons reçu, d'établissements sérieux, deux formes bien différentes : le Saugé de Metz et le Varin bicolore. D'autre part, nous n'avons obtenu à son endroit, malgré nos recherches, que des renseignements vagues et incertains. De sorte que nous ne savons véritablement à quelle variété s'applique cette dénomination, d'ailleurs fort impropre et qu'il conviendrait d'abandonner.

### Semis de Lilas de Perse à feuilles laciniées.

Nous avons précédemment parlé des résultats que nous ont donnés, par le semis, les graines du *S. persica laciniata*.

Un semis de 1894 nous a fourni des plantes qui se rapprochent beaucoup du L. Varin et du L. Saugé. Les fleurs, dont les coloris rappellent ceux de ces deux formes, et sont le plus souvent de nuance intermédiaire, ont cependant leurs lobes un peu plus courts et arrondis, comme dans la forme précoce du L. Varin signalée plus haut, ou bien étroits et aigus sur d'autres pieds moins bons. Parmi les feuilles, dont la plus grande partie ne diffèrent pas de celles du L. Varin, il en est quelques-unes de lobées (V. *Revue Horticole*, 1901, p. 72 et 258).

Un autre semis du même Lilas de Perse à feuilles laciniées (graines récoltées au Muséum en 1895) nous a donné plusieurs variétés intéressantes, parmi lesquelles nous avons particulièrement remarqué les deux suivantes :

*L. Madame Jeanne Cornu (S. dubia rosea).* — C'est un des plus beaux, sinon le plus beau, du groupe des *S. dubia*. La fleur en est exceptionnellement grande (diamètre du limbe : 20 millimètres et au delà ; longueur du tube : 13 à 14 millimètres) ; le bouton, rose lilacé argenté, s'ouvre en rose purpurin très frais ; à complet épanouissement, la fleur est vieux rose, avec base des sinus argentée et gorge lilacé ardoisé.

Cette variété a fleuri pour la première fois au Muséum, en 1901, et nous a paru des plus méritantes. Nous l'avons dédiée à Madame Cornu, en souvenir de son mari, M. Maxime Cornu, notre savant et regretté maître.

*L. Varin double pourpre (S. dubia purpurea duplex).* — Fleurs grandes (16 millimètres de diamètre ; 8 à 10 millimètres de longueur de tube), bien doubles, s'étalant régulièrement, lilas pourpré. La première floraison a eu lieu au Muséum, en 1901.

Il faut remarquer que cette obtention est due à la fructification naturelle du Lilas de Perse ; il n'y a pas eu apport de pollen étranger, du moins du fait de l'homme.

Ces deux semis, le dernier surtout, présentent jusqu'ici (1901) une certaine proportion de feuilles lobées ; mais les pieds n'ont encore que cinq ans, et, si nous en jugeons par d'autres exemples, il est à croire que les lobes disparaîtront avec l'âge.

# VI

## LILAS DE BRETSCHNEIDER

Syringa Bretschneideri Hort.; *Le Jardin* 1895, p. 21 et 1890, p. 126. — *S. Emodi rosea* Max. Cornu, *Rev. Hort.*, 1888, p. 492, pl. color.; Mouill., *Traité Arb.* 1892-1898, p. 1000. — *S. villosa* Vahl, *Enum.*, p. 38 (*non* Decne., *Monogr.* 1878, p. 41).

**Histoire.** — Cette espèce existait depuis bien longtemps dans l'herbier du Muséum, qui l'avait reçue du P. d'Incarville, chef des missions de Jésuites en Chine, de 1742 à 1755, mais elle n'avait pas encore été introduite dans les cultures européennes, lorsque le même établissement la reçut à l'état de graines sur la fin de 1880, d'envoi du Dr Bretschneider, en même temps que le *S. pubescens*. Elle vient, comme ce dernier, du nord de la Chine. La première floraison eut lieu au Muséum, en 1886; la même année, des fleurs furent présentées à la *Société Nationale d'Horticulture de France* (Séance du 27 mai 1886). Elle fut mise en distribution par le Muséum en 1887, en plantes vivantes.

**Description.** — Arbrisseau de 3 à 4 mètres, très vigoureux. — *Bois* gros; ramifications érigées; rameaux robustes. — *Écorce* brun jaunâtre clair, puis brune, pourvue de lenticelles verruqueuses, grises, nombreuses, grandes et saillantes, allongées ou arrondies, souvent fendues. — *Bourgeonnement* un peu plus tardif que dans le Lilas commun, mais beaucoup plus précoce que dans le *S. Emodi*. Bourgeons jeunes, vert bronzé ou quelquefois bronzé rougeâtre, à reflet métallique; jeunes pousses vertes, robustes.

*Feuilles* très grandes, atteignant souvent 16 à 18 centimètres de longueur sur 8 à 9 de largeur (et jusqu'à 20 centimètres sur 16 à 17); ovales, plus ou moins élargies ou allongées, épaisses, fortement réticulées et comme bullées; vert intense en dessus, vert glauque en dessous. Nervures fortement saillantes en dessous, vertes, hispides; bords scabres; pétiole gros et court, violacé sur la face supérieure.

*Floraison* abondante, tardive, se produisant de huit à quinze jours après celle du *S. vulgaris*, et quelques jours avant celle du *S. Josikæa*. — Pousses florales pouvant atteindre jusqu'à 40 centimètres et présenter jusqu'à 6 et 7 paires de feuilles. — Inflorescences solitaires, terminales, élégantes, dressées et bien dégagées, pyramidales, régulières, bien fournies sans être compactes, atteignant ordinairement de 15 à 20 centimètres de longueur. mais pouvant mesurer jusqu'à 25 et même 30 centimètres, dépourvues de bractées. Fleurs de grandeur variable, quelquefois fines et allongées, le plus souvent grandes et amples (limbe atteignant de 8 à 12 et jusqu'à 15 millimètres; tube de 8 à 15 et exceptionnellement jusqu'à 20 millimètres). Divisions larges et assez courtes, ovales-aiguës, fermes, épaissies sur les bords, terminées en capuchon mucroné; souvent au nombre de cinq, six et plus; quelquefois aussi réduites à trois et même à deux ; d'abord incurvées, puis étalées et finalement récurvées. Tube en entonnoir régulier. — Boutons floraux ovales-obtus, à peine renflés. — Coloris jusqu'ici exclusivement rose ou rose lilacé, ou blanc rosé, d'un ton très frais et très agréable — Calice à dents régulières, bien distinctes, assez longues, vert clair ou bronzé. — Étamines incluses, ordinairement à 2 ou 3 millimètres de l'orifice du tube, quelquefois l'affleurant, mais ne le dépassant jamais. — Odeur rappelant celle du Troène, mais bien moins désagréable que celle du *S. Emodi*.

*Fructification* en général très abondante. Capsules relativement grosses, longues de 15 à 20 millimètres, oblongues-obtuses, mucronulées, anguleuses, non verruqueuses, renfermant constamment quatre graines.

*Nota.* — Cette remarquable espèce, aussi recommandable par son beau feuillage et sa bonne tenue que par sa floraison, n'a encore que peu varié ; cependant les semis nous ont donné quelques formes d'un coloris un peu plus intense, et aussi des formes à *fleurs semi-doubles.* Les formes les plus belles sont aussi les plus tardives.

Le Lilas de Bretschneider est, plus que toute autre espèce, sujet aux attaques de la Cochenille et de la Zeuzère.

Il paraît se plaire particulièrement dans les terres saines, chaudes et imprégnées de sulfate de chaux.

Il se multiplie aisément de graines, et les jeunes plantes croissent rapidement. Les bonnes variétés se greffent sur franc. On peut aussi le greffer sur Lilas commun, et inversement.

# VII

## LILAS DE HONGRIE

*Syringa Josikæa* Jacq. f., *Flor.*, 1831, p. 57. et 399. ; Spach., *Suites*, 1839, VIII, p. 281 ; Dcne., *Monogr.*, 1878, p, 44 ; Mouill., *Traité Arb.*, 1892-98, p. 1001.

**Histoire.** — Ce Lilas a été trouvé en 1830, par la baronne Rosalie Josika, dans le comté de Kolozsvar (ou Klauzenburg), en Transylvanie. C'est dans son parc que la baronne Josika aurait fait cette découverte ; aussi s'est-on souvent demandé si la plante était réellement spontanée dans l'endroit où elle a été remarquée, et si elle n'y aurait pas été introduite. Mais depuis cette époque, et il y a peu d'années encore, elle a été rencontrée à nouveau sur plusieurs points de cette région montagneuse de la Hongrie. C'est une forte présomption, sinon une preuve, en faveur de l'indigénat. L'espèce est maintenant cultivée dans toutes les collections.

**Description.** — Arbrisseau de 2 à 3 mètres, de moindre vigueur et de moindre développement que les *S. Emodi* et *S. Bretschneideri*. — *Branches* érigées. Rameaux rigides, cylindriques, plus faibles que ceux des deux espèces susdites. — *Écorce* des jeunes rameaux gris cendré, puis brune ; lenticelles peu nombreuses, fines, peu saillantes et peu apparentes. — *Bourgeonnement* assez précoce, un peu après celui du L. de Bretschneider. Bourgeons tantôt verts, tantôt teintés rougeâtre ; jeunes pousses couvertes d'une pubescence très fine.

*Feuilles* assez grandes (4 à 5 centimètres, sur 9 à 12 centimètres), oblongues-allongées ou quelquefois obovales, longuement atténuées en pointe et fortement rétrécies à leur base ; épaisses, coriaces, vert foncé en dessus, très glauques et comme argentées à la face inférieure ; glabres sur les deux faces. Pétiole très court, assez gros, souvent violacé ou brunâtre.

*Floraison* tardive, commençant vers la fin de celle du Lilas de Bretschneider — Pousses florales assez courtes, ne dépassant guère 12 cent., pourvues de 2 à 5 paires de feuilles assez rapprochées. — Inflorescences à l'extrémité de pousses de l'année, solitaires, assez longues (12 à 15, exceptionnellement 20 cent.), étroites, peu fournies, étagées et interrompues, ordinairement pourvues de quelques bractées. Pédoncules et pédicelles courtement et finement velus. — Bouton floral continuant le tube sans brusque renflement, obtus, d'abord pourpré bleuâtre très foncé, s'éclaircissant ensuite. — Fleurs en entonnoir régulier, ou plutôt en cornet ; tube relativement très gros (3 à 4 millimètres de diamètre à l'orifice), long de 9 à 10 millimètres, régulièrement évasé de bas en haut ; limbe (étalé) de 7 à 8 millimètres de diamètre ; divisions assez larges, mais courtes (2 à 3 millimètres), obtuses, légèrement cucullées, à bords relevés, mais non épaissis, extrémité mucronée et recourbée en griffe ; ne s'étalant que tardivement et incomplètement. — Coloris pourpre violacé. — Calice très court (1 millimètre à 1 millimètre et demi), courtement mais nettement pubescent ; violacé foncé d'un côté, vert de l'autre. — Etamines relativement très petites, non saillantes, profondément situées. — Odeur relativement agréable, rappelant assez celle du miel, très sensiblement meilleure que dans le Lilas de Bretschneider.

*Fructification* assez fréquente, mais souvent peu abondante. Capsules très courtes (5 à 7 millimètres), ovoïdes, pourvues de deux sillons longitudinaux ; non verruqueuses.

**Variétés.** — *S. Josikæa flore rubro* ; fleurs plus rouges que dans le type ; inflorescences plus grandes et plus fournies.

*S. Josikæa pallida* ; fleurs lilacé bleuâtre d'un médiocre effet.

*Nota.* — Le Lilas de Hongrie, dont la floraison est peu avantageuse, se recommande plutôt par sa bonne tenue et son feuillage.

Il résiste bien aux froids de nos hivers parisiens. Il se plaît surtout en sol un peu frais et profond.

On le multiplie comme le Lilas de Bretschneider.

# VIII

## LILAS EMODI OU LILAS DE L'HIMALAYA

**Syringa Emodi** Wall. *List.* 2.831 ; Royle, *Himal.*, p. 267, tab. 65; Dcne., *Monogr.* 1878, p. 40 ; Mouill., *Traité Arb.* 1892-1898, p. 1000.

**Histoire.** — Royle décrivit cette espèce en 1839. Franchet (*Revue Horticole*, 1892, p. 332) dit qu'elle occupe presque toute la chaine de l'Himalaya, et qu'elle a été retrouvée en 1879 dans la vallée du Kuram, par le major Aitchison. Bien avant ce dernier, elle avait été rencontrée par Victor Jacquemont, au cours de son voyage (1829-1832) au Cachemyr et au Népaul. Enfin, le P. Armand David l'avait signalée vers 1871, sur les montagnes des environs de Pékin. Son introduction en Europe remonte à 1843 ou 1844.

**Description.** — Arbrisseau de 2 à 3 mètres. — *Bois* très gros, érigé ; rameaux très forts, comme tronqués. — *Écorce* brune ou vert olive, luisante, parsemée de nombreuses lenticelles verruqueuses, grises, grandes, allongées, très saillantes, souvent fendues longitudinalement. — *Bourgeonnement* très tardif; le plus tardif de tous les Lilas. Bourgeons rougeâtres ou bronzé rougeâtre ; jeunes pousses très courtement velues, rougeâtres, ou bronzé rougeâtre, ou pourpre foncé.

*Feuilles* grandes, mesurant, sur les pousses vigoureuses, jusqu'à 8 à 10 centimètres de largeur sur 12 à 14 de longueur, ovales, courtement acuminées, épaisses, réticulées, gaufrées, vert foncé en dessus, argentées-farinacées en dessous, discolores, finement bordées de rouge à la base ; pétioles rougeâtres ou violacés ; nervure médiane à revers hispide et souvent rosé ; sur les pousses vigoureuses, le bord des feuilles est en général très courtement cilié.

*Floraison* très tardive, en général peu abondante, se produisant d'ordinaire de dix à quinze jours après celle du Lilas de Bretschneider, et un mois après celle du Lilas commun. C'est le plus tardif de tous les Lilas proprement dits. — Pousses florales longues de 15 à 25 centimètres, pourvues de 4 à 6 paires de feuilles, subtétragones, souvent bronzé rougeâtre avec très fortes lenticelles allongées et fendues. — Inflorescences sur les pousses de l'année, solitaires, terminales, de grandeur très variable (de 6 à 20 centimètres), maigres et peu fournies, entremêlées de feuilles florales, souvent interrompues, peu décoratives; rachis anguleux, rougeâtre, finement pubescent. — Bouton floral à peine renflé, obtus et arrondi, souvent un peu rosé à l'extrémité. — Fleurs de grandeur variable, en général petites (limbe 6 à 8 millimètres, tube 6 à 12 millimètres); divisions étroites, pointues, épaissies à leur extrémité, à bords un peu relevés et à pointe en crochet; devenant, sur la fin, un peu récurves. Tube assez gros, souvent un peu arqué. — Coloris blanc laiteux, ou blanc nacré uniforme. — Calice rose ou rougeâtre, à dents très irrégulières.

— *Etamines* à grosses anthères, arrivant à fleur de la gorge et la dépassant quelquefois. — Odeur forte, écœurante, nettement désagréable.

*Fructification* assez fréquente et assez abondante. Fruits assez gros, allongés (15 à 20 millimètres), presque cylindriques, terminés par une pointe assez longue, non verruqueux.

**Variétés** : *S. Emodi aurea.* — Obtenu dans les pépinières Simon-Louis, par dichroïsme du *S. Emodi foliis variegatis.* Notablement différent du type, non seulement par le beau coloris jaune de ses feuilles, argentées en dessous et nettement discolores, mais encore par les particularités suivantes : jeunes pousses et jeunes feuilles jaunâtres au lieu d'être rougeâtres ou bronzées ; floraison plus précoce d'une huitaine de jours ; fleurs plus fines, à tube plus court et à divisions plus tôt et plus nettement récurvées, devenant révolutées ; calice vert et plus court ; étamines très nettement saillantes au lieu de n'arriver qu'à la gorge ; inflorescences plus courtes et plus compactes, à verrues beaucoup plus nombreuses, plus saillantes, mais moins allongées ; odeur encore plus forte et plus désagréable.

*S. Emodi foliis variegatis.* — Se distingue du précédent par les marbrures jaunâtres disséminées sur le limbe.

*Nota.* — Les Lilas Emodi n'ont guère de valeur ornementale que par leur beau feuillage et leur bonne tenue ; la floraison en est médiocre. Ils sont tout à fait rustiques sous le climat de Paris et se plaisent surtout en sols sains et s'échauffant facilement. On les multiplie de semis ; les variétés se greffent sur franc, ou sur Lilas de Bretschneider, ou encore sur Lilas commun.

## COMPARAISON ENTRE LES FLEURS DE

| **S. Bretschneideri** Hort. | **S. Emodi** Wall. | **S. Josikæa** Jacq. f. |
|---|---|---|
| | **Inflorescences.** | |
| Grandes, amples, bien fournies, dépourvues de bractées. | Étroites, peu fournies, entremêlées de bractées. | Étroites, peu fournies, interrompues, montrant quelques bractées. |
| 15 à 30 centimètres. | 6 à 20 centimètres. | 12 à 20 centimètres. |
| Bien dégagées, fort décoratives. | Peu apparentes et peu décoratives. | Assez ornementales, mais peu dégagées du feuillage. |
| | **Fleurs.** | |
| | *Limbe.* | |
| 8 à 10 millimètres. | 6 à 8 millimètres. | Dans la fleur étalée : 6 à 8 millimètres. |
| | *Divisions.* | |
| Larges, ovales-aiguës, épaissies sur les bords, primitivement dressées et incurvées, puis étalées et récurves. | Étroites, pointues, un peu épaissies à leur partie supérieure ; d'abord dressées, puis étalées, puis récurves, quelquefois révolutées. | Assez larges, mais courtes, obtuses, légèrement cuculées, s'étalant tardivement et presque toujours incomplètement. |
| | *Tube.* | |
| De 8 à 20 millimètres, en cornet un peu comprimé sur deux faces. | Assez gros, long de 6 à 12 millimètres, en cornet, sensiblement aplati sur deux faces. | De 9 à 10 millimètres ; gros, régulièrement évasé de bas en haut, marqué de stries longitudinales. |

## Fleurs (suite).

| S. Bretschneideri Hort. | S. Emodi Wall. | S. Josikæa Jacq. f. |
|---|---|---|
| *Coloris.* | | |
| Rose ; variant du blanc rosé au rose vif. | Blanc laiteux ou blanc nacré uniforme. | Pourpré bleuâtre très foncé dans le type, lilas rougeâtre ou lilacé pâle dans les variétés. |
| *Anthères.* | | |
| Grosses, incluses, affleurant quelquefois la gorge, ne la dépassant jamais. | Grosses, affleurant la gorge et souvent la dépassant, quelquefois de toute leur longueur. | Relativement très petites, profondément situées dans l'intérieur du tube. |
| *Calice.* | | |
| 2 millim. 1/2 à 3 millim. 1/2, pulvérulent, vert clair ou très légèrement bronzé. | 2 à 3 millimètres, nettement pubescent, rosé, rougeâtre ou légèrement violacé. | 1 millimètre à 1 millim. 1/2, nettement, mais très courtement pubescent, violacé foncé. |
| *Pédicelles.* | | |
| Très courts, gros, glabres. | Très courts, gros, pubescents. | Relativement longs, assez fins, pubescents. |
| *Rachis.* | | |
| Cylindrique à la base ; aplati, anguleux et côtelé à la partie supérieure ; verruqueux, glabre ou simplement pulvérulent. | Tétragone, à angles saillants, rougeâtre ou bronzé ; verruqueux, pubescent-pulvérulent. | Aplati longitudinalement et alternativement de côté et d'autre, non verruqueux ou à peine et très finement verruqueux ; très courtement pubescent-pulvérulent. |
| *Odeur.* | | |
| Rappelant celle du Troène et plutôt désagréable ; pas très forte cependant, au moins en plein air. | Franchement désagréable, écœurante et incommodante, surtout en local clos. | Assez agréable, rappelant celle du miel. |
| *Epoque de floraison.* | | |
| De 8 à 15 jours après la saison moyenne du *S. vulgaris.* | De 8 à 10 jours après la saison moyenne du *S. Bretschneideri.* | Vers la fin de la floraison du *L.* de Bretschneider. |
| *Pousses florales.* | | |
| Très longues ; jusqu'à 40 centimètres ; portant jusqu'à 6 et 7 paires de feuilles. | De 15 à 25 centimètres ; portant de 4 à 6 paires de feuilles. | Courtes : 10 à 15 centimètres ; portant de 2 à 5 paires de feuilles rapprochées. |

## Croisements du Lilas de Bretschneider par le Lilas de Hongrie et inversement.

Dans le but de faire varier le coloris trop uniformément rosé du Lilas de Bretschneider, nous l'avons soumis à une série de croisements, commencés au Muséum en 1890 et poursuivis pendant une dizaine d'années. Nous avons ainsi obtenu une série de formes très spéciales et très intéressantes.

A. — *S. Bretschneideri* × *S. Josikæa*. — Les plantes résultant de ce croisement possèdent les caractères de végétation du *S. Bretschneideri* : bonne tenue ; ampleur et beauté du feuillage ; villosité des nervures ; grandeur et forme générale des inflorescences, qui sont toutefois plus longues (jusqu'à 25 centimètres et plus), plus pyramidales, mieux étagées et également bien dégagées du feuillage. Au *S. Josikæa*, les fleurs ont emprunté les tons violets, bleuâtres, pourprés et cendrés qui lui sont spéciaux, ou qui dérivent de son coloris. L'une des meilleures formes a été mise au commerce en 1900-1901, par l'établissement Simon-Louis, de Plantières-lès-Metz, sous le nom de var. *Lutèce*.

B. — *S. Josikæa* × *S. Bretschneideri*. — Les hybrides de cette série ne se distinguent guère de ceux de la série précédente que par les feuilles sensiblement plus petites, plus allongées et plus blanches en dessous; les inflorescences plus maigres et moins fournies; les boutons en général plus rouges; les divisions plus étalées et plus récurvées; les coloris ordinairement un peu plus foncé.

## LILAS NON INTRODUITS ENCORE DANS LES CULTURES

Les Lilas qui ont été passés en revue dans ce travail ne sont pas les seuls connus. Les botanistes signalent encore :

1. *S. tomentella* Bur. et Franch. (*Pl. nouv. du Thibet*, 1891, p. 29), du Setchuen ; ayant beaucoup d'affinités avec le *S. pubescens* Turcz. ; mais à feuilles ovales-lancéolées, plus longues, plus étroites, à pubescence plus abondante et à dents du calice tronquées. Il fleurit sur les pousses de l'année courante.

2. *S. sempervirens* Franch. (*Rev. Hort.*, 1891, p. 331) du Yunnan ; à feuilles courtes, arrondies, épaisses, très coriaces, et à fruits charnus, presque drupacés, mais s'entr'ouvrant à leur sommet. Les échantillons de cette espèce que possèdent les herbiers du Muséum rappellent beaucoup le *Ligustrum coriaceum*, Carr. Ce Lilas fleurit sur les pousses de l'année courante.

3. *S. velutina* Bur. et Franch. (*Pl. nouv. du Thibet*), à feuilles ovales lancéolées, couvertes en dessous, sur toute leur surface, de poils grisâtres et serrés qui les rendent veloutées. Il fleurit sur les pousses de l'année courante.

4. *S. yunnanensis* Franch., caractérisé par des feuilles discolores, assez étroitement lancéolées. Il fleurit sur les pousses de l'année courante.

Ces espèces paraissent n'avoir encore été introduites chez nous que dans les herbiers, à l'état d'échantillons secs. Aussi ne les citerai-je que pour mémoire.

On remarquera que, par leur mode de floraison (sur les pousses de l'année courante), elles appartiennent toutes au groupe bien spécial des *Syringa Emodi, S. Josikæa, S. Bretschneideri*.

# LIGUSTRINA

(SOUS-GENRE)

Ce sous-genre fut créé par Ruprecht, en 1857, lorsqu'il décrivit le *Syringa* (*Ligustrina*) *amurensis* (Mél. biolog. de l'Acad. de Saint-Pétersb., 1857, p. 551). La plante avait été récemment introduite de la région de l'Amour.

Régel (*Gartenfl.*, 1863, p. 115), après avoir constaté qu'elle est intermédiaire entre les *Ligustrum* et les *Syringa*, ayant la fleur des *Ligustrum* et le fruit des *Syringa*, ajoute qu'il vaudrait peut-être mieux en faire un genre à part.

Cette opinion est à retenir par les horticulteurs : les *Ligustrina* sont tellement distincts des *Syringa* — non seulement au point de vue de l'aspect général, qui est fort différent, mais encore au point de vue de l'emploi décoratif — qu'il convient de les séparer.

**Caractères généraux.** — *Écorce* s'exfoliant sur les branches d'un certain âge. — *Feuilles* fermes, épaisses, plus ou moins coriaces, généralement lisses et lustrées. — *Fleurs* très petites, subrotacées, irrégulières, toujours blanches ou blanc jaunâtre, ressemblant beaucoup à celles de certains Troènes ; tube très court ; divisions du limbe à bords un peu épaissis et à extrémité en capuchon, devenant récurves ; étamines longuement saillantes. Odeur de Troène. Inflorescences fortes, souvent même volumineuses, pouvant dépasser 30 centimètres, bien fournies, très ramifiées et élégantes, apparaissant de très bonne heure et peu de temps après les feuilles, lesquelles se montrent en saison ordinaire, mais s'épanouissant seulement de fin mai à mi-juin. — *Fruits* relativement gros, oblongs, comprimés, lustrés et luisants, finement verruqueux. La fructification est en général abondante.

Ce qui frappe de prime abord dans les *Ligustrina*, c'est un air de ressemblance avec certains *Ligustrum* plutôt qu'avec les *Syringa*. La ressemblance s'accentue encore à la floraison, à cela près que les inflorescences des *Ligustrina* sont bien plus grandes que celles des *Ligustrum*. Mais elle cesse avec le fruit : chez ces derniers, c'est une baie ; chez les autres, c'est une capsule. De telle sorte que l'on a pu dire des *Ligustrina* qu'ils ont des fleurs de Troène et des fruits de Lilas.

NOTA. — Dans les *Ligustrina*, la fleur est, en réalité, **irrégulière** : 1° par l'inégale profondeur des incisions du limbe, deux de ces incisions (celles opposées aux étamines) étant nettement moins profondes que les deux autres ; 2° par la largeur plus grande de ceux des sinus qui alternent avec les étamines, ce qui fait que les lobes sont plus rapprochés deux à deux. Dans les *Syringa* proprement dits, les divisions sont égales entre elles et également distantes.

### Espèces

Trois espèces de *Ligustrina* sont actuellement cultivées; ce sont : *L. amurensis*, *L. japonica* et *L. pekinensis*. Ces espèces sont en réalité très voisines les unes des autres et assez difficiles à distinguer. Aussi, pour en faciliter la détermination, les comparerons-nous dans un tableau résumant les principaux caractères de chacune d'elles. Cela nous dispensera de descriptions détaillées.

I. — **Ligustrina de l'Amour.** (*Ligustrina amurensis* Régl., *Gartenfl.*, 1863, XII, t. CCCXCVI ; *Le Jardin*, 1895, p. 56. — *Syringa (Ligustrina) amurensis* Rupr., *Bull. Acad. Pétersb.*, 1857, p. 551 ; Dcne., *Monogr.*, 1878, p. 43, pl. II ; Mouill., *Traité Arb.*, 1892 à 1898, p. 1002.) — Introduit vers 1861, de la Chine septentrionale au Jardin Impérial de Botanique de Saint-Pétersbourg, qui a étudié et répandu l'espèce.

II. — **Ligustrina du Japon.** (*Ligustrina japonica*, *Le Jardin*, 1895, p. 75. — *Syringa (Ligustrina) japonica* Dcne., *Monogr.*, 1878, p. 44, pl. III ; Mouill., *Traité Arbr.*, 1892-1898, p. 1003. — *Ligustrina amurensis, var. japonica* Maxim. *Mél. biol.* X, p. 395). — Introduit en France, en 1889, par le Muséum de Paris, qui en reçut des graines de M. Sargent, directeur de l'*Arnold Arboretum*, et le répandit la même année. C'est une très belle espèce, à feuillage très ample, à grandes inflorescences, et que l'on dit susceptible d'un grand développement, et presque arborescente. Les pépiniéristes l'ont annoncée à l'envi sous le nom de *Syringa japonica*, ce qui a pu être cause de quelques désillusions chez les acheteurs mal renseignés et portés à voir, dans cette espèce, un Lilas proprement dit.

**Ligustrina de Pékin.** (*Ligustrina pekinensis*, *Le Jardin*, 1895, p. 64. — *Syringa (Ligustrina) pekinensis* Rupr. ; Dcne., *Monogr.*, 1878, p. 44 ; Mouill., *Traité Arbr.*, 1892-1898, p. 1004. — *Ligustrina amurensis, var. pekinensis* Régl., *Gartenfl.*, 1863, p. 115.) — Ce *Ligustrina*, qui est souvent regardé comme une variété du *L. amurensis*, en diffère au moins autant que le *L. japonica*. Il a été envoyé du nord de la Chine au Muséum en 1880, par le Dr Bretschneider. Cet établissement le multiplia et le distribua aux jardins scientifiques de France et de l'étranger.

*Sol. Multiplication.* — Le *Ligustrina pekinensis* se comporte parfaitement dans les sols secs, calcaires et même un peu arides. Les deux autres espèces demandent plutôt une terre profonde, fertile et un peu fraîche.

Les trois espèces réussissent bien au greffage sur Lilas commun. Les semis se développent rapidement.

## TABLEAU COMPARATIF DES TROIS ESPÈCES DE LIGUSTRINA

| **L. amurensis** Rgl. | **L. japonica** Dcne. | **L. pekinensis** Rgl. |
|---|---|---|

### Végétation.
#### Bois.

| | | |
|---|---|---|
| Arbriss. vigoureux, trapu, 2 à 3 mètres. Bois gros, rameaux érigés. Buissons touffus et réguliers. | Arbriss. vigoureux, pouvant devenir arborescent et atteindre 10 mètres. Bois gros, rameaux érigés. | Végétation très vigoureuse, élancée (5 à 6 mètres). Bois grêle ; rameaux divariqués, souvent arqués et même pendants. Buissons irréguliers. |

#### Écorce.

| | | |
|---|---|---|
| Brun grisâtre, ou brune, s'exfoliant ; rappelant celle du Merisier, luisante sur certains rameaux. | Vert grisâtre, puis brun cendré ; lisse sur les jeunes rameaux ; s'exfoliant plus tard. | Vert grisâtre ou olivâtre nuancé rouge à l'extrémité ; devenant brun verdâtre, s'exfoliant. |

#### Lenticelles.

| | | |
|---|---|---|
| Grisâtres, assez grosses et assez nombreuses, saillantes. | Grises, fines et assez nombreuses. | Grises, nombreuses, assez grosses et bien saillantes. |

### Bourgeonnement.

| | | |
|---|---|---|
| Très précoce ; jeunes pousses vertes ou un peu bronzées. | Précoce ; jeunes pousses luisantes et rougeâtres. | Précoce. Jeunes pousses rougeâtres. |

### Feuilles.

| | | |
|---|---|---|
| Grandes (8 à 12 centimètres sur 4 à 6), ovales-allongées, acuminées, atténuées à la base ; très glabres sur les deux faces ; coriaces, lisses, vert foncé luisant en dessus, glauques en dessous. | Grandes ou très grandes (15 à 17 centimètres sur 8 à 10 centimètres) ; ovales-arrondies ou subcordiformes, plus ou moins atténuées en pointe à l'extrémité ; épaisses, fermes, gaufrées, fortement nervées, courtement pubescentes en dessous ; vert foncé un peu luisant sur la face supérieure, vert glaucescent sur le revers. | Plus petites que dans les deux autres espèces (7 à 10 centimètres sur 4 à 6 centimètres) ; ovales-lancéolées, longuement atténuées en pointe ; arrondies et subcodiformes à la base ; d'abord luisantes, vernissées, rougeâtres ou un peu bronzées ; puis vert gai, plus pâles en dessous, généralement glabres sur les deux faces, quelquefois courtement pubescentes. |

#### Pétiole.

| | | |
|---|---|---|
| Court (2 centimètres), gros, canaliculé en dessus, contourné et tordu. | Très court (1/2 à 1 centimètre), gros, fortement canaliculé, un peu contourné. | Relativement long (2 cent. 1/2) ; relativement fin, glanduleux, contourné, rougeâtre à son insertion. |

### Floraison.

| | | |
|---|---|---|
| Tardive (commencement juin), généralement abondante. | Très belle et très abondante, plus tardive que dans les deux autres espèces. | Fin mai, commencement juin ; d'environ 8 jours plus hâtive que dans les autres espèces ; particulièrement belle et abondante. |

#### Inflorescences.

| | | |
|---|---|---|
| Volumineuses (longues de 12 à 18 centimètres), sur une largeur à peu près égale ; amples et un peu compactes ; dressées, portées sur de forts rameaux rigides et érigés. Normalement géminées, et souvent réunies par 3 ou 4 en bouquets volumineux. | Très grandes, bien fournies, pouvant dépasser 30 centimètres de long sur 15 à 18 de large ; le plus souvent géminées, quelquefois accompagnées d'inflorescences secondaires, bien pyramidales, plus longues que larges, bien fournies sans être compactes ; disposées en général horizontalement. | Grandes et bien fournies, mais non compactes, légères, élégantes, souvent infléchies ; mesurant 10 à 15 centimètres de longueur, bien ramifiées, élargies à la base ; normalement géminées, mais souvent solitaires par avortement, et alors accompagnées latéralement d'un bourgeon. |

#### Bouton floral.

| | | |
|---|---|---|
| Obovale, brusquement élargi en son milieu, comprimé latéralement, un peu échancré en dessus ; blanc d'ivoire, avec calice blanc crème. | Obovale, arrondi, comprimé latéralement, côtelé sur le milieu des faces aplaties ; blanc légèrement verdâtre, avec calice blanc verdâtre. | Obovale, arrondi, légèrement aplati latéralement ; blanc d'ivoire avec calice lilacé ou purpurin, ce qui donne un aspect spécial à la floraison. |

### L. amurensis Rgl.

—

### L. japonica Dcne.

—

### L. pekinensis Rgl.

## Floraison.

### Fleur.

A tube extrêmement court (1 millim. à 1 millim. 1/2); divisions 4 ou quelquefois 3 ou 5, ovales-arrondies, non mucronées, ou courtement apiculées, devenant récurves; diamètre environ 8 millimètres. Coloris blanc crémeux. Odeur assez forte, rappelant celle du Tilleul.

Tube extrêmement court (1 millimètre au plus); fleurs plus grandes que dans les deux autres espèces; divisions 4 et assez souvent 5, assez étroites, courtement mucronées, s'étalant rapidement et se contournant, longues de 3 à 3 1/2 millimètres; diamètre de 8 à 9 millimètres. Coloris blanc laiteux. Odeur assez agréable et rappelant celle du Tilleul.

Tube court (1 1/2 à 2 millimètres); fleur large de 6 à 7 millimètres; divisions, 4 et quelquefois 3 ou 5, nettement inéquilatérales, assez étroites, longues d'environ 3 millimètres, ovales-acuminées, apiculées et épaissies à la pointe. Coloris d'un beau blanc pur. Odeur rappelant celle du Troène.

### Étamines.

Longues d'environ 5 millimètres, dépassant les divisions et formant auréole; anthères grosses, jaune soufre, puis jaune doré.

Plus courtes que dans les autres espèces (environ 4 millimètres) et à peu près égales aux divisions; anthères grosses, jaune verdâtre, puis jaune soufre.

Longues (5 millimètres), nettement plus longues que les divisions; anthères d'un beau jaune, formant auréole autour des thyrses.

### Calice.

Très court (1 millimètre), submembraneux, translucide, pulvérulent, blanc crémeux.

Très court (1 millimètre) assez épais, à peine translucide, pulvérulent, blanc crémeux, nuancé verdâtre.

Calice sensiblement plus long que dans les deux autres espèces (1 1/2 à 2 millimètres), submembraneux, translucide, le plus ordinairement nuancé rose ou lilacé, pulvérulent, à bords finement ciliés; persistant quelque temps et prenant une teinte rougeâtre.

### Rachis.

Glabre, finement tuberculé et verruqueux, cylindrique à la base, subtétragone en haut.

Pubescent, cylindrique à la base, côtelé et canaliculé dans sa partie supérieure.

Glabre, légèrement verruqueux, anguleux au sommet

## Fruits.

Capsules oblongues, obtuses, finement verruqueuses.

Capsules oblongues, obtuses, finement verruqueuses.

Capsules oblongues, allongées, arquées, finement verruqueuses.

# NEUVIÈME QUESTION

## MONOGRAPHIE HORTICOLE D'UN SEUL GENRE DE PLANTE
## AU CHOIX DE L'AUTEUR

### ÉTUDE BOTANICO-HORTICOLE SUR LE GENRE ROSIER

par M. J. GÉROME,

PROFESSEUR A L'ÉCOLE NATIONALE D'HORTICULTURE DE VERSAILLES,
CHEF DES SERRES AU MUSÉUM

### I. — CLASSIFICATIONS BOTANIQUES, ET TABLEAU SYNOPTIQUE DES SECTIONS

Pour la facilité de l'étude des nombreuses espèces du genre Rosier, les botanistes ont dû chercher à les grouper en sections dont les limites soient aussi tranchées et aussi naturelles que possible.

La classification de Lindley et celle bien plus récente de M. Baker (voir *Rev. Hort.*, 1885, p. 451) ont été généralement remplacées par celle de M. Crépin, directeur du jardin botanique de Bruxelles, publiée en 1889 dans le *Journal of the Horticultural Society*, puis en 1891 (revue et modifiée par son auteur) dans les numéros 2, 3 et 4 du *Journal des Roses*.

Elle a été suivie par MM. Cochet-Cochet et Mottet dans leur ouvrage *Les Roses* et par M. Gravereaux dans sa *Roseraie de l'Haÿ*.

Le travail de M. Crépin, de même que les deux ouvrages cités ci-dessus, ne donnent pas de tableau synoptique des sections permettant, par une disposition typographique spéciale, de jeter facilement un coup d'œil d'ensemble sur le genre, et d'isoler une section d'une autre en faisant ressortir leurs plus importants caractères différentiels. J'ignore si ce travail a été fait; comme il n'existait pas, à ma connaissance, j'ai essayé de le faire pour mon cours à l'École nationale d'Horticulture de Versailles; il a été publié, tout récemment, dans le *Journal de la Société nationale d'Horticulture de France* (1901, p. 100). Je le reproduis ici.

La disposition typographique employée conserve l'ordre et le numérotage adoptés par M. Crépin; la section XVI (qui doit former le genre *Hulthemia*) a été comprise et ajoutée ici parce qu'au point de vue purement horticole l'unique espèce de cette section est généralement considérée comme un Rosier. Dans les notes qui suivent, pour gagner de la place et diminuer la partie descriptive, le nom des espèces citées est suivi de l'indication de la section, ce qui permettra de se reporter au tableau.

## TABLEAU SYNOPTIQUE DES SECTIONS DU GENRE ROSA

D'APRÈS LA CLASSIFICATION DE M. CRÉPIN

**Styles agglutinés,** saillants au-dessus du disque en une colonne grêle égalant environ les étamines intérieures.

Inflorescence souvent multiflore; tiges sarmenteuses, grimpantes ou rampantes . . . . . . . I. **Synstylæ.**

ex. : R. *arvensis, sempervirens, moschata, multiflora, anemonæflora, Luciæ, Wichuraiana, Watsoniana, setigera,*

Inflorescence ordinairement pauciflore; tiges légèrement sarmenteuses . . . . . . . . . . II. **Stylosæ.**

ex. : R. *stylosa.*

**Saillants** au-dessus du disque, égalant environ la moitié de la longueur des étamines intérieures; sépales réfléchis; inflorescence ordinairement pluriflore . . . . . . . . . . . III. **Indicæ.**

ex. : R. *indica* (Thé); R. *semperflorens* (Bengale).

Inflorescence multiflore, en fausse ombelle; stipules libres caduques; sépales caducs avant la maturité du réceptacle. . . . . . . . . . . . . IV. **Banksiæ.**

ex. : R. *Banksiæ.*

Inflorescence uniflore rarement pluriflore; stipules adnées, les supérieures non dilatées, aiguillons entremêlés d'acicules et de glandes pédicellées; sépales caducs avant la maturité du réceptacle, les extérieurs fortement appendiculés latéralement . . . . . . . . . V. **Gallicæ.**

ex. : R. *gallica* (Provins, Centfeuille).

Inflorescence ordinairement pluriflore; stipules adnées, les supérieures plus larges que les inférieures; aiguillons très rarement droits, non entremêlés d'acicules et de glandes pédicellées. . . . . . . . . VI. **Caninæ.**

ex. : R. *canina, ferruginea, rubiginosa, tomentosa, villosa, micrantha,* etc.

Ovaires insérés exclusivement, au fond du réceptacle; inflorescence ordinairement pluriflore; stipules adnées; tiges dressées; feuilles à 7-9 folioles; aiguillons droits ou arqués, régulièrement géminés sous les feuilles, très rarement tous alternes. . . . . . . . . . . VII. **Carolinæ.**

ex. : R. *carolina, humilis,* etc.

Inflorescence ordinairement pluriflore, rarement multiflore; stipules adnées; tiges dressées, aiguillons droits (rarement crochus ou arqués), ordinairement régulièrement géminés sous les feuilles, très rarement nuls ou alternes. . . . . . . . . . . . VIII. **Cinnamomeæ.**

ex. : R. *cinnamomea, rugosa, alpina, laxa,* etc.

Inflorescence presque toujours uniflore, sans bractées; stipules adnées, toutes étroites, à oreillettes brusquement dilatées et divergentes; feuilles moyennes, ordinairement à 9 folioles; tiges dressées; aiguillons droits, épars, entremêlés ou non d'acicules. . . . . . . . . IX. **Pimpinellifoliæ.**

ex. : R. *pimpinellifolia.*

Inflorescence souvent uniflore, sans bractées; fleurs jaunes; bords du réceptacle dépassés par une épaisse collerette de poils; stipules adnées, les supérieures peu dilatées, à oreillettes divergentes; aiguillons alternes, entremêlés ou non de glandes. . . . . . . . . . . X. **Luteæ.**

ex. : R. *lutea, sulphurea.*

*1er GROUPE*

**Styles libres**

inclus, à stigmate recouvrant l'orifice du réceptacle.

Sépales réfléchis après l'anthèse.

Sépales étalés.

Sépales redressés après l'anthèse couronnant le réceptacle pendant la maturation, et persistants; tiges dressées.

Tiges sarmenteuses grimpantes.

Tiges dressées.

7

*Fleurs* **tétramères**; *styles* **libres, saillants**; inflorescence uniflore; sépales redressés après l'anthèse, persistants sur le réceptacle; tiges dressées; aiguillons droits, régulièrement géminés sous les feuilles. . . . . . . . **XI. Sericeæ.**

ex. : R. *sericea.*

Feuilles moyennes, 7-*foliolées;* sépales *redressés,* entiers; *persistants;* ovaires insérés exclusivement au fond du réceptacle; inflorescence uniflore, sans bractées; stipules supérieures à oreillettes très dilatées et divergentes; tiges dressées; aiguillons grêles, droits, alternes, entremêlés de nombreuses acicules . . . . . . . . . . . . . . . . . **XII. Minutifoliæ.**

ex. : R. *minutifolia.*

Feuilles moyennes 9-*foliolées;* sépales *réfléchis,* entiers, *caducs;* disque très large; étamines très nombreuses; inflorescence pluriflore à *bractées* larges et *incisées;* stipules brièvement adnées, *profondément pectinées;* tiges dressées, un peu sarmenteuses; aiguillons crochus ou droits, régulièrement géminés sous les feuilles, entremêlés ou non d'acicules . . . **XIII. Bracteatæ.**

ex. : R. *bracteata, clinophylla.*

Feuilles *trifoliolées,* sépales *redressés;* disque large; étamines nombreuses; inflorescence uniflore sans bractée; stipules presque libres, à la fin caduques; tiges longuement sarmenteuses, grimpantes ou rampantes.

ex. : R. *lævigata* (Rose Camellia). **XIV. Lævigatæ.**

Feuilles moyennes 11-13-15 *foliolées;* sépales *redressés,* persistants, les extérieurs fortement appendiculés; ovaires insérés exclusivement sur un mamelon au fond du réceptacle; inflorescence ordinairement pluriflore; tiges dressées; aiguillons droits, régulièrement géminés sous les feuilles.

ex. : R. *microphylla.* **XV. Microphyllæ.**

Feuille *simple,* au lieu d'être constituée par plusieurs folioles, sans stipules (l'espèce unique de cette section constitue pour les botanistes le genre *Hulthemia,* nom peu employé en Horticulture). . . . **XVI. Simplicifoliæ.**

ex. : R. *berberifolia.*

*Left margin labels:* 2ᵉ GROUPE — Fleurs pentamères, styles libres, inclus.

## II. — CLASSIFICATION HORTICOLE

Les sections et les espèces établies par les botanistes ne suffisent pas pour contenir les Roses horticoles; la plupart sont si différentes des espèces sauvages (indigènes ou exotiques) dont elles dérivent, qu'elles nécessitent la création de catégories horticoles dont les limites ne sont pas toujours nettement tranchées.

Les Rosiers sont généralement groupés, au point de vue pratique, en variétés *grimpantes* et *non grimpantes*; puis, dans ces deux catégories, on distingue les *remontants* et les *non remontants.*

Ces divisions ne sont pas aussi faciles à établir qu'il le semble au premier abord : des variétés d'une même espèce botanique ou d'un même groupe horticole, envisagées au point de vue du port et de la floraison, peuvent être mises dans des catégories différentes.

Cependant, dans la pratique courante et pour les Rosiers les plus cultivés, cette division en « grimpants, *non grimpants, remontants, non remontants* et *Rosiers botaniques* » peut parfaitement suffire.

Pour la commodité de l'exposition du sujet traité, nous avons employé ici une autre classification horticole, tout aussi empirique que la précédente, mais qui nous a semblé suffisamment pratique.

Les Rosiers horticoles décrits ici appartiennent à trente types différents ;
ils ont été distribués en trois groupes :

1° *Les espèces cultivées autrefois* (du n° 1 au n° 15), non remontantes ; les
dix premières sont à tiges dressées, les n°s 11 à 15 sont grimpantes et rustiques,
sauf pour les deux dernières ;

2° *Les espèces les plus cultivées aujourd'hui* (du n° 16 au n° 22) ; elles sont
remontantes ;

3° *Les espèces d'introduction relativement récente et celles qui sont peu
répandues* (du n° 23 au n° 30) ; quelques-unes de ces espèces seront peut-être
les ancêtres des Roses de demain.

Une collection d'amateur renfermant tous les types (races ou variétés) cités
dans ce travail pourrait déjà être considérée comme importante et riche. Le
nombre des variétés indiquées dans chaque groupe est en rapport direct avec
son importance horticole plus ou moins grande. Ces variétés ont été choisies
parmi celles qui sont généralement admises comme les plus jolies et les
meilleures ; mais ces listes sont forcément modifiées suivant les goûts personnels et aussi suivant diverses conditions locales. Pour des détails plus
nombreux sur ces variétés, voir les ouvrages spéciaux, ex. : *Dictionnaire
des Roses, Nomenclature de tous les noms de Roses, Roseraie de l'Hay*, etc.

### III. — DESCRIPTION SOMMAIRE DES TYPES, ET VARIÉTÉS PRINCIPALES DE ROSIERS

#### 1er GROUPE

Les Rosiers cultivés autrefois d'une façon presque exclusive étaient les
suivants : *Rosier de Provins, R. Centfeuille, R. moussu, R. blanc, R. Cannelle,
R. de Damas, R. de Portland, R. Pimprenelle, R. jaunes, R. involucré* et
*R. microphylle*. Toutes ces espèces sont à tiges dressées et forment des
buissons plus ou moins élevés ; à l'exception des *R. de Portland*, et de quelques
*R. moussus*, elles ne sont pas remontantes.

Comme espèces à tiges grimpantes, on cultivait les *R. d'Ayrshire*, le
*R. toujours vert*, le *R. Banks*, le *R. des Alpes* et le *R. musqué*.

Passons rapidement et sommairement la revue de ces divers types ; le
chiffre romain placé à la suite du nom latin renvoie à la section. Pour les
caractères les plus importants, voir le tableau ci-dessus (1).

1° ROSIER DE PROVINS (*Rosa gallica* L.) section V. — Espèce indigène, c'est
l'un des Rosiers les plus anciennement cultivés dans les jardins ; on en possède
encore de belles variétés, surtout à fleurs panachées, marbrées ou ponctuées.
C'est l'un des ancêtres de plusieurs variétés horticoles très cultivées aujour-

(1) Voir aussi : *Nouvelle classification des Roses*, par M. Crépin.

d'hui sous le nom d'*Hybrides remontants*, exemple : la Rose *Général Jacque-minot*.

Le *R. de Provins* diffère surtout du *R. Centfeuille* par son fruit presque globuleux et coriace, qui est de forme ovale dans le *R. Centfeuille*.

Variétés de *Rosiers de Provins* :

*Belle villageoise*, violet marbré blanc ; *Commandant Beaurepaire*, rose et pourpre ; *La Rubannée*, pourpre strié ; *Panachée à fleurs pleines*, carné ; *Perle des panachées*, blanc et lilas.

Les *R. de Provins* drageonnent beaucoup du pied ; ils sont généralement peu faciles à multiplier par bouturage ordinaire, mais reprennent bien d'éclats.

2° ROSIER CENTFEUILLE (*Rosa centifolia* L. ; *R. gallica* L. var. *centifolia*), section V. — L'un des plus beaux Rosiers, très estimé pour la grandeur, la pureté de forme, la suavité du parfum (1), la délicatesse de nuances des fleurs des diverses et nombreuses variétés qu'il a fournies.

Le type est la *R. Centfeuille commune*, à grandes fleurs solitaires ou réunies par 2 ou 3, d'un rose délicat et très parfumées ; on en cultive comme curiosité une variété prolifère. La *Rose des peintres*, l'une des plus anciennes Roses de jardins, est comptée parmi les plus belles du groupe.

Ce Rosier a produit plusieurs races distinctes ; les plus importantes sont :

a) *R. Centfeuille-pompon*, arbustes de très petite taille, portant des fleurs très réduites, quoique doubles et pleines ; ces Rosiers se trouvent fréquemment cultivés dans les jardins de l'Est de la France, en bordure, sous les noms de *Rose de mai*, *Pompon de Bourgogne*, etc. ; en 1691, ils étaient déjà cultivés sous la forme pleine au jardin botanique de Strasbourg.

b) *R. Centfeuille changeant*, variétés dans lesquelles le bouton, d'un rouge-pourpre, donne une fleur de couleur blanche, exemple : *Rose unique*.

c) *R. Centfeuille à feuilles de Chou ou de Laitue*, caractérisés par les boursouflures irrégulières des folioles des feuilles.

d) *R. Centfeuille moussu*. Race caractérisée par la transformation des poils glanduleux du calice, de ceux du pédoncule et même des feuilles supérieures en productions vertes, allongées, dont l'ensemble simule de la mousse très fine accompagnant les fleurs. Cette transformation, qui se remarque également dans quelques variétés de *R. Centfeuille-pompon*, donne aux Roses moussues un aspect tout à fait singulier et les fait rechercher, à l'état de boutons à demi épanouis, pour la confection des bouquets. La variété *Blanche Moreau*, à fleurs blanches, l'une des plus belles de ce groupe, n'est pas remontante.

Comme variétés de *Centfeuille moussu* remontantes, citons : *Mousseline*, *Madame Édouard Ory*, *Reine Blanche*, *Souppert et Notting*, *Madame Louis Lévêque*, etc.

---

(1) Ce Rosier fait l'objet d'importantes cultures pour les besoins de la parfumerie, aux environs de Grasse (Alpes-Maritimes).

3° ROSIER BLANC (*R. alba* L.), section V. — Espèce considérée par les botanistes actuels comme un hybride entre le *R. gallica* et le *R. canina* ; de culture très ancienne (1597). C'est un abrisseau buissonnant de 2 à 3 mètres de hauteur, à feuillage glauque, à folioles arrondies, à fleurs grandes, blanches, couleur chair ou légèrement rosée, très peu odorantes.

Le type n'est pas rare dans les vieux jardins et les cimetières de campagne ; comme variété de collection, on ne rencontre plus guère que la *Rose Cuisse de Nymphe*, à fleurs carnées, bordées pâle ; elle était déjà cultivée en 1815 par Dumont de Courset.

4° ROSIER CANNELLE (*R. cinnamomea* L.), section VIII. — Originaire des montagnes du sud de l'Europe, du nord de l'Asie et du Caucase, cultivé depuis plus de deux siècles. Il est très drageonnant ; l'écorce des rameaux est luisante, brun cannelle ; les feuilles grisâtres, pubérulentes en dessous. On en retrouve parfois, dans les jardins, une variété nommée *Rose du Saint-Sacrement*. Les fleurs sont très petites, simples ou doubles, rouge pâle ; les sépales sont plus longs que les pétales ; le fruit, de la grosseur d'un pois, lisse, rouge vif, est couronné par les sépales ascendants et persistants.

5° ROSIER DE DAMAS (*R. damascœna* Miller), section V. — Ce Rosier est également considéré comme un hybride des *R. gallica* et *R. canina*. Il a été introduit de Syrie, à une époque très reculée et qu'il est difficile de préciser, celle des croisades. Le *R. de Damas*, encore connu sous le nom de *R. de Puteaux*, se rapproche beaucoup des *R. Centfeuille*, mais les aiguillons sont plus allongés, les fleurs en corymbes et très parfumées. La *R. Madame Hardy*, à fleurs blanc-rosé, est l'une de ses plus belles variétés.

Le *R. des quatre-saisons* (*R. de Belgique*) est une race issue du *R. de Damas*, s'en distinguant par une taille moins élevée et des corymbes de 10 à 12 fleurs ; de même le *R. bifère*, remarquable par la longue durée de sa floraison. Tous les *R. de Damas* se multiplient facilement par bouturage.

6° ROSIER DE PORTLAND ou R. PERPÉTUEL. Race horticole d'origine incertaine, déjà connue, dit-on, vers la fin du xviii° siècle, rappelant le *R. de Provins* par le feuillage et le *R. de Damas* par les fruits allongés. Elle est surtout remarquable par la durée de sa floraison, qui se prolonge toute l'année. Le *R. de Portland* est l'une des souches des *R. hybrides remontants* cultivés actuellement. La variété la plus appréciée de ce groupe est la *Rose du Roi*, obtenue en 1819, à fleurs rouge-cramoisi très vif, cultivée couramment aux environs de Paris.

Citons encore les variétés suivantes : *Julie Krudner*, *Madame Knor*, *Panachée de Lyon* et *Souvenir de Monsieur Poncet*. De même que les *R. de Damas*, ces Rosiers se bouturent très bien

7° ROSIER PIMPRENELLE (*R. pimpinellifolia* L.), section IX. — Petit arbuste originaire d'Europe et d'Asie, à rameaux couverts d'aiguillons très fins : ses feuilles à folioles arrondies rappellent la forme de celles de la Pimprenelle ; ses fleurs sont petites, solitaires, blanches ou jaunâtres au centre. Il en existe des variétés doubles (blanches et jaunes), d'autres bifères, à fleurs roses, et quelques-unes un peu remontantes.

Plusieurs Rosiers indigènes, décrits dans les flores sous les noms de *R. myriacantha*, *R. rubella*, *R. spinosissima*, etc., sont rattachés au *R. pimpinellifolia*.

8° ROSIERS JAUNES, section X. — Cette catégorie horticole comprend deux espèces : le *R. lutea* Miller et le *R. sulphurea* Ait.

*R. lutea*. C'est le *Rosier Eglantier*, originaire d'Asie Mineure, cultivé depuis 1596 ; plante à rameaux grêles, luisants, d'un brun fauve, garnis d'aiguillons droits, inégaux, grêles et non entremêlés de soies. Ses feuilles sont à 5-9 folioles, glabres, luisantes, vert-foncé en dessus, glanduleuses en dessous, doublement dentées au bord. Les fleurs nombreuses, solitaires, grandes et simples, à odeur de punaise, sont uniformément jaunes dans le type de l'espèce, ou discolores (jaunes en dehors et orangé en dedans) dans la variété *Rose Capucine* (*Rosa punicea* Cornuti). Connue depuis très longtemps, cette variété n'est qu'un accident fixé du type à fleurs simples. (Voir *J. S. H.* (1), 1895, p. 438.)

On cultive encore une forme du *R. lutea*, à fleurs pleines, d'un jaune d'or uniforme et sans mauvaise odeur : c'est la *R. Persian yellow*, qui n'est pas rare dans les collections. Cette variété a donné tout récemment, chez M. Pernet-Ducher, de Lyon, par croisement avec un Rosier Thé, un nouveau type d'hybride remontant. (Voir *Rev. Hort.*, 1900, *p.* 127, pl. col. *R. Pernettiana*. Soleil d'or). On rencontre aussi dans les collections le *R. lutea* var-*Harrisoni*, qui serait, pour quelques personnes, un hybride entre *R. lutea* et *R. pimpinellifolia*.

*R. sulphurea*. Ce Rosier à fleurs jaune-soufre est cultivé depuis 1629 sous sa forme double. Il est originaire de Perse et d'Arménie et se rencontre assez souvent dans les vieux jardins de campagne et les cimetières. Le type à fleurs simples, découvert longtemps après (vers 1859), a été considéré comme espèce différente et décrite sous le nom de *R. Rapini*. Ce Rosier se distingue du *R. lutea*, en outre du coloris des fleurs, par des aiguillons entremêlés de soies et des feuilles simplement dentées au bord.

9° ROSIER INVOLUCRÉ (*R. clinophylla* Thory, *R. involucrata* Roxb.), section XIII. — Cette espèce, peu cultivée, est surtout intéressante par les hybrides qu'elle a fournis ; ce sont le *R. Lyellii* (*R. involucrata* × *moschata* et le *R. Hardyi* (*involucrata* × *berberifolia*). Cette dernière plante à fleurs simples, jaunes, maculées de pourpre au centre, se rencontre encore dans quelques collections ; n'est pas rustique à Paris sans un léger abri l'hiver.

---

(1) J. S. H. = *Journal de la Société nationale d'Horticulture de France.*

10° Rosier microphylle (*R. microphylla* Roxb.), section XV. Plante originaire de Chine et du Japon, d'où elle fut apportée en 1828. C'est un petit buisson compact, incomplètement rustique à Paris, très curieux par la forme et la petitesse de ses feuilles et par la direction des aiguillons obliques ascendants : ceux-ci, fins et serrés, sont très abondants sur le calice des fleurs, expliquant ainsi le nom de *Rose Châtaigne* donné à cette espèce. Parmi les variétés intéressantes, signalons : *Ma surprise* et *Triomphe de la Guillotière*.

... À ces divers Rosiers, autrefois plus ou moins cultivés dans les jardins, il convient d'ajouter plusieurs espèces indigènes intéressantes au point de vue horticole. Ce sont : 1° les diverses formes du *R. canina* et du *R. tomentosa* employées sous le nom d'*Églantier* (1) pour sujet à greffer ; 2° le *R. ferruginea* Vill (syn. *rubrifolia*), au joli feuillage teinté de rouge ; 3° le *R. villosa* L. var. *pomifera*, remarquable par la beauté et la grosseur de ses fruits ; 4° le *R. rubiginosa* L., dont les feuilles froissées dégagent l'odeur de Pomme de Reinette. Ce sont autant de raisons qui font que ces Rosiers ont été et méritent encore d'être cultivés.

... Les espèces qui précèdent sont à port dressé ; les suivantes sont grimpantes, et réunies ici en raison de ce mode de végétation qui indique une utilisation différente.

Les *R. d'Ayrshire* et les *R. Boursault* sont très rustiques à Paris ; le *R. musqué*, les *R. Banks* et les *R. toujours verts* sont de nature plus délicate ; dans les deux dernières espèces, le feuillage est persistant.

11° Rosier d'Ayrshire (*R. arvensis* Huds. var.), section I. Cette espèce, cultivée depuis 1768, convient pour garnir les tonnelles, les berceaux, etc. ; ses tiges grimpantes peuvent atteindre plus de 10 mètres de longueur ; ses fleurs sont odorantes. Il en existe des variétés doubles ou pleines, blanches, rose-pâle ou carminées. Les plus estimées sont : *Ayrshire à fleurs pleines*, *Ayrshire à fleurs roses*, *splendens*, *Reine des Belges*.

12° Rosier Boursault, Rosier des Alpes (*R. alpina* L.), section VIII. Le type est originaire des montagnes de l'Europe ; l'un de ses caractères est d'avoir des aiguillons très faibles, plus tard caducs, de sorte que les tiges deviennent inermes. Il est peu cultivé. Les *Rosiers Boursault*, qui en dérivent, sont recherchés pour garnir des treillis ou couvrir la façade des maisons. On pense qu'ils proviennent d'un croisement entre le *R. alpina* et le *R. indica*. Les deux meilleures variétés de ce groupe sont : *Amadis* (ou *Cramoisi*) et *rosea corymbosa*.

---

(1) Le nom d'Églantier devrait être réservé au *Rosa lutea* (Rosa *Eglanteria* L.). Le nom vulgaire du Rosa canina est *faux-Églantier*. Mais on désigne plus communément, sous le nom collectif d'*Églantier*, tous les Rosiers sauvages arrachés dans les bois de nos pays, quelle qu'en soit l'espèce, et destinés à servir de sujet pour greffer les Roses horticoles.                                        J. G.

13° ROSIER BANKS (*R. Banksiæ* R. Br.), section IV. Originaire de Chine, introduit en 1807. C'est un arbrisseau très vigoureux, dont les tiges peuvent acquérir 10-15 mètres de longueur ; il garnit des arbres ou des maisons tout entières dans le Midi de la France. Les feuilles à 3-5 folioles, étroites, d'un vert-foncé luisant, sont persistantes ; les rameaux, faibles et retombants, portent un nombre considérable de petites fleurs en bouquets, simples ou doubles, blanches, roses ou jaune-pâle, à odeur de violette.

Le *R. Banks de Fortune* (*R. Fortuneana* Lindl.), à fleurs solitaires, doubles, blanc-jaunâtre, à ample feuillage luisant, est, d'après M. Crépin, un hybride du *R. Banksiæ* et du *R. lævigata*.

14° ROSIER TOUJOURS VERT (*R. sempervirens* L.), section I. Originaire du midi de l'Europe et du nord de l'Afrique ; tiges grimpantes de plusieurs mètres de longueur ; feuilles persistantes, glabres, luisantes ; fleurs de grandeur moyenne en bouquets, blanches et odorantes. Il en existe des variétés à fleurs pleines, blanches ou rose-pâle. Les plus estimées sont : *Félicité*, *Perpétue*, *Princesse Marie*, *William's Evergreen*.

15° ROSIER MUSQUÉ (*R. moschata* Herrm. ; *R. Brunonii*), section I. Originaire d'Abyssinie et d'Asie, naturalisé en Espagne et dans le Roussillon, il est cultivé comme plante d'ornement depuis le XVI° siècle. Actuellement moins recherché à ce point de vue, mais fait l'objet de cultures industrielles importantes dans la région des Balkans pour l'extraction d'une essence de roses. C'est un arbrisseau vigoureux, à rameaux robustes, à feuilles glabres, un peu chagrinées en dessus, glauques en dessous, à fleurs très parfumées, blanches, simples ou doubles, réunies ordinairement par sept en bouquets ; floraison tardive. Cette espèce, croisée avec le Rosier Thé, a produit, dit-on, les Roses Noisette. Il figure souvent sur divers catalogues horticoles sous le nom inexact de *R. polyantha grandiflora*. Le *R. Manetti* a été aussi indiqué comme un hybride du *R. moschata* et du *R. semperflorens*.

## 2ᵉ GROUPE

Les Rosiers décrits sommairement dans le groupe précédent, et autrefois les seuls cultivés, ont dû céder la place à d'autres ; ils sont considérés maintenant, — à part quelques exceptions, — comme Rosiers de second ordre ; on leur reproche surtout de ne pas être *remontants*.

Ceux qui les ont détrônés, aujourd'hui les plus cultivés, sont : les *R. Thé*, les *R. de l'Ile Bourbon*, les *R. Noisette*, les *R. du Bengale*, les *Hybrides remontants* et les *R. multiflores*.

A part le dernier type qui appartient au *R. multiflora*, les autres sont des formes du *R. indica* et du *R. semperflorens* ou proviennent de l'hybridation de variétés de ces deux espèces avec celles du premier groupe, notamment les *Centfeuille*, les *Provins* et les *Portland*.

Ces Rosiers, d'origine purement horticole, sont : ou des variations spontanées et fixées, ou des modifications dans la descendance des semis à la suite de croisements combinés ou dus au hasard.

16° ROSIERS THÉ (*R. indica* Lindl.), section III. Originaire de Chine, où il était cultivé depuis les temps les plus anciens et déjà modifié. La première introduction date de 1789, avec la variété à fleurs roses ; celle à fleurs jaunes ne fut importée qu'en 1824. Les croisements faits entre ces deux variétés et avec d'autres espèces, les métissages successifs, ont produit ces nombreuses variétés de *R. Thé* qui, tantôt s'éloignent, tantôt se rapprochent plus ou moins des types primitifs. Aussi, n'est-il pas toujours facile de distinguer nettement une Rose Thé d'une autre Rose d'un groupe voisin.

Les principaux caractères végétatifs des *R. Thé*, en dehors de ceux de la section III (Indicæ), sont :

*Rameaux* peu nombreux, lisses, glauques, sans soies ni glandes, à écorce vert-sombre ou quelquefois teintée de rouge-vineux ; *aiguillons* épars, rouges, crochus et comprimés à la base ; *feuilles* généralement à 3-5, rarement 7 folioles allongées, distantes, épaisses, d'un vert foncé luisant et de longueur inégale ; la foliole terminale est la plus longue, celles de la paire inférieure restent plus petites ; *stipules* frangées, bordées de poils glanduleux ; *fleurs* généralement par 7, ordinairement penchées, supportées par de longs et faibles pédoncules ; *calice* ventru, brusquement élargi à la base, glabre et glauque, à sépales réfléchis ; *pétales* larges, ceux du centre formant cœur, de coloris variant entre le rouge-vif, le rose-pâle, le blanc et le jaune ; *fruit* très gros, globuleux, déprimé, rouge-sombre, puis noirâtre, non surmonté à la maturité des segments du calice qui sont caducs.

Les *R. Thé* fleurissent sans interruption pendant toute l'arrière-saison, jusqu'aux gelées ; leur première floraison, en été, est plus tardive que celle des hybrides remontants.

Ils sont malheureusement un peu délicats sous le climat de Paris et gèlent parfois lorsqu'ils sont cultivés en haute tige et insuffisamment abrités ; le mode de culture en touffes basses leur est souvent appliqué : il permet de les protéger davantage au moyen d'un buttage.

Le *R. indica* (Thé) est très voisin, au point de vue botanique, du *R. semperflorens* (R. de Bengale) ; d'après Lindley, le caractère distinctif le plus important est fourni par le nombre des ovaires contenu dans chaque fleur ; il est de 40 à 50 dans les *R. Thé* et d'une quinzaine seulement dans les *R. Bengale*.

Les variétés de *R. Thé* et d'*hybrides* de *Thé* sont très nombreuses dans les jardins ; voici une liste choisie parmi les plus belles :

### Rosiers Thé.

Variétés à tons rouges : *André Schwartz, Papa Gontier, Reine Marie-Henriette, Souvenir de Thérèse Levet.*

Variétés à tons roses : *Catherine Mermet, Homère, Madame Joseph Schwartz, Madame Lombard, Souvenir d'un ami.*

Variétés à tons jaunes : *Adrienne Christophe, Beauté de l'Europe, Belle Lyonnaise, Docteur Félix Guyon, Etoile de Lyon, Jean Pernet, Madame Eugène Verdier, Madame Trifle, Madame Vermorel, Maréchal Niel, Safrano, Souvenir de Paul Neyron, Souvenir de Catherine Guillot.*

Variétés à tons saumons : *Devoniensis, Gloire de Dijon, Jean Ducher, Madame Bérard, Madame Cécile Noirey, Maman Cochet, Reine Emma des Pays-Bas.*

Variétés à tons blancs et blanc-jaunâtre : *Madame Hippolyte Jamain, Maman Cochet à fleurs blanches, Mélanie Soupert, Rubens, Sombreuil, Souvenir de Madame Eugène Verdier.*

### Hybrides de R. Thé.

*Beauty of Stapleford, Camoens, Lady Mary Fitz Williams, La France, Mademoiselle Augustine Guinoisseau, Pierre Guillot, William Francis Bennett, France et Russie, Madame Viger.*

17° Rosier de Miss Lawrence (*R. Lawrenceana* Hort.), section III. C'est une petite miniature de Rosier, dont quelques variétés ne dépassent pas 15 à 20 centimètres. On le cultive beaucoup en pots pour l'ornementation des fenêtres et l'approvisionnement des marchés, où il est plus connu sous les noms de *R. Pompon, R. Bijou* et *Bengale Pompon.* Les botanistes le rapportent tantôt au Rosier Thé, tantôt au *R. de Bengale.*

18° Rosier de l'Ile Bourbon (*R. Borboniana* Red.). Section III. Origine incertaine : on l'indique comme résultant d'un croisement entre le *R. semperflorens* et le *R. gallica* (Bengale et Provins). Il a été introduit : 1° en 1819, sous forme de graines envoyées à M. Jacques, à Neuilly, et récoltées par M. Bréon, directeur du Jardin botanique de l'Ile, sur une variété cultivée à la Réunion sous le nom de *Rose Edouard* (en souvenir de M. Edouard Perrichon, ancien planteur) ; 2° en 1821, par M. Neumann (1) sous forme de plante vivante, franche de pied de cette même *Rose Edouard.* Il se répandit, peu après cette dernière introduction, sous le nom de *Rose Neumann* et de *Rose Dubreuil.*

Les descendants des Rosiers provenant de ces deux introductions ont constitué le groupe horticole connu sous le nom de *R. Ile Bourbon.* Ce sont des arbrisseaux généralement vigoureux, à tête plus dense que celle des Thé et des Bengale, à rameaux plus gros, raides, quelques-uns s'élevant beaucoup au-dessus des autres ; les courts sont généralement terminés par une fleur, les autres par un bouquet de trois à sept fleurs ; leur écorce est lisse, verte ; les aiguillons, peu nombreux, sont rougeâtres, robustes, recourbés au sommet ; les feuilles arrondies à la base, pointues au sommet et d'un vert terne ; la couleur des fleurs varie du rouge pourpre foncé au rose pâle et au blanc pur, quelques-unes ont une teinte jaune pâle ; elles sont peu odorantes et très variables dans leur forme.

La floraison est tardive et dure jusqu'aux gelées. Ces Rosiers sont délicats

---

(1) Voir *Journal de la Société d'Horticulture de France,* 1853, p. 30.

à Paris et demandent les mêmes soins que les R. Thé; ils se bouturent facilement.

La variété *Souvenir de la Malmaison*, à fleur carnée, est le type le plus répandu de ce groupe; on cultive aussi beaucoup les suivantes: *Emotion*, rose saumonée; *Louise Odier*, rose tendre; *Madame Pierre Oger*, blanc bordé rose; *Mistress Bosanquet*, saumon; *Monsieur Boncenne*, rouge noir; *Reine Victoria*, cerise; *Hermosa*, rose; *Philémon Cochet*, rose foncé vif; *Zéphyrine Drouhin*, cramoisi, etc.

19° ROSIER NOISETTE (*R. Noisettiana* Hort.) Origine incertaine; obtenu de semis en Amérique, par Philippe Noisette, qui l'envoya à son frère Louis Noisette, horticulteur à Paris. M. Crépin pense que ce Rosier est le produit du *R. moschata*, croisé avec une variété de *R. indica*.

Les *R. Noisette* sont des arbrisseaux vigoureux, ayant quelque peu la végétation des *R. Thé*; leurs rameaux sont élancés, parfois grimpants, à écorce lisse, vert foncé violacé; les aiguillons, plus nombreux que dans les Thé et les Bengale, sont épars, crochus, forts, violets; les fleurs, de grandeur moyenne, sont solitaires, ou en bouquets plus ou moins fournis, et bien faites; les pétales de la circonférence sont généralement échancrés, ceux du centre entiers; les coloris sont assez variés, surtout dans les tons jaunes. On les cultive francs de pied, en touffes, afin de pouvoir les butter l'hiver; la floraison commence de bonne heure et dure jusqu'aux gelées. Les variétés suivantes sont très estimées: *Aimée Vibert*, blanc; *Bouquet d'Or*, jaune; *Céline Forestier*, jaune; *Chromatella*, jaune; *Lamarque*, blanc jaunâtre; *Ophirie*, abricot cuivré; *Rêve d'Or*, jaune: *William Allen Richardson*, orangé; *Madame S. Mottet*, rose cuivré, etc.

Dans le groupe horticole des *Hybrides de Noisette*, plus rustiques, citons les variétés suivantes: *Boule de Neige* blanc; *Coquette des Alpes*, blanc nuancé; *Madame Alfred de Rougemont*, blanc ombré rose; *Madame Alfred Carrière*, blanc rosé.

20° ROSIER DE BENGALE ou R. TOUJOURS FLEURI (*R. semperflorens* Curtis; *R. diversifolia* Vent.; *R. chinensis* Jacq.) Section III. Originaire de Chine, introduit en France en 1798 par un chirurgien de l'hôpital du Val-de-Grâce. Les *R. de Bengale* forment des buissons un peu étalés, à rameaux droits, glabres, munis de rares aiguillons recourbés; les feuilles à trois, cinq folioles planes, dentées en scie, sont d'un vert foncé, souvent teintées de pourpre noir de même que les jeunes pousses; les fleurs solitaires ou par deux ou trois, doubles ou pleines, de grandeur moyenne, varient comme coloris du rose pâle au rouge cramoisi. (Les variétés présentant ce dernier coloris dérivent d'une forme qui avait été décrite comme espèce distincte sous le nom de *R. chinensis* par Jacquin.)

Il faut les cultiver francs de pied, en petits buissons, et les butter à l'entrée de l'hiver, sous le climat de Paris; on en forme de très belles corbeilles fleuries toute l'année : ils sont particulièrement recommandables pour le midi de la France. L'une des meilleures variétés est le *Bengale cramoisi supérieur*. On cultive aussi la *Rose Bengale ordinaire* et la *Rose Ducher*. Sous le nom de *Bengale pompon* ou de *Bijou*, on désigne les *Rosiers de Miss Lawrence*, décrits ci-dessus (n° 17).

La *R. Bengale*, croisée avec des *Provins*, a fourni des variétés très vigoureuses et plus rustiques, non remontantes, quelquefois cultivées ; l'une d'elles, connue sous le nom de *R. Indica major* est commune dans la région du midi et de l'Italie où on l'utilise fréquemment comme sujet, au lieu et place de l'Églantier qui n'y réussit que difficilement à cause de la sécheresse.

La *Rose verte*, si curieuse au point de vue botanique pour ses pétales ayant l'aspect et la consistance des feuilles, est encore une variété du *R. de Bengale* (*R. semperflorens viridiflora*).

Nous avons déjà indiqué (n° 15) que le *R. Manetti*, utilisé quelquefois comme sujet, est considéré comme un hybride du *R. semperflorens* et du *R. moschata* ; et au n° 19, que ce même Rosier de *Bengale* est considéré comme un ascendant des *Rosiers Noisette*.

21° ROSIERS HYBRIDES REMONTANTS. — Ils sont les plus recherchés aujourd'hui. La plupart proviennent de croisements combinés par les horticulteurs, ou dus au hasard, entre les variétés issues du *R. gallica* (*Provins, Centfeuille, Damas, Portland*, etc.) avec les Rosiers issus du *R. indica* et du *R. semperflorens* (Thé, Bourbon, Bengale, Noisette.) Ils présentent un mélange très confus des caractères des diverses espèces ayant servi à leur production, mais qu'il n'est pas très facile de discerner.

Toutefois, ceux qui proviennent du croisement des Thé ou des Bengale avec les Roses Centfeuille, Damas ou Provins présentent toujours sur les tiges et les rameaux des aiguillons plus ou moins robustes, crochus ou arqués, entremêlés d'aiguillons plus grêles et de glandes pédicellées.

Il en existe un nombre infini de variétés dont les fleurs parfumées présentent des formes et des coloris très remarquables.

La faculté qu'ils possèdent de remonter franchement, c'est-à-dire de fleurir une première fois en juin, puis de développer sur les rameaux qui ont fleuri, à la base des pédoncules, d'autres rameaux qui donnent une deuxième floraison en août, et leur rusticité bien plus grande que celle des Thé et des Beng sont les qualités qu'on apprécie le plus.

Les premiers hybrides remontants ont été obtenus vers 1837 ; avant cette date, les *R. de Portland* étaient les seules roses cultivées donnant une deuxième floraison. En raison de leur origine, divers *R. hybrides remontants* sont distribués par les horticulteurs dans les catalogues et les collections, en des catégories dont les limites sont souvent arbitraires et variables. Ex : hybrides de Thé, hybrides de Noisette, etc., selon qu'ils se rapprochent plus ou moins de l'une ou de l'autre de ces espèces.

Un type nouveau de *R. hybride remontant* a été tout récemment obtenu à Lyon, par le croisement du *R. lutea* var. *Persian Yellow*, pris comme porte-pollen avec une variété de *R. Thé (Antoine Ducher*. Voir ci-dessus au n° 10). Par analogie avec le cas du *R. Noiselliana*, on a proposé de donner à cet hybride le nom de *R. Pernettiana*, du nom de son obtenteur.

Certains hybrides remontants sont dus au croisement de variétés de Thé et de Bourbon avec le *R. rugosa*; ex. : *Madame Georges Bruant*, à fleurs pourpre violacé, *Souvenir de Yeddo*, à fleurs roses, *rugosa fimbriata* (1), etc.

Voici une liste de 50 belles variétés de Rosiers hybrides remontants :

*Abel Carrière*, cramoisi; *Alfred Colomb*, rouge vif; *Anna de Diesbach*, carmin marbré; *Baronne de Rothschild*, rose tendre; *Baronne Prévost*, carmin lilacé; *Baron Nathaniel de Rothschild*, cramoisi; *Boule de Neige*, blanc; *Captain Christy*, carné tendre; *Charles Margottin*, carmin vif; *Docteur Andry*, cramoisi; *Docteur Hogg*, violet foncé; *Duc Decazes*, pourpre-violet-brun; *Duchesse de Vallombrosa*, rose pâle; *Dupuy-Jamain*; *Edouard Morren*, cerise; *Elisa Bœlle*, carné; *Empereur du Maroc*, pourpre noir; *Eugène Appert*, écarlate; *François Coppée*, cramoisi velouté; *Géant des Batailles*, rouge éclatant; *Général Jacqueminot*, rouge velouté; *Gloire de Ducher*, pourpre ardent; *Her Majesty*, rose luisant; *Horace Vernet*, cramoisi nuancé; *Jean Liabaud*, cramoisi noir; *John Hoppen*, rose brillant; *Jules Margottin*, carmin; *Julius Finger*, blanc et rose; *La Rosière*, blanc rayé; *Louis Van Houtte*, rouge cramoisi; *Mabel Morisson*, blanc rosé; *Madame Marie Garnier*, carné; *Madame Arthur Oger*, rose vif violacé; *Madame Lacharme*, rose pâle; *Madame Mélanie Vigneron*, rose lilacé; *Madame Victor Verdier*, cramoisi clair; *Mademoiselle Thérèse Level*, rose vif; *Magna Charta*, rose nuancé; *Marie Baumann*, carmin tendre; *Merveille de Lyon*, blanc; *Panachée de Bordeaux*, rose strié et maculé; *Président Thiers*, rouge feu; *Richard Wallace*, rose liséré blanc; *Souvenir d'Arthur de Sansal*, rose vif; *Souvenir de la reine d'Angleterre*, rose vif; *Souvenir de William Wood*, pourpre nuancé; *Triomphe de l'Exposition*, rouge velouté; *Victor Verdier*, rouge nuancé.

Parmi les variétés de Rosiers comprises dans les types précédents (16 à 21), il en est un certain nombre qui sont plus ou moins sarmenteuses ou grimpantes et qui sont utilisées en conséquence; l'espèce suivante est franchement grimpante et cultivée comme telle.

22° ROSIER MULTIFLORE — (*R. multiflora* Thunb.; *R. polyantha* Sieb. et Zucc). Section I. Originaire de Chine et du Japon; introduit en 1804 en Angleterre et en France vers 1820. Tiges grimpantes pouvant atteindre quatre à cinq mètres de longueur, à rameaux grêles, flexibles, lisses et portant des aiguillons crochus, réunis par deux au-dessous de l'insertion des feuilles. Celles-ci, à sept folioles, velues des deux côtés, sont accompagnées de stipules profondément incisées et adhérentes au pétiole dans toute leur longueur; ce caractère des stipules incisées se retrouve dans toutes les variétés issues de l'espèce. Les fleurs sont en bouquets très fournis, petites, blanches ou roses, simples, doubles ou pleines; le fruit est en forme de toupie, rouge clair, non couronné par les segments du calice, qui sont caducs.

(1) Voir *Revue Horticole*, 1890, p. 427, fig. noire.

Le *R. multiflore* est très recherché pour garnir les façades des maisons, les tonnelles, etc.; il est à cultiver franc de pied et à bonne exposition, car il ne supporte pas plus de 8 degrés de froid.

Dans le type de l'espèce, les fleurs sont très petites et blanches; il y a des variétés roses et purpurines, obtenues dans les cultures ou introduites du pays d'origine.

Le *R. platyphylla*, figuré par Redouté (1), est une variété à fleurs grandes, purpurines; les *R. intermedia* Carr., *thyrsiflora* Leroy, sont, d'après M. Crépin, de simples synonymes de *multiflore*.

Le *R. cramoisi grimpant de Turner* (Turner's crimson rambler), mis au commerce il y a huit ans (2), magnifique forme sarmenteuse, s'élevant à 3 mètres et plus, dont les fleurs cramoisi vif rappellent celles du *R. multiflora*, mais plus grandes et très doubles, serait, d'après M. Cochet, directeur du *Journal des Roses*, une variété japonaise de ce *R. multiflora*, cultivée sous le nom de *Sakou-Ibara*, mais n'existant pas à l'état sauvage. C'est l'une des bonnes introductions de ces dernières années.

Par croisement avec les R. Thé, le *R. multiflora* a produit des variétés horticoles désignées sous le nom de *Rosa polyantha* Hort.; l'une d'elles mérite d'être citée pour l'usage qui en est fait quelquefois comme sujet pour la greffe : c'est la *R. multiflore de la Grifferaie*. Les variétés *Mignonnette*, à fleurs rose foncé, et *Miniature*, rouge et blanc, sont très estimées pour l'ornement.

Dans ces dernières années, une race de *R. multiflore* s'est répandue dans les jardins sous le nom de R. POLYANTHA NAIN REMONTANT (3). Il s'agit d'une race de Rosiers pouvant être traités comme les plantes annuelles et fleurissant en moins de trois mois après le semis; les fleurs, grandes comme des Pâquerettes, sont simples, doubles ou pleines et se succèdent toute l'année. Les premières plantes obtenues de cette race provenaient de graines rapportées du Japon en 1879 par M. le Dr Hénon et semées par M. Léonard Lille, horticulteur à Lyon. Leur utilisation est toute différente de celle des multiflores ordinaires.

## 3ᵉ GROUPE

Il s'agit ici d'espèces moins cultivées que celles du groupe précédent, ou d'introduction relativement récente, et de quelques autres très intéressantes, mais encore peu répandues en dehors des jardins d'amateurs ou des collections scientifiques.

Les espèces décrites dans ce 3ᵉ groupe sont assez variables au point de vue de l'aspect et de l'utilisation : le *R. rugosa* est un arbrisseau rustique, buissonnant; les *R. bracteata, setigera, lævigata, anemonæflora* sont grim-

---

(1) Redouté. *Les Roses.*
(2) Voir *Revue Horticole*, 1893, p. 261, 294; 1894, p. 156, pl. col.; 1898, p. 551.
(3) *Revue Horticole*, 1892, p. 281; 1895, p. 301.

pants, mais conviennent plus particulièrement pour le midi de la France, surtout les deux dernières espèces; le *R. Wichuraiana* est une plante rustique, à port couché rampant. Quant aux *R. sericea* et *Watsoniana*, ce sont deux espèces d'un intérêt plutôt botanique qu'horticole, la première par la constitution de sa fleur, la dernière surtout curieuse par son feuillage.

23° Rosier rugueux (*R. rugosa*. Thunb.). Section VIII. Originaire du nord de la Chine, de la Mandchourie, du Japon et des régions voisines; c'est un arbrisseau buissonnant qui peut atteindre 1m50 de hauteur, très rustique, ornemental par ses fleurs en juin et par ses fruits globuleux, très gros, rouges à maturité, produisant un très bel effet à l'automne; le feuillage lui-même est ornemental. A été introduit du Japon en 1845, mais il existait déjà dans les cultures au commencement du xixe siècle sous la forme nommée *kamtschatica* par Ventenat. Il se répand de plus en plus dans les cultures et les collections, où on le trouve sous la forme de plusieurs variétés et sous plusieurs noms, *R. Regeliana* Lind. et André; *R. Taïcoun*; *R. kamtschatica*, *R. Andreæ*, *R. ferox*, etc.

Ce qui caractérise ce Rosier, c'est l'innombrable quantité de ses aiguillons, la largeur des stipules et la forme sphérique des fruits surmontés des sépales accrescents.

On en a obtenu des formes doubles, purpurines ou blanches : le *R. rugosa blanc double de Coubert* est l'une des plus belles.

Nous avons vu (n° 21) que ce Rosier avait servi à produire quelques hybrides remontants. Le *R. Iwara* Sieb. (1), qui se rencontre quelquefois dans les collections, est, paraît-il, le produit de son croisement fait au Japon avec le *R. multiflora*.

Dans les cultures d'Europe, des croisements avec de très nombreuses espèces ont été essayés avec ce *R. rugosa*; c'est ainsi que M. Gravereaux en cultive des sujets provenant des *R. Cannelle*, *Bourbon*, *Thé*, *Noisette*, *Pimprenelle*, *jaunes*, *R. rouillé*, *R. à feuilles rouges* (*rubrifolia*), *blanda*, etc., lesquels pourront être la souche de formes nouvelles très intéressantes. En 1897, M. Cochet a publié dans le *Journal de la Société nationale d'Horticulture*, page 777, figure noire, la description d'un de ces hybrides du *R. rugosa*, var. *blanc double de Coubert*, avec le *R. lutea*, sous les noms de *R. heterophylla* et de *R. rugosa lutea*.

Une variété plus ancienne, le *R. rugosa calocarpa* (2), obtenue chez M. Bruant, par croisement avec le *R. Bengale* commun, est tout à fait remarquable par ses nombreux fruits d'un très vif éclat, disposés en bouquets dressés et bien sortis du feuillage; magnifique plante à cultiver en boule sur tige élevée.

24° Rosier bractéolé, R. Macartney (*Rosa bracteata* Wendl.). Section XIII.

---

(1) Voir *Flore des Serres*, vol. XXII, p. 24.
(2) Voir *Revue Horticole*, 1891, 129 fig. n.

Sud de la Chine, île Formose. On le distingue facilement de tous les autres Rosiers par ses bractées florales, larges, concaves, incisées, soyeuses, ordinairement au nombre de sept et formant comme un deuxième calice; par le duvet soyeux qui couvre le calice vrai et le pédoncule, et par ses grandes fleurs blanches, solitaires, courtement pédonculées. Il est un peu délicat et prospère surtout dans le Midi de la France. Avec le *R. moschata*, il a produit des formes très sarmenteuses et très vigoureuses; la Rose *Maria Leonida* est indiquée comme un hybride du *R. bracteata* avec une variété issue du *R. indica*.

Le nom de Macartney, donné aux Roses de cette espèce, rappelle celui de l'ambassadeur anglais en Chine, qui rapporta la plante en Europe en 1795.

25° ROSIER A FEUILLE DE RONCE, ROSIER DES PRAIRIES (*Rosa setigera* Michx.; *R. rubifolia* R. Br. (1). Section 1. Originaire de l'Amérique du Nord; espèce à fleurs rose-foncé, sarmenteuse. Elle a fourni quelques belles variétés à fleurs pleines dont les plus cultivées sont : *Beauté des prairies*, rose-violacé et *Belle de Baltimore*, blanc-jaunâtre.

26° ROSE CAMELLIA (*R. lœvigata* Michx.; *R. sinica*; *R. ternata*, etc.). Section XIV. Chine, Japon, Formose. Primitivement introduit au siècle dernier, cultivé encore en 1801 (Dumont de Courset), puis perdu et réintroduit ces dernières années. C'est une espèce longuement sarmenteuse, portant des aiguillons crochus et alternes, des feuilles trifoliolées, très belles, persistantes, luisantes, des fleurs simples, solitaires, blanches. Elle convient surtout pour le Midi de la France, où elle constitue une magnifique plante grimpante; elle est délicate pour le climat de Paris. (Voir *Rev. Hort.*, 1898, p. 40.)

Croisée au Japon avec le *R. Banks*, la *R. Camellia* a produit la variété nommée *R. Fortuneana*, rapportée du Japon par Fortune en 1845; elle est à fleurs doubles, blanc-jaunâtre; on la désigne souvent sous le nom de *Banks de Fortune*. (Voir n° 13.)

M. Cochet-Cochet a tenté tout récemment d'obtenir par croisement du *R. lœvigata* avec le *R. rugosa* des variétés plus rustiques.

27° ROSA ANEMONÆFLORA Fortune. Section 1. Espèce de Chine, introduite en 1830, sarmenteuse, à rameaux lisses, à feuilles petites, à fleurs peu nombreuses, petites, en corymbes, blanches, rappelant des Anémones; peu répandue.

28° ROSA WICHURAIANA Crépin. Section I. Introduit du Japon il y a une dizaine d'années environ au Jardin botanique de Bruxelles. C'est une plante tout à fait rampante, convenant surtout pour garnir des rocailles. Elle est remarquable par ses petites feuilles à folioles épaisses, coriaces et brillantes,

---

(1) Ne pas confondre *rubifolia* avec *rubrifolia* (ou ferruginea), section VI.

ses fleurs blanches, simples, en corymbes, ses fruits petits, globuleux, lisses, purpurins; il en existe des variétés à fleurs panachées. Bien que cultivée depuis peu de temps, cette espèce a été « travaillée » en divers sens par les horticulteurs des différents pays; on a déjà obtenu des formes intéressantes.

Elle a été croisée déjà avec des hybrides remontants (Général Jacque-minot); avec le *R. rugosa*, simple rouge, des variétés de Thé, de Noisette, de multiflore (crimson rambler), et avec le *R. rubiginosa*. Les formes obtenues en Angleterre avec cette dernière espèce sont appelées *R. de Lord Penzance*. (Voy. *Rev. Hort.*, 1900, pp. 385 et 386), où se trouve publiée la description des nombreuses variétés ayant les origines ci-dessus indiquées et obtenues par les horticulteurs français, anglais et américains.)

Le *R. Wichuraiana rubra* (*Rev. Hort.*, 1901, p. 20, pl. col.) serait le résultat d'un croisement avec le *Crimson rambler*.

29° Rosa sericea Lindl. Section XI. *Bot. Mag.*, pl. 5200. Originaire de la région de l'Himalaya, du Yunnan, etc. C'est une espèce très intéressante, surtout au point de vue botanique, par ses fleurs tétramères, mais on ne la trouve guère ailleurs que dans les grandes collections; ses petites fleurs blanches sont simples. (Voy. *Rev. Hort.*, 1897, p. 445, fig. 136 et 137.)

30° Rosa Watsoniana Crépin. Section I. Originaire du Japon. Introduite vers 1890, très rare encore dans les collections. Elle est surtout curieuse par ses petites feuilles étroites et trifoliolées et par ses nombreuses fleurs par-fumées, très petites : en plein épanouissement, à peine atteignent-elles 1 cen-timètre de diamètre. M. de Vilmorin a montré cette plante en floraison à l'une des séances de la *Société nationale d'Horticulture* de l'année 1896 (juin).

Les 30 espèces botaniques ou horticoles de Rosiers que nous venons d'examiner sommairement sont les plus communes dans les jardins et les collections; il y a lieu toutefois de citer les suivantes, assez peu répandues : *R. Luciæ* Franch. et Savat. Section I. De Chine et du Japon, *Bot. Mag.*, 7421, *Rev. Hort*, 1895, 487, voisin du R. Wichuraiana; les *R. pisocarpa* A. Gray, *nutkana* Presl, *blanda* Ait. (syn. *virginiana* Mill.), originaires tous trois de l'Amérique du Nord et appartenant à la section VIII; les *R. laxa* Retz. et *Alberti* Regel, du Turkestan, également de la section VIII; les *R. xanthina* Lindl. (ou *R. Ecæ*, de l'Asie occidentale, section IX; le *R. minutifolia* Engelm., du sud de la Californie, section XII, et quelques autres encore, qui se trouvent dans les grandes collections.

### IV. — NOTES SOMMAIRES SUR LES PORTE-GREFFES ET LA MULTIPLICATION DES ROSIERS

#### SUJETS POUR LA GREFFE

Les sujets les plus employés sont les Églantiers arrachés dans les bois, ou obtenus en pépinière par semis, bouture ou drageon; ce sont surtout diverses variétés du *R. canina* L. et du *R. tomentosa* Smith (section V), plus rarement du *R. rubiginosa*.

L'un de ces Églantiers est beaucoup recommandé parce qu'il ne drageonne guère; il est connu sous le nom de *R. laxa* Hort. (qu'il ne faut pas confondre avec *R. laxa* Retz, section VIII). Il est aussi désigné sous les noms de *R. canina Fræbeli* Hort. et de *R. Fræbeli* Christ. Sous cette dernière appellation, M. Gravereaux, dans sa « Roseraie de l'Hay » l'indique comme se rapportant au *R. tomentosa* Smith.

Les *R. tomentosa* Sm. et *canina* L. sont d'ailleurs des espèces très voisines de la même section; on distingue la première de la seconde par son feuillage ordinairement mollement tomenteux, grisâtre sur les deux faces, et par ses aiguillons droits, horizontaux, assez longs, au lieu d'être arqués et courbés en faulx.

Les horticulteurs russes utilisent comme « Églantier » le *R. canina* L. var. *uralensis* Regel, qui se répand dans le commerce sous le nom de *R. canina caucasica*; ils appliquent à ce « sujet » un mode de greffage particulier, le greffage en fente d'un greffon déjà fort, ce qui leur donne les magnifiques résultats montrés par eux à la dernière Exposition internationale d'Horticulture de Saint-Pétersbourg, en 1899.

Les autres sujets employés pour le greffage des Rosiers sont : *R. indica major, Manetti, multiflore de la Grifferaie,* et *polyantha.*

### QUALITÉS ET DÉFAUTS DES DIVERS SUJETS

L'Églantier (*R. canina*), sujet le plus généralement employé, convient surtout aux Rosiers vigoureux; il n'est pas à recommander pour les Rosiers nains et délicats, à cause des nombreux drageons qu'il émet. Cependant, on peut l'utiliser pour ces sortes de Rosiers, en greffant sur racine; dans ce cas, les résultats sont meilleurs.

Les pépiniéristes préfèrent les sujets obtenus chez eux (par semis, bouture ou drageon) aux Églantiers arrachés dans les bois, qu'il n'est pas toujours facile de se procurer en quantité suffisante pour les besoins d'un établissement. Les sujets obtenus de drageons sont de préférence réservés pour greffer les Rosiers à tige; ce greffage se fait en écusson à œil dormant en juillet, août et aussi à œil poussant en avril-mai. Les *Thé, moussus, Bengale, Bourbon,* reprennent mieux à œil dormant.

Quant aux Églantiers de semis (semis d'un an), ils sont surtout destinés à greffer les Rosiers en basse tige, par écussonnage à œil dormant, en août. Ce greffage sur plant d'Églantier se fait sur le corps principal de la racine, sur la portion de la plante nommée par les botanistes *axe hypocotylé* (en dessous des cotylédons); l'opération exige la plantation du semis un peu haut. Les Rosiers greffés de cette manière ne drageonnent pas ou très peu. Ce procédé était déjà employé vers 1850 par les rosiéristes lyonnais; on l'utilise également sur une grande échelle dans les environs de Brie-Comte-Robert. C'est à tort qu'en 1872 on l'avait indiqué comme étant d'origine anglaise. (Voir *Journal de la Société nationale d'Horticulture*, 1872, p. 644.)

On utilise aussi, dans les grandes pépinières, pour la multiplication des Rosiers, le greffage d'hiver, *en fente de côté sur collet de racine* de jeune Églantier ou de jeune *R. polyantha* obtenu de semis, et le greffage *en placage* à l'anglaise, ou en incrustation sur un simple morceau de racine d'Églantier. Ces procédés permettent d'utiliser toutes les portions de racines fournies par l'habillage des Églantiers, conservées dans le sable humide, et de profiter des mauvais jours d'hiver pour exécuter cette opération. Dans quelques pépinières, la *Rose du Roi* est multipliée en très grandes quantités par greffage de rameau en incrustation ou en fente sur racine d'Églantier.

L'Églantier ordinaire ne convient pas pour la région du Midi, où il souffre de la sécheresse. On le remplace par le *Rosa indica major*, qui est le sujet le mieux approprié au climat et aux Roses qui y sont cultivées : c'est un hybride non remontant du *Rosier de Bengale* avec le *Rosier de Provins*. On l'emploie à tige ou ras de terre; il s'obtient facilement de bouture et convient surtout pour les Roses Thé, qui sont écussonnées en mai, à œil poussant.

Ce *Rosa indica major* permet aussi un autre mode très rapide de multiplication : la *bouture-greffon*, qui consiste à bouturer vers janvier des fragments de rameaux ayant reçu préalablement, en août et septembre précédent, des écussons à œil dormant.

Le *R. Manetti* a été très en vogue il y a une quarantaine d'années : on le considérait comme le meilleur sujet, surtout pour les races naines. Il se multiplie facilement de bouture, résiste bien à la sécheresse, mais les greffes faites sur ce sujet ne durent pas longtemps et il a le défaut de beaucoup drageonner; on l'estime cependant comme sujet dans la culture forcée. L'origine de ce Rosier est assez obscure; il a été indiqué comme étant un hybride d'origine italienne; selon M. Bertin, horticulteur à Versailles (*Revue Horticole*, 1883, p. 143), il serait d'origine française et aurait été obtenu à Versailles. Les conclusions pratiques que les horticulteurs doivent tirer de la note de M. Bertin sont les suivantes : 1° ne jamais donner à leurs collègues des variétés ou formes inédites ou nouvelles non nommées; 2° faire publier d'une façon valable et irrévocable la description des plantes nouvelles qu'ils possèdent, en se souvenant que toute description non accompagnée du nom de l'objet ou du végétal décrit ne peut être invoquée dans le cas où la priorité est contestée.

Nous avons vu précédemment que M. Crépin considère le *R. Manetti* comme un hybride du *R. semperflorens* et du *R. moschata*.

Le *R. multiflore de la Grifferaie* est vigoureux, facile à manier, se multiplie facilement de bouture; on l'estime surtout pour sujet dans la culture des Rosiers en pots pour le forçage. Il convient pour les Thé un peu délicats et les Bourbon, mais ne réussit pas dans tous les terrains, notamment ceux qui sont secs et calcaires.

*Rosa polyantha* Hort. La plante désignée ainsi par les horticulteurs est le résultat d'un croisement entre le *R. multiflora* Thunb. (ou *R. polyantha* Sieb. et Zucc.) avec une variété du *R. indica*. Ses fruits sont ovoïdes ou arrondis, tandis qu'ils sont en forme de toupie dans le *R. multiflora*. C'est un bon sujet pour les Rosiers destinés à la culture forcée et à la culture de pleine terre dans la région du Midi ; pour les pays du Nord, il n'a pas la rusticité de l'Églantier. Il convient pour les Rosiers Thé cultivés en serre et écussonnés au collet. On l'obtient facilement de bouture et de semis. Il est aussi beaucoup employé en jeunes plantes de semis pour le greffage des nouveautés, en fente, sous verre et sur collet de racine.

Le *R. rugosa*, absolument rustique, auquel on avait aussi songé comme porte-greffe, ne pourra jamais être beaucoup employé à cause du trop grand nombre de ses aiguillons et aussi à cause de sa trop grande tendance à drageonner.

Les autres procédés de multiplication des Rosiers sont : le semis, l'éclatage, le marcottage et le bouturage.

Le *semis* de graines de Rosier est employé dans les cas suivants :

1° Pour la recherche de variétés ou types nouveaux, à la suite de croisements, métissages ou sélections ;

2° Pour l'obtention de jeunes plants à greffer (*R. canina*, *tomentosa*, *polyantha* surtout) ;

3° Pour la propagation d'une race particulière (*R. polyantha* nain remontant) qui peut être traitée comme une plante annuelle d'ornement.

La *division des touffes*, ou *éclatage*, *drageonnage*, est employée pour multiplier les Rosiers francs de pied qui drageonnent, notamment les Provins et les Centfeuille.

Le bouturage s'emploie surtout pour les *R. Thé, Bourbon, Noisette, Banks, Bengale, multiflore, musqué* ; il donne de moins bons résultats, fait à la manière ordinaire, avec les *Centfeuille, Provins, R. blanc, Pimprenelle, jaunes*, etc.

Le bouturage à froid sous cloche en septembre-octobre est le mode le plus généralement employé ; ce n'est pas le plus rapide. M. Max. Cornu, professeur au Muséum, a fait connaître en 1895 (1) un procédé qu'il avait vu employer en Hollande et qui, appliqué aux Rosiers, donne les meilleurs résultats ; c'est le *bouturage d'été*, en plein soleil, sous châssis et sur couche sourde.

Par ce moyen, toutes les boutures sont enracinées et déjà fortes avant l'hiver.

Il se pourrait que l'origine de ce procédé rapide ne soit pas hollandaise car, en 1861, un horticulteur de Melun obtenait déjà l'enracinement des boutures de Rosiers, dans l'espace de quinze jours à trois semaines, en les faisant en septembre, sous cloche bien exposée au soleil, sur une vieille couche. (*Journal de la Société nationale d'Horticulture*, 1861, p. 36.)

---

(1) *Journal de la Société nationale d'Horticulture*, 1895, 156.

V. — CHOIX DE VARIÉTÉS POUR QUELQUES CAS PARTICULIERS

ROSES A FLEURS SIMPLES

Elles ont des amateurs aussi fervents que les belles Roses doubles; signalons ici quelques types parmi les plus répandus renfermant des variétés à fleurs simples, en les groupant, pour plus de commodité, dans l'ordre des sections botaniques.

Section I. — *R. Andersoni* (arvensis); *moschata, anemonæflora, Wichuraïana, Watsoniana*, etc.

Section III. — *R. polyantha simplex.*

Section V. — *R. gallica* type et *R. gallica macrantha.*

Section VIII. — *R. rugosa, cinnamomea.*

Section IX. — *R. altaica, pimpinellifolia*, et les nombreuses formes botaniques de cette espèce.

Section X. — *R. lutea*, et *R. punicea.*

Section XI. — *R. sericea.*

Section XIII. — *R. bracteata, R. Hardyi.*

Section XIV. — *R. lævigata.*

ROSES CULTIVÉES EN GRAND AUX ENVIRONS DE PARIS,
POUR LA VENTE DES FLEURS

*Rose de la Reine, La France, Paul Neyron, Captain Christy, Baronne de Rothschild, Jules Margottin, Madame Victor Verdier, Souvenir de la Malmaison, Maréchal Niel, Gloire de Dijon, William Allen Richardson, Marie Van Houtte, Reine Marie Henriette, Gloire de Margottin, Cenfeuille pompon, Ulrich Brunner*, etc.

ROSES FORCÉES AUX ENVIRONS DE PARIS

Hybrides remontants: *Rose de la Reine, Paul Neyron, Captain Christy, Baronne de Rothschild, Jules Margottin, Madame Victor Verdier, Gloire de Margottin.*

Thé: *Maréchal Niel, Gloire de Dijon, Reine Marie Henriette, Madame Van Houtte.*

Hybrides de thé: *La France.*

Noisette: *William Allen Richardson.*

Ile Bourbon: *Souvenir de la Malmaison.*

R. Rugosa: *Madame Georges Bruant.*

Centfeuilles: *R. Centfeuille ordinaire* ou *R. des Peintres, Centfeuille pompon.*

ROSES SURTOUT CULTIVÉES DANS LE MIDI, POUR L'EXPÉDITION DES FLEURS

1° Les plus cultivées :

HYBRIDES REMONTANTS : *Captain Christy, Paul Neyron.*

THÉ : *Coquette de Lyon, Duchesse d'Edimbourg, Marie Van Houtte, Paul Nabonnand, Safrano, Madame Falcot, Sombreuil.*

HYBRIDE DE THÉ : *La France.*

NOISETTE : *Général Lamarque.*

ILE BOURBON : *Souvenir de la Malmaison.*

2° Variétés un peu moins répandues, mais également cultivées :

HYBRIDES REMONTANTS : *Baronne de Rothschild, Comte Bobrinski, Géant des batailles, Jules Margottin, Louis Van Houtte, Mabel Morisson, Merveille de Lyon.*

THÉ : *Baronne de Saint-Trivier, Caroline Testout, Duc de Magenta, Maréchal Niel, Niphætos.*

HYBRIDE DE BENGALE : *Comte d'Eu.*

ILE BOURBON : *Mistress Bosanquet.*

NOISETTE : *Reine Marie Henriette.*

### VARIÉTÉS DE ROSIERS PARTICULIÈREMENT RECHERCHÉES
### POUR LA PLEINE TERRE DANS LE MIDI

1° GRIMPANTS : *Gloire de Dijon, Marie Lavalley, Reine Olga de Wurtemberg, Rêve d'or, Madame Alfred Carrière, Rosier Banks, Rosa lævigata, R. sempervirens, R. setigera,* etc.

2° TIGES DRESSÉES OU UN PEU SARMENTEUSES : *Anna de Diesbach, Comte Bobrinski, Comte de Paris, Comtesse Cécile de Chabrillant, Duchesse de Vallombrosa, Eugène Appert, Paul Neyron, Princesse de Radziwill, Baron de Fontvieille, Baronne Henriette de Lœw, Comtesse de Caserto, Comtesse de Leusse, Gabrielle Luizet, Perle des Jardins, Princesse de Sagan, Isabelle Sprunt, Triomphe du Luxembourg, Antoine Verdier, la France, Solfatare, Souvenir de la Malmaison, Bengale cramoisi supérieur, Louis-Philippe,* etc.

# NEUVIÈME QUESTION

## MONOGRAPHIE HORTICOLE D'UN SEUL GENRE DE PLANTE
## (AU CHOIX DE L'AUTEUR)

### LES POIS POTAGERS

par M. DENAIFFE

MARCHAND-GRAINIER

---

Les Pois potagers appartiennent tous à une seule espèce botanique : le *Pisum sativum*, ou Pois cultivé. Leur origine ainsi que leur époque d'introduction sont assez vagues; d'après De Candolle, le Pois cultivé aurait poussé à l'état spontané dans l'Asie occidentale, probablement du Caucase à la Perse. Sa culture, semble-t-il, était usitée depuis les temps les plus reculés dans l'Inde septentrionale, d'où il aurait été plus tard importé en Europe, où, sous l'influence d'une culture raisonnée, et à la suite de croisements, le nombre des races s'est rapidement accru.

Les variétés de Pois potagers que l'on possède actuellement sont très nombreuses, aussi la recherche de leur identité est-elle souvent difficile. Nous en possédons une collection de plus de 150 variétés, rigoureusement sélectionnées et classées méthodiquement. Or, comme actuellement il n'existe aucun traité complet sur ce sujet, et que, dans les divers ouvrages horticoles, on ne trouve que quelques généralités suivies de la simple description d'un plus ou moins grand nombre de variétés, nous nous sommes efforcé de présenter, à la Société Nationale d'Horticulture de France, une *monographie* aussi complète que possible de cette espèce. Recherchant avant tout l'exactitude et la clarté, nous avons mis en évidence les affinités et les caractères distinctifs sous forme de tableaux établis rigoureusement au point de vue botanique.

On peut se demander si, au point de vue pratique, un aussi grand nombre de races a sa raison d'être, et si elles ont toutes leur utilité. Il faut remarquer que, parmi ces races, les unes, déjà anciennes, ne figurent plus guère que dans les collections, n'ayant d'intérêt que parce qu'elles ont été beaucoup cultivées à un moment donné, ou parce qu'elles ont servi de parents dans des croisements d'où sont sorties d'autres races plus méritantes, qui les ont remplacées dans la suite.

Les autres répondent pour la plupart à des besoins variés, chacune d'elles possédant ordinairement quelque caractère et qualité propre qui la font apprécier de ceux qui l'ont adoptée. Suivant les pays ou les régions, on donne la préférence à telle ou telle variété mieux en rapport avec le goût ou surtout les habitudes : ainsi les Anglais estiment avant tout les Pois ridés, ou Pois à moelle (Marrow Pea) ; en France, au contraire, nous préférons les races à petit grain rond, les trouvant plus fins et plus délicats.

**Appareil végétatif.** — La tige des Pois est cylindrique, creuse, généralement grêle, nécessitant, lorsqu'elle est longue, la présence d'un support voisin pour la soutenir. Dans certaines variétés de Pois (la plupart des demi-nains), la tige est assez forte, rigide, en zigzag, formant un angle très obtus à chaque nœud.

Les feuilles sont composées de deux à trois paires de folioles ovales, sessiles, dentées dans leur partie supérieure, portées par un pétiole se terminant par une vrille à trois filets, représentant trois folioles réduites à leur nervure. Ces vrilles foliaires servent, pour la plante, à prendre un point d'appui sur tous les objets à sa portée.

Au point d'attache de chaque pétiole sur la tige se trouvent deux larges stipules embrassantes, simulant deux folioles. La couleur du feuillage est ordinairement vert franc, ou vert glauque lavé de grisâtre, teinte due à une mince couche d'air interposée entre l'épiderme supérieur et le parenchyme sous-jacent.

L'ampleur et la grandeur des feuilles et stipules sont très variables. Ce sont généralement les races anglaises qui ont le feuillage le plus développé : telles que les Pois *Orgueil du marché*, *Victoria Marrow*, *Ridé de Knight sucré*, etc.

Les fleurs, le plus souvent blanches ou blanc-verdâtre, quelquefois violacées avec les ailes et la carène pourpre foncé, sont solitaires, ou réunies par deux, à l'extrémité d'un pédoncule inséré à l'aisselle de chaque feuille.

Elles apparaissent presque toujours à la même hauteur dans une même variété, où, par suite, le nombre de nœuds stériles peut être regardé comme constant. Le nombre d'étages ou de nœuds fertiles est également peu variable : aussi ces caractères sont-ils très importants au point de vue de la détermination. Comme exemple, parmi les Pois nains, le Pois *Merveille d'Amérique* porte sa première fleur au septième nœud, le Pois très nain de Bretagne), au contraire, au onzième ou douzième.

Les fleurs des Pois ne peuvent être fertilisées par les insectes, car lorsque la fleur s'épanouit, la fécondation est faite depuis quelque temps ; il y a donc auto-fécondation. Il en résulte que l'on peut, sans danger, cultiver et récolter des semences pures sur un très grand nombre de variétés semées côte à côte. Aux fleurs succèdent des gousses, dont la forme, la taille et la structure sont très variables avec la race.

La grande division des Pois, en *Pois à écosser* et *Pois sans parchemin ou mange-tout*, repose sur la structure de la gousse, dont les couches internes sont coriaces, parcheminées et par suite peu ou pas mangeables chez les premiers, tandis que chez les seconds ce tissu devient épais, succulent, d'où les noms de *Pois gourmands*, *Pois mange-tout*.

Ces gousses renferment, fixés à la ligne médiane dorsale, de 4 à 12 grains de couleur, de forme et de taille extrêmement variables.

**Le grain.** — On classe généralement les nombreuses variétés de Pois, en se basant sur les caractères du grain, en *Pois à grain rond blanc, rond vert, ridé blanc, ridé vert*.

Nous ferons toutefois remarquer qu'il ne faut pas prendre le nom de rond à la lettre, car dans certaines variétés de ce groupe à cosses très pleines, telles que le Pois *de Clamart*, les grains arrivent à se toucher, se compriment, et présentent par suite plus ou moins l'aspect d'un petit cylindre.

Les grains ridés sont généralement de forme très irrégulière, présentant sur toutes les faces de nombreuses dépressions, d'où le nom de ridés, provenant de ce qu'à la maturité, les cotylédons, perdant une certaine quantité d'eau, diminuent de volume, tandis que les téguments, subissant une contraction moindre, sont obligés de se plisser pour mouler l'amande.

Dans les Pois ronds, la couleur est assez fixe et régulière, de telle sorte que la répartition en grain rond blanc et grain rond vert est bien nette; il n'en est plus de même pour les grains ridés, qui comprennent un grand nombre de variétés dont les grains sont dans le même lot, les uns blancs, les autres verdâtres ou verts, au point que certaines races, telles que le Pois *Téléphone*, sont placées, suivant les auteurs, tantôt dans les ridés blancs, tantôt dans les ridés verts. Cette inégalité dans la couleur tient au degré de maturité des cosses au moment de la récolte; celles incomplètement mûres produisent le plus souvent, même pour les Pois ridés blancs, des grains verdâtres.

Dans la cosse, les grains qui paraissent tous insérés sur un seul rang, sont en réalité disposés d'une façon alterne sur deux lignes très rapprochées. A la maturité, la gousse s'ouvre naturellement en deux valves, portant chacune la moitié des grains sur un seul de ses bords, ou bord dorsal.

La déhiscence et la dissémination des graines se produisent sous l'influence de l'air chaud et sec, déterminant, à complète maturité, un brusque enroulement de la couche des fibres scléreuses, ou parchemin, et par suite des valves.

Dans les Pois mange-tout, ce tissu n'existant pas, leur gousse est indéhiscente, et le péricarpe se dessèche, se raccourcit, se racornit en moulant les grains, donnant parfois à la gousse l'aspect d'un petit chapelet. Il en résulte, au point de vue pratique, que le battage et le nettoyage en sont beaucoup plus difficiles, les grains n'étant mis en liberté qu'après la rupture du péricarpe sec.

**Différences Principales entre les grains ronds et ridés.** — Tous les Pois à grain ridé sont désignés par les Anglais sous nom de *Pois moelleux (Marrow Pea)*. Ils ont en effet l'avantage de rester tendres beaucoup plus longtemps, et de pouvoir encore être consommés avantageusement, alors que les grains ronds, au même degré d'avancement, sont durs et plus secs.

Dans nos recherches sur la composition comparée des grains ronds et ridés, nous avons reconnu, d'une façon générale, les faits suivants :

1° *Au même degré d'avancement, les grains ridés renferment plus d'eau que les grains ronds.*

2° *Les grains secs ridés ont un pouvoir absorbant* (1) *plus élevé que les grains ronds.*

3° *La proportion d'amidon qu'ils renferment est plus grande.*

Pour établir le premier point, nous avons choisi des variétés de même précocité, ne différant guère que par l'aspect du grain, telles que le Pois *Prince Albert* (grain rond) et le Pois *Alpha de Laxton* (grain ridé); enfin, nous avons pris les grains sur des cosses correspondant à un même étage. Dans ces conditions nous avons constaté que lorsque les grains ronds renfermaient 68 à 69 p. 100 d'eau, les grains ridés de même âge en contenaient de 74 à 75 p. 100.

Envisageons maintenant le pouvoir absorbant des Pois ronds et ridés.

| POIS A GRAIN ROND | POUVOIR absorbant p. 10 | GRAIN RIDÉ | POUVOIR absorbant p. 100. |
|---|---|---|---|
| *Nain hâtif d'Annonay* | 74 | *Ridé nain blanc hâtif* | 118 |
| *Merveille d'Etampes* | 72 | *Serpette nain vert* | 118 |
| *Léopold II* | 64 | *Excelsior* | 118 |
| *A gros grain blanc* | 76 | *Talisman* | 108 |
| *Orgueil du Marché* | 74 | *Roi des Moelles* | 116 |
| *Duplex de Moherheim* | 70 | *Le Czar* | 106 |
| *Clamart nain hâtif* | 76 | *Alpha de Laxton* | 98 |
| *D'Auvergne* | 62 | *Surprise de Grégoire* | 106 |

Nous voyons d'après le tableau précédent que la quantité d'eau absorbée par 100 grammes de graines sèches est en moyenne de 72 à 73 p. 100 pour les grains ronds, de 115 à 116 p. 100 pour les grains ridés; la différence est donc extrêmement sensible, d'environ 40 p. 100.

Au point de vue de la teneur en amidon dosée dans le grain sec, nous avons trouvé entre les grains ronds et ridés une différence assez constante de près de 1/4 supérieure dans les grains ridés; il en résulte donc, toutes choses égales d'ailleurs, que ces derniers renferment plus d'eau à l'état frais et plus d'amidon à l'état sec. Au point de vue pratique et culinaire, il en résulte que les Pois à grain rond deviennent plus rapidement durs et moins savoureux, car au même âge la formation de leurs matériaux de réserve est plus avancée que chez les Pois à grain ridé.

La perte d'eau étant plus rapide, les substances plastiques cristallisent

---

(1) Le pouvoir absorbant est le poids d'eau absorbé par la graine pour arriver à saturation, poids rapporté à 100 de graines sèches.

plus vite dans les cellules des cotylédons, en donnant naissance aux grains d'amidon.

Enfin, au point de vue de l'aspect extérieur, nous rappellerons que le grain est d'autant plus ridé, qu'étant vert, il renfermait plus d'eau, ou encore, que son pouvoir absorbant est plus considérable.

**Hauteur des Pois.** — Au point de vue de la taille, on peut répartir les Pois en nains, demi-nains et à rames. Il est nécessaire de définir ces trois termes, car cette division n'est pas exclusivement basée sur la hauteur, mais également sur la tenue et le port : ainsi, parmi les variétés ayant 70 à 80 centimètres de hauteur, les unes sont des variétés à rames, tandis que les autres sont des demi-naines.

Les **Pois nains** sont caractérisés par leur taille naine, ne dépassant pas 40 à 45 centimètres, leurs entre-nœuds très courts, au point d'être masqués par les stipules, et enfin leurs feuilles, généralement petites ou moyennes, terminées par une vrille peu développée.

A cause de leur taille peu élevée, ces variétés peuvent être désignées sous le nom de Pois à bordures : ils ne demandent pas de rames, aussi sont-ils utilisés avantageusement soit pour forcer sous châssis, soit pour former des bordures le long des plates-bandes du potager. Leur précocité est assez variable, mais nullement en rapport avec leurs faibles dimensions, les plus hâtifs l'étant moins que certains Pois à rames tels que *Prince Albert* ou *Express*. Leur rendement en grain sec est en moyennne de 18 à 25 kilos à l'are suivant la variété.

Les **Pois demi-nains** ont une taille variant de $0^m55$ à 1 mètre ; ils se distinguent facilement des variétés à rames de taille voisine par leur tige rigide, en zigzag, les pétioles des feuilles longs, forts, terminés par une vrille très développée, caractères bien accentués dans les Pois *Plein le panier* et *Roi des serpettes*, malgré leur taille assez élevée de $0^m80$ environ. Ces Pois demi-nains comprennent plus de cinquante variétés. En France, on n'en cultive guère que 10 à 12 races, tandis qu'en Angleterre, où ils sont fort appréciés, on en cultive un nombre beaucoup plus considérable.

Beaucoup de ces variétés demi-naines anglaises ne sont pas estimées dans notre pays à cause de leur manque de précocité et du grand développement de leur feuillage, très susceptible à contracter la maladie du Blanc ou Meunier ; si certaines de ces races produisent de superbes cosses, elles en portent généralement trop peu, et ce que l'on gagne en taille, on le perd en nombre ; ces belles cosses, du reste, ne se présentent qu'aux premiers étages, les supérieurs ne produisant le plus souvent que des cosses beaucoup plus petites et peu remplies.

Les Pois demi-nains ne renferment pas de races bien hâtives ; les Pois *Ridé nain blanc hâtif* et *Ridé nain vert hâtif* sont bien précoces comme floraison, mais l'époque de leur récolte en vert coïncide seulement avec celle des variétés demi-hâtives, fait qui tient à ce que les cosses des deux premiers étages sont le plus souvent stériles ou atrophiées, vides ou avec un seul grain.

Les **Pois à rames** comprennent toutes les races ayant de 0m75 à 2m50 de hauteur avec une tige grêle et droite dans les variétés ayant moins de 1 mètre, souvent assez forte dans les races plus élevées et avec des entre-nœuds très longs.

En résumé, les grandes divisions des diverses races de Pois cultivés sont les suivantes :

| | | | | | |
|---|---|---|---|---|---|
| | | *nains.* Haut. 0m20 à 0m45. . . . . . . . . . . . . . | Grain | rond<br>ridé. | blanc.<br>vert. |
| Pois<br>à écosser | | *demi nains.* Haut. 0m,55 à 1 mètre, tige forte, en zigzag,<br>entre-nœuds assez rapprochés . . . . . . . . . . | Grain | rond<br>ridé. | blanc.<br>vert. |
| | | *à rames.* Haut. 0m75 à 2m50, tige grêle ou assez forte, à<br>longs entre-nœuds . . . . . . . . . . . . . | Grain | rond<br>ridé. | blanc.<br>vert. |
| Sans<br>parchemin | | *nains.*<br>*demi-nains.*<br>*à rames.* | | | |

Il existe un lien assez étroit entre la précocité et le nombre de nœuds stériles que présente la tige en dessous de la première maille, ou premier nœud fertile, nombre qui peut être considéré comme constant pour une même variété ; ainsi par exemple, sur 100 pieds de Pois *d'Auvergne*, on en trouvera 85 environ présentant leur première fleur au 12e nœud et les quinze autres au 13e ; sur 100 pieds de Pois *Prince Albert*, 95 environ auront leur première fleur au 7e nœud, les cinq autres au 8e ; c'est donc là un caractère de première importance pour la détermination.

D'après le tableau suivant, où la date de la floraison, la position de la première maille et la précocité relative sont indiquées pour les races les plus usitées, on voit que la relation existant entre l'époque de la floraison et la position de la première maille est constante et indépendante de la hauteur.

On peut donc apprécier assez exactement la précocité d'un Pois sans qu'il y ait à côté de termes de comparaison. Il suffira de savoir que tout Pois hâtif présente sa première fleur du 5e au 8e nœud, que les Pois demi-hâtifs la portent du 9e au 11e, et enfin les Pois tardifs ou très tardifs du 12e au 16e.

Il est également important d'insister sur le lien qui existe entre la précocité et le développement foliacé : tous les Pois très hâtifs ou hâtifs, quelle qu'en soit la taille, ont une tige grêle ou assez grêle et un feuillage léger ; les cosses en sont le plus souvent petites ou moyennes, ne dépassant pas 0m06 de longueur avec des grains petits ou moyens.

Les races hâtives semées trop drues perdent de ce fait de leur précocité, les fleurs en apparaissent plus tardivement, et la première maille se présente à un nœud plus élevé.

En résumé, la précocité est : 1° absolument indépendante de la taille ; 2° en relation étroite avec la position de la première maille ; 3° d'autant plus grande que la première fleur se montre à un étage moins élevé.

Il est toutefois bon de remarquer que les variétés de Pois, coïncidant comme époque de floraison, ne donnent pas toujours leur produit en même temps, soit par suite de l'avortement des premières fleurs, soit à cause de la formation plus lente des cosses et du grain, soit enfin par suite d'un inégal développement de l'appareil végétatif, l'air et la lumière n'accédant pas aussi facilement à toutes les parties de la plante dans les races feuillues.

| | FLORAISON | 1ʳᵉ MAILLE au | PRÉCOCITÉ |
|---|---|---|---|
| **Pois nains.** | | | |
| Pois *Nain très hâtif à châssis.* . . | 4 juin. | 6ᵉ ou 7ᵉ nœud. | hâtif. |
| — *Nain hâtif d'Annonay* . . . . | 7 — | 7ᵉ nœud. | hâtif. |
| — *Blue Peter* . . . . . . . . | 7 — | 7ᵉ nœud. | hâtif. |
| — *Merveille d'Amérique,* . . . . | 7 — | 7ᵉ ou 8ᵉ nœud. | hâtif. |
| — *Serpette nain vert* . . . . . . | 7 — | 7ᵉ ou 8ᵉ nœud. | hâtif. |
| — *Très nain Couturier* . . . . . | 14 — | 9ᵉ nœud. | 1/2 hâtif. |
| — *Orgueil du Marché.* . . . . . | 16 — | 9ᵉ nœud. | 1/2 hâtif. |
| — *Très nain de Bretagne* . . . . | 20 — | 12ᵉ nœud. | 1/2 tardif. |
| — *Stratagème* . . . . . . . . . | 20 — | 12ᵉ nœud. | 1/2 tardif. |
| **Pois demi-nains.** | | | |
| Pois *Ridé nain blanc hâtif* . . . . | 7 juin. | 6ᵉ nœud. | hâtif. |
| — *Nain hâtif.* . . . . . . . . . . | 14 — | 10ᵉ ou 11ᵉ nœud. | 1/2 hâtif |
| — *Nain Bishop* . . . . . . . . . | 16 — | 11ᵉ nœud. | 1/2 hâtif. |
| — *Wilson.* . . . . . . . . . . . | 16 — | 10ᵉ nœud. | 1/2 hâtif. |
| — *Plein le Panier.* . . . . . . . | 20 — | 13ᵉ nœud. | 1/2 tardif. |
| — *Nain vert gros.* . . . . . . . . | 19 — | 11ᵉ ou 12ᵉ nœud. | 1/2 tardif. |
| — *Astronome.* . . . . . . . . . | 21 — | 12ᵉ nœud. | 1/2 tardif. |
| — *Le Meilleur de tous* . . . . . | 20 — | 12ᵉ nœud. | 1/2 tardif. |
| — *Nain vert impérial* . . . . . . | 23 — | 13ᵉ nœud. | tardif. |
| **A rames.** | | | |
| Pois *Prince Albert* . . . . . . . . | 4 juin. | 6ᵉ nœud. | hâtif. |
| — *Daniel O'Rourke* . . . . . . . | 4 — | 6ᵉ nœud. | hâtif. |
| — *Express* . . . . . . . . . . . | 5 — | 5ᵉ ou 6ᵉ nœud. | hâtif. |
| — *Michaux de Hollande* . . . . | 8 — | 8ᵉ nœud. | 1/2 hâtif. |
| — *Michaux ordinaire* . . . . . . | 10 — | 10ᵉ nœud. | 1/2 hâtif. |
| — *Léopold II.* . . . . . . . . . | 14 — | 12ᵉ nœud. | 1/2 tardif. |
| — *d'Auvergne.* . . . . . . . . . | 20 — | 12ᵉ nœud. | tardif. |
| — *Sabre* . . . . . . . . . . . . | 20 — | 13ᵉ au 14ᵉ nœud. | tardif. |
| — *Victoria Marrow.* . . . . . . | 26 — | 15ᵉ nœud. | très tardif. |
| — *Ridé de Knight* . . . . . . . | 26 — | 16ᵉ nœud. | très tardif. |
| — *Téléphone* . . . . . . . . . . | 18 — | 12ᵉ nœud. | 1/2 tardif. |

Toutes choses égales d'ailleurs, un Pois à petites cosses, à petit grain et à petit feuillage sera bon à récolter plusieurs jours avant les races possédant une cosse grande, renflée, et un feuillage ample.

### Description des principales variétés.

Il ne nous est pas possible, étant fort limité dans le développement de notre sujet, d'aborder la description des 150 variétés qui composent notre collection d'étude ; aussi nous nous bornerons à résumer sous forme de tableaux les caractères essentiels des principales variétés, et à présenter leurs affinités sous forme de tableaux dichotomiques, qui, établis d'une façon méthodique et rigoureuse, en permettront la facile détermination.

Principaux caractères des Pois nains et demi-nains.

| NOMS | HAUTEUR | DATE de floraison | DATE de récolte | PRÉCOCITÉ | LONGUEUR DE LA COSSE — Forme. | FORME et couleur du grain. | GRAINS dans 100 gr. | POIDS du litre (gr.) | Rendement à l'are (1) (kil.) |
|---|---|---|---|---|---|---|---|---|---|
| **Pois nains.** | | | | | | | | | |
| Nain très hâtif à châssis | 0m20 | 4 juin | 20 juil. | Très hâtif. | 0m05 à 0m06, droite | Rond blanc. | 428 | 815 | 18 |
| Nain hâtif d'Annonay | 0m30 à 0m35 | 7 — | 26 — | Hâtif. | 0m05 à 0m06, droite | Rond blanc. | 430 | 810 | 24 |
| Nain Conturier | 0m40 | 14 — | 1er août | 1/2 hâtif. | 0m05, légèrement courbée | Rond blanc. | 690 | 800 | 26 |
| Très nain de Bretagne | 0m35 | 20 — | 14 — | 1/2 tardif. | 0m04 à 0m05, légèrement courbée | Rond blanc. | 614 | 793 | 28 |
| Mac Lean's Blue Peter | 0m30 | 7 — | 30 juil. | Hâtif. | 0m07 à 0m08, droite | Oblong vert. | 330 | 820 | 22 |
| Orgueil du marché | 0m40 | 18 — | 10 août | 1/2 hâtif. | 0m09, droite | Rond v. nt. lég. fis. | 250 | 790 | 28 à 30 |
| Gros bleu nain | 0m45 | 7 — | 1er — | Hâtif. | 0m07, droite | Rond vert. | 370 | 815 | 28 à 30 |
| Serpette nain blanc | 0m30 à 0m35 | 7 — | 1er — | Hâtif. | 0m07, en serpette | Ridé blanc. | 498 | 680 | 26 |
| Excelsior | 0m40 | 8 — | 1er — | Hâtif. | 0m07 à 0m08, droite | Ridé blanc. | 430 | 703 | 28 |
| Merveille d'Amérique | 0m25 | 10 — | 1er — | Hâtif. | 0m06, droite | Ridé vert. | 422 | 736 | 24 |
| Merveille de Witham | 0m30 à 0m35 | 11 — | 10 — | 1/2 hâtif. | 0m07, légèrement en serpette | Ridé vert. | 534 | 683 | 26 |
| Merveille d'Angleterre | 0m30 à 0m35 | 11 — | 10 — | 1/2 hâtif. | 0m07, plus ou moins courbée | Ridé vert. | 486 | 710 | 26 |
| The Stanley | 0m40 à 0m45 | 12 — | 10 — | 1/2 hâtif. | 0m09, légèrement en serpette | Tr. ridé vert. | 364 | 710 | 30 |
| Daniel's Dwarf prolific | 0m40 à 0m50 | 16 — | 11 — | 1/2 hâtif. | 0m08 à 0m09, légèrement en serpette | Ridé vert. | 446 | 670 | 26 à 28 |
| Serpette nain vert. | 0m30 | 7 — | 4 — | Hâtif. | 0m07, en serpette | Ridé vert. | 446 | 680 | 25 |
| Daisy. | 0m40 à 0m45 | 24 — | 49 — | 1/2 tardif. | 0m09, droite | Ridé blanc. | 320 | 725 | 30 |
| Competitor. | 0m35 | 7 — | 11 — | 1/2 hâtif. | 0m09 à 0m10, droite | Ridé vert. | 300 | 715 | 30 |
| Stratagème. | 0m40 | 20 — | 13 — | 1/2 tardif. | 0m09, droite | Ridé vert. | 263 | 740 | 30 |
| Profusion | 0m45 | 13 — | 6 — | 1/2 hâtif. | 0m08, carrée du bout | Ridé vert. | 342 | 690 | 28 à 30 |
| **Demi-nains. grain rond.** | | | | | | | | | |
| Nain hâtif. | 0m55 | 14 — | 11 août | 1/2 hâtif. | 0m07, droite, assez large | Rond blanc. | 436 | 825 | 34 |
| Nain hâtif anglais | 0m55 | 14 — | 11 — | 1/2 hâtif. | 0m06, droite, assez pointue | Rond blanc. | 430 | 820 | 34 |
| Nain ordinaire | 0m60 | 16 — | 12 — | 1/2 hâtif. | 0m05, droite, carrée du bout. | Rond blanc. | 680 | 810 | 35 |
| Nain Bishop. | 0m60 | 16 — | 12 — | 1/2 hâtif. | 0m07, droite, carrée du bout. | Rond blanc. | 334 | 815 | 35 |
| Clamart nain hâtif. | 0m70 | 17 — | 13 — | 1/2 hâtif. | 0m07, légèrement recourbée, carrée du bout | Rond blanc. | 360 | 825 | 38 |
| Clamart demi-nain. | 0m70 | 19 — | 15 — | 1/2 tardif. | 0m07, presque droite, carrée du bout | Rond vert. | 302 | 830 | 40 |
| Plein le Panier. | 0m80 | 20 — | 16 — | 1/2 tardif. | 0m09, droite | Rond vert. | 305 | 780 | 40 |
| Roi des Serpettes | 0m80 | 20 — | 16 — | 1/2 tardif. | 0m09, en serpette | Rond vert. | 270 | 820 | 46 |
| Nain vert gros. | 0m70 | 18 — | 15 — | 1/2 tardif. | 0m07, faiblement recourbée, carrée du bout | Rond vert. | 250 | 825 | 42 |
| Nain vert Impérial | 0m70 | 23 — | 17 — | Tardif. | 0m08, droite, carrée du bout. | Rond vert. | 286 | 825 | 44 |
| **Demi-nains, grand ridé** | | | | | | | | | |
| Ridé nain blanc hâtif | 0m60 à 0m80 | 7 — | 14 août | 1/2 hâtif. | 0m06 à 0m07, légèrement recourbée, assez pointue. | Ridé blanc. | 436 | 700 | 28 à 30 |
| Sénateur. | 0m90 à 1m | 15 — | 19 — | 1/2 hâtif. | 0m09 à 0m10, en serpette | Ridé blanc. | 308 | 730 | 40 à 42 |
| Astronome. | 0m70 à 0m80 | 21 — | 21 — | 1/2 tardif. | 0m10 à 0m11, légèrement en serpette ou presque droite. | Ridé vert. | 344 | 720 | 40 à 42 |
| Ridé nain vert hâtif | 0m60 à 0m80 | 14 — | 14 — | 1/2 hâtif. | 0m06 à 0m07, légèrement recourbée, un peu pointue. | Ridé vert. | 426 | 710 | 28 à 30 |
| Le Meilleur de tous | 0m75 à 0m80 | 20 — | 19 — | 1/2 hâtif. | 0m08, droite, un peu carrée du bout | Ridé vert. | 278 | 745 | 28 |
| Wilson. | 0m65 à 0m75 | 18 — | 15 — | 1/2 tardif. | 0m09, droite, carrée du bout. | R. vert pâle. | 296 | 730 | 35 |
| Entreprise. | 0m90 à 1m | 22 — | 21 — | Tardif. | 0m08 à 0m10, droite, carrées du bout. | R. vert pâle. | 234 | 755 | 32 à 34 |
| The Gladstone | 0m70 à 0m80 | 28 — | 26 — | Très tardif. | 0m09 à 0m11, en serpette, assez pointue | Ridé vert. | 338 | 745 | 30 |
| Saint Michaelis Erbse. | 0m80 | 27 — | 26 — | Très tardif. | 0m09, large, carrée du bout. | Ridé vert. | 330 | 705 | 32 |
| Le Czar | 0m80 | 28 — | 26 — | Très tardif. | 0m09, large, carrée du bout | Ridé vert. | 294 | 685 | 30 |
| Docteur Mac-Lean. | 0m80 à 0m90 | 16 — | 15 — | 1/2 hâtif. | 0m08 à 0m10, légèrement en serpette, pointue | R. vert pâle. | 473 | 740 | 28 à 30 |
| Oméga. | 0m70 à 0m80 | 24 — | 21 — | Tardif. | 0m07 à 0m09, fort recourbée, carrée du bout | R. bl. verd. | 365 | 725 | 32 |
| Prodige de Luxton. | 0m60 à 0m75 | 19 — | 19 — | 1/2 tardif. | 0m07 à 0m09, assez en serpette pointue. | R. bl. verd. | 353 | 750 | 28 à 30 |

(1) Ces chiffres établis rigoureusement, d'après la production de petites surfaces, chaque lot n'occupant que 10 mètres carrés, permettent d'apprécier exactement la productivité relative mais non les rendements obtenus en grande culture; ces derniers sont généralement inférieurs à ceux que nous indiquons, les plantes ne pouvant y être cultivées dans les mêmes sous...

Principaux caractères des Pois à rames.

| NOMS | HAUTEUR moyenne. | DATE de floraison. | PRÉCOCITÉ | COSSES | GRAINS dans 100 gr. | POIDS du litre | RENDEMENT à l'are. |
|---|---|---|---|---|---|---|---|
| **Grain rond blanc.** | | | | | | gr. | kil. |
| *Prince Albert* . . . | 0m70 | 4 juin. | Tr. hâtif. | 0m05 à 0m06, droites, carrées du bout, solitaires, étroites . . . . . . . . | 410 | 800 | 30 |
| *Triple X extra Early Pea* . . . . . . | 0m70 | 4 — | Tr. hâtif. | 0m05 à 0m07, droites, carrées du bout. | 378 | 770 | 25 |
| *Caractacus* . . . . | 0m80 | 6 — | Hâtif. | 0m05 à 0m06, droites carrées du bout, par deux, étroites . . . . . . . . . | 400 | 810 | 36 à 38 |
| *Commenchon* . . . | 0m90, 1m | 7 — | Hâtif. | 0m08, droites, carrées du bout . . . . | 337 | 810 | 34 |
| *Daniel O' Rourke.* . | 0m70 | 6 — | Hâtif. | 0m05 à 0m06, droites, carrées du bout, solitaires, étroites. . . . . . . . | 410 | 800 | 32 |
| *Emeraude* . . . . . | 0m70 | 4 — | Tr. hâtif. | 0m06, droites, carrées du bout, solitaires. | 420 | 780 | 30 |
| *Michaux de Hollande* . . . . . . | 1m | 8 — | 1/2 hâtif. | 0m06 à 0m07, droites, carrées du bout, par deux . . . . . . . . | 532 | 825 | 48,5 |
| *Michaux ordinaire.* | 1m | 9 — | 1/2 hâtif. | 0m06, à 0m07, droites ou légèrement courbées, carrées du bout, par deux, assez étroites . . . . . . . . | 424 | 825 | 47 à 48 |
| *Clamart hâtif* . . . | 1m30, 1m40 | 10 — | 1/2 hâtif. | 0m07, légèrement courbées, carrées du bout . . . . . . . . . . . . | 370 | 820 | 38 |
| *Léopold II.* . . . . | 1m | 12 — | 1/2 hâtif. | 0m09, droites ou légèrement courbées, carrées du bout, vert pâle . . . . | 420 | 830 | 40 |
| *Michaux de Ruelle.* | 1m20 | 16 — | 1/2 hâtif. | 0m07 à 0m08, droites, carrées du bout, assez larges. . . . . . . . . . . | 344 | 820 | 46 |
| *Sabre* . . . . . . | 1m30 | 18 — | 1/2 tardif. | 0m09, recourbées en sens inverse, assez pointues, par deux. . . . . . . . | 330 | 820 | 37 |
| *Merveille d'Etampes.* | 1m40 | 18 — | 1/2 tardif. | 0m09 à 0m10 pointues, en serpette, par deux . . . . . . . . . | 448 | 785 | 38 |
| *A gros grain blanc.* | 1m70 | 18 — | 1/2 tardif. | 0m08 à 0m10, assez recourbées, carrées du bout. . . . . . . . . . . | 306 | 770 | 42 |
| *D'Auvergne* . . . . | 1m30 | 21 — | 1/2 tardif. | 0m08 à 0m09, en serpette, très pointues, par deux . . . . . . . . . | 308 | 810 | 44 |
| *Géant de Saumur.* | 1m80, 2m | 24 — | Tardif. | 0m08 à 0m09, larges, droites, presque carrées du bout . . . . . . . . . | 226 | 815 | 52 |
| *Réva* | 1m80, 2m | 24 — | Tardif. | 0m09, droites, carrées du bout. . . . | 190 | 835 | 52 |
| *Clamart.* . . . . . | 1m80, 2m | 25 — | Tardif. | 0m06 à 0m07, légèrement recourbées, extrémité obtuse, mais non carrée. | 368 | 810 | 45 |
| *Victoria Marrow.* . | 1m80, 2m | 27 — | Tr. tardif. | 0m08 à 0m09, droites ou légèrement courbées, larges, carrées du bout. | 290 | 815 | 46 |
| **Grain rond vert.** | | | | | | | |
| *Express* . . . . . . | 0m70 | 5 juin. | Tr. hâtif. | 0m06 à 0m07, droites, carrées du bout. | 420 | 790 | 32 |
| *William hâtif.* . . . | 0m70 | 6 — | Hâtif. | 0m07 à 0m08, bien en serpette, pointues, assez étroites . . . . . . . . | 370 | 790 | 24 |
| *Serpette vert* . . . | 1m40 | 16 — | 1/2 hâtif. | 0m09, assez en serpette, assez pointues, largeur moyenne . . . . . . . . | 360 | 810 | 50 |
| *Duplex de Moherheim* . . . . . | 1m40 | 16 — | 1/2 hâtif. | 0m09, un peu en serpette, assez pointues . . . . . . . . | 290 | 800 | 48 |
| *Lauréal (Prizetaker)* | 1m40 | 18 — | 1/2 tardif. | 0m08 à 0m09, légèrement recourbées, carrées du bout . . . . . . . . . | 400 | 790 | 35 |
| *Goliath* . . . . . . | 1m35, 1m40 | 20 — | 1/2 tardif. | 0m10, cosses énormes, très renflées, presque droites . . . . . . . . . | 220 | 820 | 36 |
| *Vert cent pour un.* | 1m à 1m10 | 20 — | 1/2 tardif. | 0m08 à 0m09, droites, carrées du bout. | 350 | 820 | 45 |
| *Vert normand* . . . | 1m50, 2m | 28 — | Tr. tardif. | 0m07 à 0m08, droites ou très légèrement incurvées, larges et carrées du bout. | 214 | 815 | 54 à 56 |
| *Haricot* . . . . . . | 1m30, 1m50 | 18 — | 1/2 tardif. | 0m08 à 0m09, cosses droites, carrées du bout, avec tache noire à l'ombilic. | 226 | 840 | 65 |
| *A ombelles (Pois Turc)* . . . . . | 1m25 | 19 — | 1/2 tardif. | 0m07, droites, réunies en bouquet au sommet, grain jaune blond . . . . | 395 | 800 | 45 |
| *A cosses violettes.* . | 1m50, 1m80 | 18 — | 1/2 tardif. | 0m07, cosses droites, carrées du bout, grain gris verdâtre . . . . . . . . | 302 | 785 | 44 |
| **Grain ridé.** | | | | | | | |
| *Shah de Perse* . . | 0m60, 0m80 | 4 juin. | Tr. hâtif. | 0m05 à 0m07, droites, carrées du bout. | 460 | 740 | 26 à 28 |
| *Laxton's Alpha* . . | 0m70, 0m80 | 4 — | Tr. hâtif. | 0m06 à 0m07, assez incurvées, assez pointues . . . . . . . . . . . . | 364 | 725 | 28 à 30 |

## Principaux caractères des Pois à rames (suite).

| NOMS | HAUTEUR moyenne. | DATE de floraison. | PRÉCOCITÉ | COSSES | GRAINS dans 100 gr. | POIDS du litre. | RENDEMENT à l'are. |
|---|---|---|---|---|---|---|---|
| | | | | | gr. | | kil. |
| Gregory's surprise | 0m60, 0m70 | 4 juin. | Tr. hâtif. | 0m05 à 0m06, légèrement incurvées, à pointe obtuse | 308 | 740 | 15 à 16 |
| Exonian | 0m80, 0m90 | 4 — | Tr. hâtif. | 0m06 à 0m07, légèrement recourbées et assez pointues | 400 | 705 | 28 à 30 |
| Gradus | 0m90, 1m | 6 — | Hâtif. | 0m09 à 0m10, droites, légèrement recourbées en serpette à l'extrémité | 284 | 725 | 28 à 30 |
| Serpette ridé vert à rames | 1m50, 1m70 | 13 — | 1/2 hâtif. | 0m08 à 0m10, en serpette, pointues | 330 | 725 | 34 à 35 |
| Prince Edward | 1m50 | 15 — | 1/2 hâtif. | 0m09 à 0m11, un peu en serpette | 300 | 720 | 36 à 38 |
| Colossus | 1m70, 2m | 16 — | 1/2 hâtif. | 0m9 à 0m11, droites légèrement recourbées à l'extrémité | 262 | 735 | 26 à 28 |
| Duc d'York | 1m à 1m20 | 16 — | 1/2 hâtif. | 0m09 à 0m11, droites, à pointe légèrement recourbée en serpette | 282 | 725 | 36 à 38 |
| Criterion | 1m30 | 16 — | 1/2 hâtif. | 0m07 à 0m08, droites, carrées du bout. | 390 | 695 | 34 à 36 |
| Téléphone | 1m10, 1m30 | 18 — | 1/2 tardif. | 0m10 à 0m11, droites à pointe légèrement recourbée en serpette | 270 | 763 | 36 |
| The Daniel | 1m20, 1m40 | 18 — | 1/2 tardif. | 0m10 à 0m12, droites, à pointe légèrement recourbée en serpette | 260 | 760 | 36 à 38 |
| Boston Unrivalled Pea | 1m à 1m20 | 18 — | 1/2 tardif. | 0m10 à 0m12, droites, à pointe légèrement recourbée en serpette | 264 | 740 | 34 à 35 |
| Duc d'Albany | 1m20, 1m40 | 18 — | 1/2 tardif. | 0m10 à 0m11, droites, à pointe légèrement recourbée en serpette | 274 | 750 | 36 à 38 |
| Ridé vert à rames | 1m70, 1m80 | 19 — | 1/2 tardif. | 0m08, droites ou très faiblement recourbées, carrées du bout. | 314 | 720 | 36 à 38 |
| Talisman | 1m70, 2m | 19 — | 1/2 tardif. | 0m09 à 0m11, droites, carrées du bout. | 305 | 750 | 37 à 38 |
| John Howard | 1m50, 1m70 | 20 — | 1/2 tardif. | 0m09 à 0m11, droites, carrées du bout. | 304 | 765 | 40 |
| Roi des Moelles | 1m80, 2m | 21 — | Tardif. | 0m08 à 0m09, droites, carrées du bout. | 258 | 725 | 36 à 38 |
| Ridé gros blanc | 1m80, 2m | 22 — | Tardif. | 0m08 à 0m09, droites, carrées du bout. | 236 | 745 | 40 |
| Captain Cuttle | 1m10, 1m30 | 22 — | Tardif. | 0m09 à 0m11, droites, carrées du bout. | 322 | 740 | 42 |
| Ridé gros vert à rames | 1m80, 2m | 25 — | Tardif. | 0m09 à 0m11, droites, carrées du bout. | 266 | 735 | 46 |
| Ridé de Knight | 1m80, 2m | 26 — | Tr. tardif. | 0m08 à 0m10, droites ou légèrement incurvées, carrées du bout. | 276 | 735 | 45 à 46 |

## Principaux caractères des Pois sans parchemin (grand rond).

| NOMS | HAUTEUR moyenne. | DATE de floraison. | PRÉCOCITÉ | COSSES | GRAINS dans 100 gr. | POIDS du litre. | RENDEMENT à l'are. |
|---|---|---|---|---|---|---|---|
| **Nains.** | | | | | | | |
| Sans parch. tr. nain hâtif à châssis | 0m20 | 12 juin | 1/2 hâtif. | 0m05 à 0m06, droites, carrées du bout, pleines. | 426 | 800 | 12 |
| **Demi-nains.** | | | | | | | |
| Sans parch. nain hâtif Breton | 0m60 | 17 — | 1/2 tardif. | 0m06 à 0m07, recourbées, pleines, assez étroites | 462 | 820 | 26 à 28 |
| Sans parchem. nain hâtif de Hollande | 0m50 | 14 — | 1/2 hâtif. | 0m06 à 0m07, un peu recourbées, très pleines | 370 | 800 | 22 à 24 |
| Nain Mange-tout Debarbieux | 0m70 | 22 — | Tardif. | 0m08 à 0m09, aplaties, irrégulières, tourmentées. | 360 | 810 | 25 |
| **A rames.** | | | | | | | |
| Sans parchemin de 40 jours | 1m10 | 6 — | | 0m07 à 0m08, pleines, légèrement recourbées, rondes | 358 | 800 | 30 |
| Sans parchemin hâtif à larges cosses | 1m30 | 12 — | 1/2 hâtif. | 0m08 à 0m09, aplaties, irrégulièrement tourmentées. | 292 | 840 | 24 |
| Sans parch., beurre. | 1m30 | 13 — | 1/2 hâtif. | 0m06 à 0m08, très pleines, rondes en serpette. | 290 | 830 | 23 500 |
| Fondant de Saint-Desirat | 1m40 | 18 — | 1/2 tardif. | 0m10 à 0m12, très plates, très larges, régulières. | 326 | 810 | 26 5 |
| Corne de bélier | 1m40 | 18 — | 1/2 tardif. | 0m10 à 0m12, très plates, très larges, irrégulières, tourmentées | 320 | 800 | 27 |
| Sans parchemin à très larges cosses. | 1m50 | 18 — | Tardif. | 0m10 à 0m15, très plates, très larges, tourmentées, irrégulières | 260 | 750 | 25 |

## 1° Pois nains.

**POIS NAINS, 0m25 à 0m45, GRAIN**

**rond**

blanc, hauteur 0m30 à 0m40, 1re fleur au :

- 0m20 fleurs solitaires, la 1re au 7e nœud, feuillage vert foncé, cosse droite de 0m06. . . . *Nain très hâtif à châssis.*
- 7e nœud, feuillage vert foncé, cosse droite de 0m06, 6 étages. . . . *Nain hâtif d'Annonay.*
- 9e nœud, feuillage blond, léger, cosse légèrement courbée de 0m06, 8 à 9 étages. . . . *Nain Couturier.*
- 11e au 12e nœud, feuillage vert grisâtre, très léger, cosse très petite de 0m04 à 0m05, 8 à 9 étages. . . .
- 0m30, feuilles du sommet très petites, en bouquet, 1re fleur au 7e nœud, cosse de 0m08. . . . *Très nain de Bretagne.*

   *Mac Lean's Blue Peter.*

vert, hauteur 0m40 à 0m45, feuilles du sommet développées, non en bouquet, cosse longue de :

- 0m09, grains très gros, 23 dans 10 grammes, feuillage très ample, blond. . . . *Orgueil du Marché.*
- 0m07, grains plutôt moyens, 37 dans 10 grammes . . . *Gros bleu nain.*

**ridé, hauteur**

0m25 fleurs solitaires au 7e nœud, cosse droite, carrée du bout, grain vert . . . *Merveille d'Amérique.*

en serpette, hauteur 0m30 à 0m35 grain :

- blanc, 1re fleur au 8e nœud, cosse de 0m07 . . . *Serpette nain blanc.*
- vert, 1re fleur au 8e nœud, cosse de 0m07 . . . *Serpette nain vert.*

0m30 à 0m40 cosse 0m06 à 0m07, hauteur 0m30 à 0m35 cosse :

Droite ou légèrement recourbée, longue de :

- droite, carrée du bout, légèrement infléchie en serpette . . . *Merveille de Witham. / Merveille d'Angleterre. / Merveille de Lyon.*
- 0m30 à 0m35, cosse très longue, de 0m10, droite. hâtif, grain moyen, blanc. . . . *Competitor.*
- demi-hâtif, grain gros, vert. . . .
- légèrement recourbée en serpette. demi-hâtifs grain vert { feuillage très léger, très ondulé. . . . *Excelsior. / Profusion.* }
- très ample, vert franc grains très ridés . . . *Daniel's Dwarf prolific. / The Stanley.*
- demi-tardifs feuillage { ample, vert franc, grain vert. . . . *Stratagème. / Daisy.* }
- blond, grain blanc

6

## 2° Pois demi-nains, grain rond.

POIS DEMI-NAINS, GRAIN ROND

**Hauteur.**

- 0m05, grains très petits, 68 dans 10 grammes, demi-hâtif . . . — *Nain ordinaire.*

- 0m07 à 0m08 — grains petits, 43 dans 10 grammes.
  - cosse droite, large, feuillage vert franc, demi-hâtif . . . — *Nain hâtif.*
  - cosse droite, assez pointue, feuillage vert blanc, demi-hâtif. . . . — *Nain hâtif anglais.*

- 0m35 — grains moyens, 32 à 33 dans 10 grammes, cosse droite, carrée du bout. . . . — *Nain Bishop à longue cosse.*

- 0m70 — grains moyens.
  - cosse { légèrement recourbées, demi-hâtif . . . — *Clamart nain hâtif.*
  - droite, carrée du bout, demi-tardif . . . — *Clamart demi-nain.*

- vert, cosse blanc, cosse de
  - En serpette, fleur blanc-verdâtre, feuillage très blond, demi-tardif. . . . — *Roi des Serpettes.*
  - droite ou légèrement infléchie, fleur blanche, feuillage ample vert franc, grains très gros, demi-tardif. . . . — *Nain vert gros.*
  - vertes { demi-tardif, grain moyen, cosse droite, arrondie . . . — *Plein-le-Panier.*
  - ou blanc verdâtre { tardif, grain gros, cosse droite, bien carrée du bout . . . — *Nain vert Impérial.*

## 3° Pois demi-nains, grain ridé.

DEMI-NAINS, hauteur, 0m60 à 1 m., grain ridé, 1re fleur au moins au 8e nœud, cosse de 0m08 à 0m10

- au 5e ou 6e nœud — cosse de 0m06 à 0m07
  - grain blanc, feuillage assez léger et ondulé, vert blond . . . — *Ridé nain blanc.*
  - grain ridé, — vert franc . . . — *Ridé nain vert.*

- recourbée à la pointe
  - demi-hâtif, grain assez gros, ridé blanc . . . — *Sénateur.*
  - demi-tardif, grain moyen, ridé vert, moins élevé que le précédent. . . . — *Astronome.*

- recourbée dès la base
  - demi-hâtif, nouant irrégulièrement, grain assez petit, cosse de 0m09 . . . — *Docteur Mac-Lean.*
  - demi-tardif, nouant irrégulièrement, grain assez gros, cosse de 0m08. . . . — *Prodige de Laxton.*

- en serpette, recourbée
  - demi-tardifs, feuillage très ample, vert franc, lavé grisâtre . . . — *Wilson.*
  - grains gros moins de 30 dans 10 grammes
    - feuillage ample blond — hauteur, 0m75, grain bien vert . . . — *Le Meilleur de tous.*
    - lavé grisâtre — 0m90, grain ridé vert pâle. . . . — *Entreprise.*

- droite, carrée du bout,
  - tardifs ou très tardifs, plus de 30 grains dans 10 grammes.
    - cosse large, très tardif, feuillage assez ample, vert glauque, très voisins sinon identique . . . — *The Gladstone.*
    - cosse large, très tardif, feuillage assez ample, vert glauque, très voisins sinon identique . . . — *Saint Michaelis Erbze*
    - cosse étroite, légèrement recourbée, tardif, fleurs blanc verdâtre. . . . — *Le Czar.*
    - . . . — *O méga.*

## 4° Pois à rames, grain rond blanc.

**hâtifs, hauteur, 0m60 à 0m80, tige grêle ou assez grêle, cosses droites, carrées du bout, longues de 0m05 à 0m06, 1re fleur au 5e ou 6e nœud, cosses**

- solitaires, hauteur, 0m70, feuillage
  - très hâtifs
    - feuillage vert franc, assez léger . . . . . *Prince Albert.*
    - feuillage vert franc, très léger . . . . . *Triple X extra Early Pea.*
  - vert glauque
    - hâtif, grain fond verdâtre, feuillage vert blond, moyen . *Daniel O'Rourke.*
    - blond glacé . . . . . *Emeraude.*
- réunies par deux; hauteur, 0m80 . . . . . *Caractacus.*
- 0m80, 1re fleur au 7e nœud; hauteur 0m90 à 1 mètre, feuillage assez ample, légèrement moins hâtif que le précédent . . . . . *Commenchon.*

**demi-hâtifs, haut., 1m20 à 1m40, cosses droites ou légèrement recourbées, plus ou moins carrées du bout, 1re fleur pas avant le 8e nœud**

- 0m06, feuillage vert franc, lavé de grisâtre
  - 1re fleur au 8e nœud, cosses droites, de moyenne largeur . . . . . *Michaux de Hollande.*
  - 1re fleur au 10e nœud, cosses très légèrement incurvées, assez étroites . . . . . *Michaux ordinaire.*
- hauteur, 1 mètre, cosses de 0m09, feuillage ample, vert blond, cosse large, vert très pâle . . . . . *Léopold II.*
- hauteur, 1m20 à 1m50
  - feuillage ample, vert blond, cosses de 0m07, assez larges . . . . . *Michaux de Ruelle.*
  - feuillage moyen, vert franc, cosses de 0m07, légèrement incurvées . . . . . *— de Clamart hâtif.*

**très incurvées, hauteur, 1m20 à 1m30, demi-tardifs, cosses**

- pointues, en serpette, grain moyen, cosses
  - assez larges, assez pointues, feuillage ample, très blond . . . . . *Merveille d'Etampes.*
  - assez étroites, très pointues, feuillage moyen, vert franc . . . . . *— d'Auvergne.*
- recourbées en sens inverse, vers le pédoncule, obtuses, grain assez gros . . . . . *Sabre.*

**demi-tardifs ou tardifs, hauteur, 1m20 à 2 mètres, cosses**

- droites ou légèrement recourbées, cosses de largeur moyenne, longues de 0m07, légèrement recourbées, grain moyen . . . . . *Clamart.*
- tardifs, hauteur, 1m70 à 2 mètres, tardifs ou très tardifs, 1re fleur pas avant le 15e nœud, cosses
  - larges, gros grains, cosses droites, de 0m08, tardifs, feuillage
    - 30 grains dans 10 grammes, très tardif . . . . . *Victoria Marrow.*
    - vert glauque, 22 grains dans 10 grammes . . . . . *Géant de Saumur.*
    - blond, 18 à 19 grains dans 10 grammes . . . . . *Réva.*
  - de 0m09, grains légèrement recourbées, 38 dans 10 grammes, demi-tardif . . . . . *A gros grain blanc.*

## 5° Pois à rames, grain rond vert.

A RAMES, GRAIN ROND, VERT, hauteur, 0m70 à 2 m., cosses
vertes, fleurs étagées, grain rond, hauteur

0m70, tige grêle, feuillage léger, cosses
  droites, carrées du bout, 1re maille au 5e ou au 6e nœud, { feuillage vert franc. . . . . . Express.
                                                             { — blond. . . . . . . . . . . . . Blue Alaska.
  en serpettes pointues, 1re maille au 7e ou 8e nœud, feuillage blond. . . . William hâtif.

1m10 à 1m80, cosses
  assez en serpette, demi-hâtif, { 36 grains dans 10 grammes. . . . . . . . Serpette vert.
                                  { 28 — 10 grammes. . . . . . . . . . . . . Duplex de Moherheim.
  droites ou légèrement recourbées, carrées du bout, demi-tardifs ou tardifs, grain
    { moyen, 1re fleur au 12e nœud, grain assez gros, hauteur 1m10. . . . . Vert Cent-pour-Un.
    { très gros, 1re fleur du 15e au 20e nœud, cosses { hauteur 1m40. . . . Lauréat.
      de 0m10 à 0m12, 1re fleur au 15e ou 16e nœud. . . . . . . . . . . . . Goliath.
      0m07, 0m08, 1re fleur au 18 ou 20e nœud, . . . . . . . . . . . . . . . Vert Normand.

oblong, en forme de féverolle, hile noir. . . . . . . . . . . . . . . . . . Haricot.
réunies en ombelle. . . . . . . . . . . . . . . . . . . . . . . . . . . . . Turc.
violettes, droites, carrées du bout. . . . . . . . . . . . . . . . . . . . A cosses violettes.

## 6° Pois à rames, grain ridé.

Pois hâtifs de moins de 1 m. de haut, 1re fleur du 6e au 8e nœud, cosses
  droites, carrées du bout, grain blanc. . . . . . . . . . . . . . . . . . Schah de Perse.
  de 0m05 à 0m07, cosses légèrement recourbées, grain vert,
    { hauteur 0m60, tige très grêle, cosses très courtes, de 0m05 avec petits grains. . . Grégory's surprise.
    { hauteur 0m70 à 0m80, { de 0m06 à 0m07, assez incurvées, pointues. . . . . . . . . . Laxton's Alpha.
                            { de 0m06 à 0m07, légèrement recourbées, un peu pointues. . . Exonian.
  de 0m09 à 0m10, cosses de Téléphone, un peu moins fortes, gros grain blanc. . . . . . . Gradus.

Demi-hâtifs, 1re fleur à partir du 8e nœud, cosses
  de 0m07, droites, carrées du bout, peu renflées, grain vert. bien en serpette, très pointues, stipules et folioles étroites, pointues. . . . . . . . . Criterion.
  de 0m08 à 0m10, plus ou moins en serpette, grain vert, légèrement recourbées, feuillage ordinaire,
    { hauteur 1m10, cosses du Téléphone, grain assez gros, blanc verdâtre. . . . . . . . . Serpette ridé vert.
    { hauteur 1m50 à 1m80, cosses { assez en serpette, grain moyen vert. . . . . . . . . . Duc d'York.
                                  { légèrement recourbées, très gros grain blanc. . . . . . Prince Edouard.
                                                                                            Colossus.

COSSES ÉPAISSES, CHARNUES sans parchemin, hauteur

**Demi-tardifs ou tardifs, 1re fleur à partir du 12e nœud, cosses**

droites ou très légèrement incurvées, carrées du bout, hauteur 1m50 à 2 m.

du Téléphone, hauteur 1m10 à 1m40
- cosses très renflées, de 0m10 à 0m11, droites, à pointe légèrement recourbée en serpette, grain blanc verdâtre, hauteur 1m20 . . . . . . . . . . . . . . *Téléphone.*
- voisin du précédent, un peu plus élevé, grain blanc verdâtre . . . . . . . . . . . . *The Daniel.*
- peu distinct du Téléphone, un peu moins élevé, grain b'anc verdâtre . . . . . . . . *Boston Unrivalled.*
- hauteur 1m40, cosses du Téléphone, plus vertes, grain vert . . . . . . . . . . . . . *Duc d'Albany.*

1m20, tige raide et forte, à port de demi-nain, cosse légèrement recourbée, grain blanc verdâtre . . . . . . . . . . . . *Captain Cuttle.*
cosse légèrement recourbée, grain vert . . . . . . . . . . . . *Ridé vert à rames.*

demi-tardifs, cosses de
- 0m07 à 0m08, grain vert . . . . . . . . . . . *Talisman.*
- 0m09 à 0m11, feuillage { ample, vert blond, grain blanc verdâtre . . . *John Howard.*
  { moyen, bien vert, grain blanc . . . *Roi des Moelles.*

tardifs, grain très gros,
- cosses de 0m08 à 0m09, grain blanc, peu distinct du précédent . . . *Ridé gros blanc.*
- feuillage très ample et très blond . . . . *Ridé gros vert.*

tardifs ou très tardifs, très tardifs, grain gros,
- feuillage vert franc, { vert . . . *Ridé de Knight vert.*
  moyen, grain { blanc. . . *Ridé de Knight blanc.*

## 7° Pois sans parchemin ou mange-tout.

0m20, très nain, cosses droites, courtes et étroites, complètement remplies par le grain . . . *Sans parchemin très nain hâtif à châssis.*

0m50, 0m75, demi-nains, cosses
- étroites, remplies par le grain,
  - assez recourbées, en serpette, hauteur 0m60. . . *Sans parchemin nain hâtif Breton.*
  - légèrement recourbées, presque droites, hauteur 0m50. . . *Sans parchemin nain hâtif de Hollande.*
- larges, tourmentées, irrégulières, non remplies par le grain . . . *Nain mange-tout Debarbieux.*

à rames, cosses
- étroites, complètement remplies par le grain,
  - faiblement recourbées, hauteur 1m10 . . . *Sans parchemin de 40 jours.*
  - fort recourbées, hauteur 1m30, cosses très charnues. . . *Sans parchemin Beurre.*
- très larges,
  - régulières . . . *Fondant de Saint-Désirat.*
  - irrégulières, tourmentées, fleurs
    - blanche, { demi-hâtif, cosses de 0m08, . . . *Sans parchemin hâtif à larges cosses.*
      { demi-tardif, cosses de 0m11, . . . *Corne de Bélier.*
    - colorée, . . . *Sans parchemin géant à très larges cosses.*

## CULTURE

Les Pois potagers sont cultivés principalement au point de vue de la récolte des cosses vertes ou du grain sec; mais souvent un certain nombre de variétés sont usitées en grande culture pour la production soit d'engrais vert, soit de fourrage frais ou sec.

Les diverses variétés peuvent être semées, suivant leur degré de rusticité, à l'automne ou au printemps.

*Culture d'automne en plein air.* — Les Pois sont des plantes qui ne réclament que 6 à 7 degrés de chaleur pour germer et entrer en végétation; ils peuvent d'autre part supporter (au moins certaines races) 4 à 5 degrés au-dessous de 0, et même davantage, s'ils sont protégés, par exemple, par une couche de neige suffisamment épaisse.

On peut donc, dans les régions où les hivers sont peu rigoureux, semer à l'automne les variétés les plus rustiques avec beaucoup de chances de succès.

Cette culture, très usitée dans le midi et l'ouest de la France, est assez risquée sous le climat de Paris, n'étant généralement pas possible en plaine, où le sol est plus humide et plus froid. Toutefois, aux environs de la capitale, dans les localités bien exposées et en terrain meuble, léger et fertile, cette culture est fort pratiquée en plein champ et sur des surfaces assez considérables. L'avantage de ces semis est d'obtenir un produit plusieurs jours avant les variétés les plus hâtives semées de printemps, et d'avoir une récolte beaucoup plus rémunératrice.

La variété employée presque exclusivement dans ce cas est le Pois *Michaux ordinaire*, ou de Paris, ou encore Pois de la *Sainte-Catherine*, désignation rappelant l'époque ordinaire du semis; cette race a l'avantage de joindre, à une production abondante, une grande rusticité, due selon quelque vraisemblance à ce que ce Pois, étant le plus souvent semé à l'arrière-saison, a acquis de ce fait une plus grande résistance au froid. On peut également soumettre à la même culture les Pois *Caractacus*, *Express* et *Prince Albert*, variétés toutefois beaucoup plus sensibles à la gelée.

Les cultivateurs de la région parisienne sèment en lignes distantes de 0$^m$50, et assez dru, les semis restant longtemps exposés aux ravages des insectes et des mulots; un éclaircissage est donné au début du printemps, si les jeunes plants sont trop serrés.

En plein champ, on se dispense de mettre des rames, mais pour diminuer la taille des plantes et hâter le développement des gousses, on pince la tige au-dessus de la 4° ou 5° maille.

Dans les jardins potagers, cette culture a plus de chance de réussite, surtout si elle est pratiquée en plate-bande exposée au midi, le long d'un mur, et en terrain fertile et meuble. On sème 2 ou 3 lignes espacées de 30 centimètres, la plus rapprochée du mur en étant distante de 0$^m$50 pour pouvoir passer sans atteindre les arbres fruitiers en espalier. La récolte dans ce cas a lieu fin mai, ou commencement de juin, suivant la chaleur du printemps.

*Culture forcée.* — Cette culture a perdu énormément d'importance depuis que l'Algérie et le Midi envoient de grandes quantités de Pois de primeurs sur les grands marchés ; elle n'est plus guère usitée que dans le potager des grandes maisons bourgeoises. Pour cette culture on sème, soit directement sous châssis, soit en pots, pour replanter ensuite en plein air, à bonne exposition. Dans le premier cas, on sème 4 rangées par coffre, à une profondeur de 5 à 6 centimètres ; un buttage est effectué quand les plantes ont environ 10 centimètres ; comme soins, il est nécessaire d'aérer le plus possible, surtout pendant la floraison, pour éviter le coulage des fleurs, et de couvrir de paillassons s'il survenait de grands froids.

Ces semis sur couche se font ordinairement depuis la fin de novembre jusqu'à la fin de février ; dans ces conditions, les variétés bien hâtives commencent à produire du 6 au 10 mars. Les races les mieux appropriées à cette culture sont par ordre de précocité : le Pois *nain très hâtif à châssis*, le Pois *nain hâtif d'Annonay*, le Pois *serpette nain vert*, le Pois *Merveille d'Amérique* et le Pois *sans parchemin très nain hâtif à châssis* ; le plus recommandable est à notre avis le Pois *serpette nain vert*, bien précoce et d'excellent rendement. Si l'on ne dispose que d'un très petit nombre de châssis, on peut obtenir un produit fin mai, c'est-à-dire avant les Pois semés d'automne en côtière, en procédant ainsi :

En janvier-février on sème les Pois en pots de $0^m22$ à $0^m24$, en couronne distante du bord de quelques centimètres, que l'on place ensuite sur couche tiède, sous châssis. Fin mars ou début d'avril, on procède à la plantation en pleine terre, on dépote avec précaution ; puis les mottes, fendues avec une serpette et déployées en bandes, sont mises en place en côtière sur deux lignes espacées de $0^m30$.

On peut encore semer à même du châssis, en rayons distants de $0^m15$, puis repiquer les plants ainsi obtenus en place, en pleine terre, en poquets écartés de $0^m30$ en tous sens.

Toutefois, la reprise en est ainsi plus longue et moins assurée, surtout si le temps est froid et humide. Pour ces cultures repiquées, on peut aussi employer des variétés demi-naines : Pois *nain de Hollande*, Pois *nain ordinaire*, Pois *ridé nain blanc hâtif*, etc., ou même certaines variétés à rames : Pois *Prince Albert*, Pois *Express* ou le Pois *Shah de Perse*. Pour ces diverses races, il est préférable de placer des demi-rames ; l'air et la lumière circulent mieux, les plantes sont plus vigoureuses et la plantation a meilleur aspect.

**Culture de saison.** — La culture de saison se pratique un peu différemment dans le jardin de l'amateur et dans celui du maraîcher, ce dernier cherchant, avant tout, à simplifier la plantation et à réduire le plus possible la main-d'œuvre.

*Culture bourgeoise.* — Il ne suffit pas d'adopter une variété de grand rapport dans le but d'obtenir une récolte abondante, il faut savoir aussi lui appliquer une culture raisonnée. Les Pois demandent beaucoup d'air et de lumière ; souvent, sous prétexte de ne pas perdre de place, l'amateur, voire même le jardinier, sème, par exemple, les rangs serrés en plates-bandes de 4 à 5 lignes espacées de 40 à 50 centimètres ; or, dans ces conditions, les 2 ou 3 rangs intérieurs donnent un très faible produit, et les 4 ou 5 lignes ne rendent guère plus que 2.

L'espacement à ménager entre les lignes varie avec la taille et le développement des variétés.

1° Les *Pois nains*, dont la hauteur ne dépasse pas 0$^m$30 à 0$^m$35, sont semés en bordure ou en planches de 3 à 4 rangs espacés de 0$^m$40 ; on ménagera entre les planches un sentier de 0$^m$50 à 0$^m$60. Les principaux soins à leur donner consistent en un binage et un buttage quand les Pois ont 10 centimètres. Les races naines élevées de 0$^m$40 à 0$^m$45 sont semées de préférence alternativement à 0$^m$40, puis à 0$^m$50, l'entre-rang le plus large servant de sentier pour le binage et la cueillette.

2° Les Pois demi-nains et les Pois demi-rames, dont la hauteur ne dépasse pas 0$^m$90, se sèment par planches de 2 lignes, espacées de 0$^m$30 avec un sentier de 0$^m$60. Après le binage et le buttage, il est préférable de mettre des demi-rames, que l'on enfonce solidement en dehors du rang, en les croisant en faisceaux avec celles du rang voisin, de façon à laisser les sentiers libres pour la récolte.

3° Pour les grandes variétés à rames, on procède de même ; seulement l'espacement est plus considérable, de 0$^m$40 à 0$^m$50 entre les lignes, avec des sentiers de 0$^m$80.

**Culture maraîchère.** — Les maraîchers cultivent de préférence des variétés demi-naines ou à rames dont les cosses se forment rapidement, afin que la cueillette s'en fasse, autant que possible, en deux fois. Les Pois sont semés en rangs écartés de 0$^m$50 ; et quand les plantes ont 0$^m$10 à 0$^m$12, on procède à un binage et au buttage en ramenant la terre contre les pieds ; suivant les régions, on rame, ou on ne rame pas ; dans ce dernier cas, on pratique l'écimage, en coupant la partie supérieure des tiges au-dessus de la 5° ou 6° maille.

La cueillette se fait généralement en deux fois : pour la première, on passe rang par rang et l'on cueille les cosses en retournant les plantes et les faisant verser vers l'autre interligne ; la seconde est effectuée après l'arrachage.

Les variétés les plus recherchées pour cette culture sont : à rames hâtifs : Pois *Prince Albert, Express, Caractacus*. Demi-hâtifs : Pois *Michaux de Hollande, Michaux ordinaire*. 2° Saison : Pois *Clamart hâtif*, de Clamart.

Demi-nains, demi-hâtifs : Pois *nain Bishop, nain ordinaire*. 2° Saison : Pois *nain vert gros, nain vert Impérial, ridé nain vert*.

Nains hâtifs : Pois *nain très hâtif d'Annonay, serpette nain vert*.

*Culture en grand pour la récolte du grain sec.* — Dans certaines régions, plusieurs variétés, principalement les Pois *nain vert gros*, *nain vert Impérial* et *vert de Noyon*, sont cultivés en grand pour le grain sec en vue de la fabrication des Pois cassés et des farines à purée.

Dans ce but, le semis en est fait de bonne heure sur labour d'automne ; après le semis, il convient de herser, puis de resserrer la terre pour obtenir une levée uniforme. Les Pois sont soutenus avec des branchages ou encore avec des cordes de paille, ou du fil de fer galvanisé. On peut obtenir ainsi de 20 à 45 hectolitres de grain sec et 20 à 40 quintaux de tiges et feuilles sèches à l'hectare.

**Composition. Valeur alimentaire et exigences.** — *Valeur alimentaire.* — Les grains des Pois constituent un aliment extrêmement nutritif, pouvant rivaliser avec les Haricots, pour, dans une certaine mesure, tenir lieu de la viande dans l'alimentation humaine. On sait, du reste, de quelle ressource les saucisses de Pois ont été pour l'armée allemande durant la dernière guerre contre nous ; il nous semble que, dans notre pays, on néglige trop un aliment aussi économique et aussi précieux. Toutefois, la farine ne peut en être employée avantageusement avec celle du froment, ce mélange produisant un pain dur et sec.

Les grains de Pois renferment une proportion élevée de matières hydro-carbonées (amidon ou fécule) de 53 p. 100, et de 22 p. 100 de protéine assimilable ; la somme des principes nutritifs digestibles qu'ils contiennent est de 76,5 p. 100, assez voisine de celle du blé, qui est de 80 p. 100.

*Composition et exigences.* — Les Pois exigent une terre forte et fraîche, une bonne exposition et un climat plutôt humide. Toutes les variétés redoutent également un terrain ombragé ; elles demandent, pour bien se développer, une exposition découverte, le défaut d'air et de lumière nuisant énormément à la fructification de la plante.

D'après de nombreuses analyses effectuées dans notre laboratoire, il ressort que 100 grammes de matière verte contiennent de 70 à 80 p. 100 d'eau et 1,6 à 2,7 de cendres. Cette proportion d'eau de 80 p. 100 au moment de la floraison va en diminuant progressivement jusqu'à la complète maturité, où elle n'est plus que de 16 à 17 p. 100. La proportion de cendres, de 1,5 au début de la floraison, est de 2,5 à 2,6 au moment du complet développement des cosses, et de 7 p. 100 à l'état sec.

La composition des cendres ramenées au p. 100 de matières vertes nous indique que ces plantes sont particulièrement exigeantes en potasse, qui est leur dominante, puis en chaux.

Composition de 100 grammes de matière verte.

| MATIÈRES soumises à l'analyse. | EAU | AZOTE | CENDRES | ACIDE phosphorique. | POTASSE | SOUDE | CHAUX | MAGNÉSIE |
|---|---|---|---|---|---|---|---|---|
| **1° Plantes.** | | | | | | | | |
| Pois *Orgueil du Marché*.. | 80,34 | 0,464 | 1,828 | 0,091 | 0,393 | 0,009 | 0,521 | Traces. |
| Pois nain *Mangetout*... | 70,95 | 0,522 | 2,643 | 0,090 | 0,585 | 0,004 | 0,833 | » |
| Pois *Caractacus*..... | 73,34 | 0,383 | 2,117 | 0,085 | 0,387 | 0,004 | 0,549 | 0,006 |
| Pois *Corne de Bélier*... | 76,34 | 0,414 | 1,667 | 0,084 | 0,302 | 0,006 | 0,484 | Traces. |
| **2° Gousses.** | | | | | | | | |
| Pois *Orgueil du Marché*. | 85,90 | 0,380 | 0,812 | 0,085 | 0,224 | 0,001 | 0,134 | » |
| Pois *Caractacus*..... | 84 | 0,319 | 0,938 | 0,098 | 0,217 | 0,002 | 0,272 | » |
| **3° Fruits.** | | | | | | | | |
| Pois *Orgueil du Marché*.. | 82,80 | 0,546 | 0,746 | 0,216 | 0,302 | 0,041 | 0,017 | » |
| Pois *Caractacus*..... | 79,70 | 0,565 | 0,909 | 0,282 | 0,369 | 0,040 | 0,022 | » |

D'après le tableau précédent, 100 grammes de plante verte renferment donc en moyenne de 0,3 à 0,4 p. 100 de potasse et de 0,5 à 0,6 p. 100 de chaux.

Voyons maintenant quelle est la quantité d'engrais enlevée au sol par une récolte de Pois par are. Le poids de matière verte produite étant excessivement variable avec l'année et la variété employée, il ne nous est pas possible d'aborder la question d'une façon générale; nous nous bornerons à un ou deux exemples pour bien fixer les idées à ce sujet.

Dans de nombreux essais portant principalement sur les Pois *Caractacus* et *Orgueil du Marché*, nous avons obtenu en moyenne, comme rendement en matière verte à l'are, 260 kilogrammes pour le premier et 360 kilogrammes pour le second. En adoptant ces chiffres moyens, les quantités d'éléments fertilisants enlevées au sol par ces deux variétés sur un are sont les suivantes :

| | AZOTE | ACIDE phosphorique. | POTASSE | CHAUX |
|---|---|---|---|---|
| Pois *Orgueil du Marché* . | 1k670 | 0k327 | 1k414 | 1k875 |
| Pois *Caractacus*..... | 0 957 | 0 212 | 0 967 | 1 372 |

Doit-on, d'après cela, restituer intégralement les éléments ainsi enlevés au sol? Non, car il faut tenir compte de la richesse du sol en ces éléments, et de ce fait que les Pois sont des plantes améliorantes, susceptibles de fixer à l'aide de leurs nodosités radiculaires l'azote libre de l'atmosphère; d'ailleurs, une proportion trop élevée de ce dernier détermine un développement foliacé exhubérant au détriment des cosses. Il ne faut pas, pour cette même raison, semer les Pois sur récente fumure; ils ne doivent être cultivés dans ce cas qu'en seconde récolte.

D'une façon générale, on pourra employer avec avantage, dans des terres de fertilité moyenne, 1 kilogramme à 1 kil. 500 de nitrate de soude à l'are, 3 kilogrammes de superphosphate de chaux, 1 kilogramme de chlorure de potassium, 2 kilogrammes de sulfate de chaux. Il ne nous est pas possible d'indiquer des formules absolues, la fumure devant être modifiée suivant la composition du sol et la variété employée.

*Maladies et animaux nuisibles.* — Les principaux ennemis des cultures de Pois sont : les mulots et campagnols; parmi les insectes : les sitones et la bruche du Pois; enfin, parmi les Champignons inférieurs, l'oïdium des Pois et la rouille des Pois.

Pour combattre ces divers parasites et ennemis, il est bon d'appliquer les traitements préventifs suivants : 1° immerger la semence pour détruire la bruche et supprimer les grains légers; 2° ne pas faire revenir une culture de Pois sur le même terrain avant trois ans au moins; 3° toujours brûler les fanes pour détruire les spores des Champignons parasites ou les larves et insectes qu'elles peuvent renfermer.

# NEUVIÈME QUESTION

## MONOGRAPHIE HORTICOLE D'UN SEUL GENRE DE PLANTES

### (AU CHOIX DE L'AUTEUR)

**MONOGRAPHIE BOTANICO-HORTICOLE DU GENRE *EREMURUS***

par M. S. MOTTET

CHEF DES CULTURES EXPÉRIMENTALES DE LA MAISON VILMORIN-ANDRIEUX ET Cⁱᵉ

---

### I. — PARTIE DESCRIPTIVE

Le genre *Eremurus* (de *eremos*, solitaire, et *oura*, queue ; allusion aux fleurs réunies en long épi unique) a été créé en 1818, par M. Bieberstein (1), sur une espèce, l'*E. spectabilis*, la plus largement dispersée à l'état spontané.

Ce genre, qui appartient à la famille des Liliacées, tribu des Asphodélées, a pour voisins, d'une part les *Asphodelus* Linn., qui en diffèrent par l'inflorescence souvent ramifiée, par les divisions du périanthe soudées à la base, par les étamines à filets élargis inférieurement, enfin par le stigmate trilobé. D'autre part, le petit genre *Selonia* Regel est extrêmement voisin des *Eremurus*, puisqu'il n'en diffère que par les trois divisions externes du périanthe, qui sont de texture épaisse, sépaloïde, tandis que les trois internes sont minces et pétaloïdes.

On connaît aujourd'hui environ trente espèces d'*Eremurus*, dont la moitié sont ou ont été introduites dans les cultures. Toutes ont l'Asie pour patrie commune, abondant surtout en Perse, Turkestan, Boukharie, Afghanistan ; quelques-unes s'étendant jusqu'à la Sibérie, en Asie Mineure et au mont Liban.

Dès 1842, le genre fut scindé en deux (*Ammolirion* et *Henningia*), par Karelin et Kirilow (2), fondant leurs différences sur le nombre des nervures des divisions externes du périanthe et sur la longueur des étamines relativement à celui-ci. Tous les botanistes, et en particulier M. Regel, ont admis la valeur de ces caractères, mais réduit les deux genres à l'état de sections. M. Baker (3) a en outre séparé des *Ammolirion* les espèces à étamines

---

(1) *Cent. Pl. Ross.*, t. LXI, 1818.
(2) *Bull. Soc. Nat. Moscou*, 1842, p. 515.
(3) *Journ. Linn. Soc.* 1877, p. 280.

longuement saillantes, pour en faire la section des *Eremurus vrais*. Enfin, M. Micheli a proposé (1) de grouper les espèces d'après la position étalée ou dressée des pédicelles à la fructification. Ce caractère a une valeur taxonomique incontestable si on envisage des types extrêmes, tels, par exemple, les *E. spectabilis*, à pédicelles dressés et *E. robustus* à pédi-

Fig. 20. — *Eremurus robustus* (A).

celles étalés à la fructification et qui appartiennent aux deux sections préci-tées. Mais, si on examine la totalité des espèces du genre, on voit que ce caractère se présente plus ou moins nettement dans les deux sections

---

(A) Cliché obligeamment prêté par la maison Vilmorin-Andrieux et Cie.

(1) *Le Jardin du Crest*, 1896, p. 176.

Les *Eremurus* étant jusqu'ici peu et mal connus en horticulture, les descriptions rares et souvent imparfaites dans les publications horticoles, nous avons cru devoir donner une certaine importance à la partie botanique, et en particulier aux

et y passe par des degrés intermédiaires qui en rendent parfois l'appréciation incertaine. Cependant, chez les espèces de la section *Ammolirion*, les pédicelles sont appliqués ou dressés, tandis que chez celles de la section *Henningia*, ils restent étalés ou simplement ascendants. Pour nous exprimer plus précisément, disons que leur inclinaison est au-dessus de 45 degrés dans la première, et au-dessous dans la deuxième. Il y a donc lieu de considérer ce caractère comme complémentaire de ceux sur lesquels ont été fondées ces deux sections, c'est-à-dire le nombre des nervures des divisions externes et la longueur des étamines. Sans en avoir la fixité, il offre cet avantage d'être facilement vérifiable sur les plantes en cultures, tandis qu'il est au contraire difficile à observer sur les échantillons d'herbier, soit que les pédicelles n'aient pas conservé leur position normale, soit que les fruits y fassent défaut. Le nombre des nervures des divisions y est au contraire presque toujours observable, et avec certitude ; il convient donc mieux aux botanistes.

Quelques classifications des espèces du genre ont été publiées. La première par Edouard Regel, en 1873 (1), comprenant 10 espèces ; la deuxième par M. Baker, en 1877 (2), comprenant 18 espèces ; la troisième par Boissier, en 1884 (3), comprenant 16 espèces ; enfin la section *Henningia*, qui s'était notablement accrue depuis la première revision, a été complétée et reclassée par E. Regel, en 1884 (4), avec 17 espèces.

Tandis que M. Regel tire ses caractères divisionnaires des feuilles, des pédicelles articulées ou non et des bractées glabres ou velues, M. Baker adopte, comme premier moyen de classement, la longueur des étamines relativement au périanthe, puis les caractères que fournissent les bractées et les pédicelles, enfin la couleur des fleurs.

C'est à l'aide de l'ensemble des caractères dont nous avons établi plus haut la valeur, que nous avons dressé le tableau synoptique suivant. Il comprend

---

descriptions des espèces, que nous avons puisées à la source même de leurs auteurs. Cela, afin de permettre aux personnes qui en possèdent de les déterminer correctement, et aux auteurs d'en vérifier et compléter les descriptions. C'est dans ces mêmes intentions et pour éviter de longues et pénibles recherches, que nous avons donné les descriptions des espèces non encore introduites, aussi bien que de celles existant dans les cultures. Les régions où ces plantes croissent spontanément sont assez ouvertes aux explorateurs pour permettre d'espérer que la plupart seront introduites dans les cultures dans un jour prochain. Les espèces existant ou ayant déjà existé dans les cultures sont, en outre de la date de leur introduction, précédées d'un astérisque.

Depuis la présentation de ce mémoire au Congrès de 1901, M. Micheli, de Genève, qui, depuis longtemps cultive et étudie ces belles plantes, a eu l'obligeance de lire les épreuves et de nous communiquer diverses observations, dont nous avons naturellement fait bénéficier le présent texte. (S. M.)

(1) *Gartenflora*, 1873, p. 257-260.
(2) *Journal of the Linnean Society*, 1877, p. 280.
(3) *Flora orientalis*, vol. V, p. 323.
(4) *Acta. Hort. Petropolit.* vol. VIII, 1884, p. 668.

toutes les espèces actuellement connues. La longueur des étamines, la position des pédicelles, la couleur des fleurs étant les caractères les plus facilement vérifiables sur les plantes vivantes, sont ceux auxquels nous avons accordé la préférence.

## Sect. I. — AMMOLIRION

Divisions externes du périanthe pourvues à la base de trois à cinq nervures, les internes uninervées ; étamines développées une à trois fois plus longues que les divisions ; pédicelles dressés ou appliqués à la fructification.

Capsule appliquée contre l'axe, à valves ridées.

Fleurs jaunes : *E. spectabilis.*

Fleurs blanches : *E. tauricus.*

Fleurs pourpres : *E. turkestanicus.*

Capsule dressée, à valves lisses.

Pédicelles non articulés.

Fleurs blanches : *E. inderiensis.*

Fleurs jaunes : *E. bachtiaricus.*

Pédicelles articulés.

Fleurs blanches : *E. cappadocicus, E. stenophyllus.*

Fleurs jaunes : *E. altaicus.*

## Sect. II. — HENNINGIA

Divisions du périanthe toutes univervées ; étamines plus courtes, égales ou parfois plus longues que les divisions ; pédicelles étalés ou ascendants à la fructification.

Etamines développées plus courtes que les divisions.

Pédicelles ascendants.

Fleurs blanches : *E. anisopterus.*

Fleurs jaunes : *E. luteus.*

Fleurs roses : *E. Alberti, E. Aitchisoni.*

Pédicelles étalés.

Fleurs blanches : *E. bucharicus, E. persicus.*

Fleurs jaunes : *E. Suworowi.*

Etamines développées égalant les divisions.

Pédicelles ascendants.

Fleurs blanches : *E. pauciflorus.*

Fleurs blanc et jaune : *E. albo-citrinus.*

Fleurs roses : *E. Aucherianus.*

Pédicelles étalés.

Fleurs blanches : *E. himalaicus, E. Griffithii, E. Stocksii, E. angustifolius.*

Fleurs roses : *E. robustus, E. Elwesii, E. Olgæ, E. Korolkowi.*
Fleurs jaunes : *E. Kaufmanni, E. Capusi.*
Etamines développées plus longues que les divisions.
Fleurs jaunes : *E. Bungei, E. aurantiacus.*

**Eremurus** M. Bieb. (l. c.). — Plantes vivaces, à racines fasciculées, simples, renflées, tuberculeuses, obliques ou parfois horizontales, insérées autour d'un bourgeon central entouré de fibres plus ou moins abondantes, résultant de la détérioration des anciennes feuilles. Feuilles annuelles (toujours?), toutes radicales, disparaissant avec la hampe, parfois avant, élargies, embrassantes et scarieuses à la base, puis brusquement linéaires, rubanées, triquètres ou carénées sur le dos, glabres ou très rarement pubescentes et présentant généralement sur les bords et sur la carène des petites dents scarieuses et rétrorses. Hampe toujours simple et nue, arrondie, de hauteur très variable, portant une grappe simple plus ou moins longue et fournie de fleurs solitaires, insérées sur des pédicelles dressés ou étalés, plus ou moins longs, continus ou articulés au-dessous du sommet et accompagnés à la base de bractées scarieuses, linéaires ou lancéolées, plus courtes ou parfois plus longues qu'eux et glabres ou velues-ciliées sur les bords. Périanthe infère, à six divisions bisériées, sub-égales, libres jusqu'à la base, étalées ou obliques, parfois incurvées supérieurement après l'anthèse, persistantes chez les fleurs fécondées, caduques chez celles stériles ; les trois divisions externes tantôt à une seule nervure médiane, tantôt à 3-5 nervures à la base, puis conniventes supérieurement en une seule ; divisions internes toujours uninervées ; étamines six, infères, à filets filiformes sur toute leur longueur, plus courts, égalant ou dépassant parfois longuement le périanthe, à anthères oblongues, biloculaires, insérées au-dessus de leur base sur le filet et déhiscentes d'abord au sommet, puis longitudinalement. Ovaire à trois loges, contenant chacune quatre-six ovules et surmonté d'un style simple, mobile, égalant ou dépassant peu les divisions et à stigmate simple et punctiforme. Fécondation protéranthe ; dès l'épanouissement, le style s'incline fortement vers le bas et reste dans cette position jusqu'à ce que les étamines aient répandu leur pollen, soit jusqu'au lendemain, soit jusqu'au surlendemain ; il se redresse ensuite pour recevoir et être fécondé par celui des étamines des fleurs supérieures. Floraison printanière, coloris blanc, jaune, rose ou pourpre. Le fruit est une capsule trigone ou sub-globuleuse, déhiscenté en trois valves membraneuses, lisses ou parfois nervées et réticulées transversalement. Graines anguleuses ou triangulaires, grises ou brunes, parfois veinées, nues ou bordées d'une aile papyracée, plus ou moins large.

### Sect. I. — AMMOLIRION

**E. tauricus** Stev. (*Bull. soc. nat. Moscou*, IV (1832), p. 253). — Feuilles vert gai, rubanées, de 50 centimètres de long et de 2 à 4 centimètres de large, lisses ou rudes sur les bords. Hampe de 60 centimètres de haut, droite; grappe de 30 à 45 centimètres de long, large de 5 centimètres; bractées lancéolées, longuement cuspidées, égalant les pédicelles; ceux-ci non articulés, arqués, puis dressés à la fructification. *Fleurs blanches*, campanulées, à divisions lancéolées, de 15 millimètres de long; étamines deux fois plus longues que le périanthe. Style long de 15 à 20 millimètres. Capsule grosse, mucronée au sommet, à valves rugueuses; graines grosses, maculées de noir. Tauride, Perse, Turkestan, etc. Non introduit.

*\* **E. spectabilis**, M. Bieb. (*Cent. Pl. Ross.* 11, (1818) tab. 61). — *E. caucasicus* Stev.; *E. sibiricus* Weinm.; *E. tauricus* Weinm.; *E. libanoticus* Boiss. — *Sweet, Brit.*

*Flow. Gard.*, tab. 188; *Bot. Mag.*, tab. 4870. — Souche à racines courtes, obliques. Feuilles de 30 à 45 centimètres de long et 2 à 3 centimètres de large, glauques et glabres ou rudes sur les bords. Hampe mince, flexible, de 50 à 75 centimètres de haut; grappe 40 à 60 centimètres de long, dense, à pédicelles de 15 à 25 millimètres de long, non articulés, d'abord arqués en dehors, puis dressés et appliqués à la fructification; bractées linéaires, subulées, égalant ces derniers; *Fleurs jaune clair*, petites et de peu d'effet, campanulées, larges de 15 à 18 millimètres, à divisions externes trinervées à la base, toutes infléchies au sommet et persistantes après la floraison; étamines à filets deux ou trois fois plus longs que le périanthe. Capsule globuleuse, mucronée, à valves nervées et plissées transversalement; graines triquètres, foncées et ailées. Largement dispersé en Asie Mineure, Caucase, Syrie, etc., jusqu'au Liban. Introduit en cultures en 1800. Fleurit vers la mi-mai.

Espèce typique, la plus anciennement connue et cultivée, mais peu brillante au point de vue décoratif. Les variétés suivantes ont été décrites : *typicus* Regel; *intermedius* Regel; *tauricus* Lallem.; *variegatus* Lallem. (fleurs blanches.)

**E. inderiensis** Regel. (*Gartenfl.*, 1873, p. 259.) — *E. spectabilis*, var. *inderiensis* M. Bieb.; *Ammolirion Steveni* Kar. et Kir.; *Asphodelus inderiensis* Stev. — Feuilles rubanées, de 15 à 30 centimètres de long et 10 à 15 millimètres de large, à bords scabres et faces glabres ou pubérulentes. Hampe de 50 à 60 centimètres de haut; grappe compacte, de 15 à 20 centimètres de long; pédicelles non articulés, épais, dressés, de 1 à 2 centimètres de long; bractées lancéolées, plus courtes qu'eux et distinctement ciliées. *Fleurs blanches*, nervées brun, larges de 2 centimètres, à divisions lancéolées, obtuses; les externes trinervées; étamines une fois plus longues que le périanthe; style distinctement saillant. Capsule globuleuse, à valves transversalement nervées, mais lisses. Habite la Sibérie et le Turkestan. Non introduit.

**E. bachtiaricus** Boiss. (*Fl. Orient.*, vol. V, p. 323.) — Feuilles de 20 à 25 centimètres de long et 8 à 12 millimètres de large, glauques, pubescentes, aiguës. Hampe courte, grappe dense, pédicelles dressés, non articulés; bractées lancéolées, acuminées, à bords ciliés et égalant les pédicelles. *Fleurs jaunes*, campanulées, de 12 à 15 millimètres de long, à divisions linéaires-oblongues; les externes trinervées à la base; étamines une fois et demie plus longues que les divisions. Orient. Espèce imparfaitement connue, non introduite.

\* **E. turkestanicus** Regel. (*Gartenfl.*, 1880, p. 260, tab. 997.) — Feuilles linéaires, glabres, à bords lisses, de 30 centimètres de long et 6 millimètres de large. Grappe allongée, dense, de 30 centimètres de long; pédicelles non articulés, dressés, de 25 millimètres de long, épaissis au sommet; bractées élargies à la base, puis filiformes, ciliées et égalant les pédicelles. *Fleurs* de 10 à 12 millimètres de diamètre, à divisions étalées-dressées, *brun-roux* au *centre et distinctement marginées de blanc*, involutées supérieurement après la floraison; les externes à 3-5 nervures à la base; étamines longuement saillantes. Capsule dressée, à valves ridées. Turkestan. Introduit en 1879. Fleurit en mai.

**E. cappadocicus** J. Gay (ex-Baker, *Journ. Linn.*, Soc. XV, (1877) p. 281). — *Asphodelus glaucus* Aucher Eloy. — Feuilles glauques, de 18 à 20 centimètres de long et 4 à 5 millimètres de large, fermes et à bords rudes. Hampe de 30 centimètres, pubérulente; grappe de 15 centimètres, compacte; pédicelles filiformes, articulés, de 8 à 12 millimètres de long, dressés; bractées subulées, égalant ces derniers. *Fleurs blanc terne*, à divisions connivantes, de 10 à 12 millimètres de long; ligulées, obtuses.

distinctement nervées de vert sur le dos. Étamines plus longues que le périanthe, Asie Mineure. Non introduit.

**E. stenophyllus** Baker. (*Journ. Linn. Soc.* XV (1877), p. 281). — *Ammolirion stenophyllum*, Boiss. et Buhse. — Souche à collet fortement fibrilleux. Feuilles subtriquètres, presque aiguës, glauques, de 12 à 15 centimètres de long et 5 millimètres, de large. Hampe de 45 centimètres ; grappe assez dense, de 8 à 12 centimètres de long ; bractées subulées, deux fois plus longues que les pédicelles ; fleurs de 1 centimètre de long ; étamines à filets une fois et demie plus longs que les segments Capsule pisiforme. Nord de la Perse. Non introduit.

**'E. altaicus** Stev. (*Bull. Soc. nat. Moscou,* IV (1832), p. 255). — *F. spectabilis* Ledeb. (non M. Bieb); *Asphodelus altaicus* Pallas. — Feuilles dressées, de 20 à 40 centimètres de long et 1 à 2 centimètres de large, à bords lisses ou légèrement rugueux. Hampe de 30 à 50 centimètres de haut, épaisse ; grappe de 20 à 40 centimètres de long, compacte dans le haut ; pédicelles dressés, articulés, de 15 à 20 millimètres de long ; bractées linéaires-subulées, ciliées, plus courtes qu'eux. *Fleurs petites, jaunes,* campanulées, à divisions de 1 centimètre de long et 4 millimètres de large, persistant sur le fruit ; les externes trinervées à la base ; étamines longuement saillantes ; style filiforme. Capsule globuleuse, lisse ; graines anguleuses et ailées. Habite le Turkestan, la Songarie, les monts Altaï. Introduit en (?). Fleurit en juin.

### Sect. II. — HENNINGIA

**E. anisopterus** Regel. (*Gartenfl.,* 1873, p. 260). — *Henningia anisoptera* Kar. et Kir. — Feuilles linéaires, de 30 à 40 centimètres de long et 5 à 10 millimètres de large. Hampe de 30 à 50 centimètres de haut ; grappe lâche, de 25 centimètres de long ; pédicelles non articulés, ascendants, de 2,5 à 3 centimètres de long ; bractées membraneuses, réfléchies, de 8 à 12 millimètres de long. *Fleurs blanches,* campanulées, à divisions oblongues, de 15 millimètres de long, distinctement carénées et fauves sur le dos. Étamines de moitié plus courtes que le périanthe. Style longuement exsert. Capsule globuleuse, grosse ; graines anguleuses et distinctement ailées. Habite la Soongarie et le Turkestan. Non introduit.

**E. luteus** Baker. (*Journ. Bot.,* 1879, p. 17). — Feuilles nombreuses, linéaires, aiguës, glabres, dressées, de 20 à 30 centimètres de long et 4 à 5 millimètres de large, canaliculées et finement ciliées sur les bords. Hampe de 30 centimètres de haut, portant quelques bractées stériles ; grappe dense, de 10 à 15 centimètres de long ; pédicelles étalés, articulés, de 12 à 15 millimètres de long ; bractées lancéolées, acuminées, fortement ciliées, égalant ou dépassant peu les pédicelles. *Fleurs jaune vif,* à divisions oblongues, réfléchies, de 15 millimètres de long, à nervure brune ; étamines plus courtes que le périanthe, à anthères jaune vif. Style courtement exsert. Perse. Non introduit.

**E. Alberti** Regel. (*Acta Hort. Petrop.,* vol. VIII (1884), p. 668, fig. *k-r*). — Feuilles nombreuses, linéaires-lancéolées, planes, glabres, de 30 à 40 centimètres de long et 8 à 15 millimètres de large. Hampe dressée, anguleuse, égalant les feuilles ; grappe dense, de 20 centimètres de long ; pédicelles dressés, de 1 à 2 centimètres de long ; bractées lancéolées, filiformes au sommet, velues-ciliées, à nervure verte et une fois et demie plus longues que les fleurs. *Fleurs roses,* à nervure médiane très pourpre ; divisions oblongues-lancéolées, de 15 à 18 millimètres ; étamines plus courtes que le périanthe ; style égalant ce dernier. Asie centrale. Non introduit.

\* **E. Aitchisoni** Baker. (*Journ. Linn. Soc.*, XVIII (1881), p. 102). — Feuilles linéaires ou lancéolées, de 45 centimètres de long et 15 à 20 millimètres de large, glabres et fistuleuses. Hampe droite, de 1ᵐ20 à 1ᵐ50 de haut, grappe dense, de 30 à 40 centimètres de long ; pédicelles étalés, dressés, de 2 à 4 centimètres de long ; bractées grandes, linéaires, subulées, à nervure brune et à bords ciliés. *Fleurs rouge pâle*, à divisions oblancéolées, obtuses, nervées brun ; étamines déclinées, un peu plus courtes que le périanthe, à anthères jaunes ; style longuement exsert. Capsule globuleuse. Afghanistan. Introduit en (?). Belle espèce voisine de l'*E. robustus*.

\* **E. bucharicus** Regel. (*Acta Hort. Petrop.*, VIII (1884), p. 670, tab. 20, fig. *l-u*). — *Gartenflora*, 1890, tab. 1315. — Feuilles linéaires, carénées, glauques, scabres sur les bords. Hampe courte, arrondie, glabre, de 40 centimètres de haut ; grappe lâche, de 40 à 50 centimètres de long ; pédicelles étalés horizontalement, de 2,5 à 3 centimètres de long ; bractées filiformes, n'atteignant que le tiers de ces derniers. *Fleurs blanches ou rosées*, à nervures médianes rouges ; divisions externes lancéolées, de 15 millimètres de long ; les internes du double plus large ; étamines un peu plus courtes que le périanthe. Boukharie occidentale. Introduit vers 1890. Belle et rare espèce.

\* **E. persicus** Boiss. (*Diagn.*, ser. I, VII, p. 191). — *E. pauciflorus* Baker ; *E. velutinus* Boiss. et Buhse ; *Asphodelus persicus* Jaub. et Spach ; *Henningia persica* Regel. — Feuilles linéaires, dressées, de 30 centimètres de long et 8 à 15 millimètres de large, pubescentes. Hampe pubérulente, épaisse, de 50 centimètres de haut ; grappe de 15 à 30 centimètres de long, dense au sommet ; pédicelles ascendants, puis étalés, de 3 à 4 centimètres de long, articulés ; bractées lancéolées, blanches, à nervure pourpre, plus courtes que les pédicelles et finement ciliées. *Fleurs blanches* à nervures brunes : divisions oblongues, étalées, de 15 à 18 millimètres de long ; étamines distinctement plus courtes que le périanthe ; style décliné, de 10 à 12 millimètres de long. Capsule étalée, globuleuse, à valves lisses ; graines anguleuses et ailées. Perse, Afghanistan. Introduit en 1896.

**E. Suworowi** Regel. (*Acta Hort. Petrop.*, VIII (1884), p. 672, *tab.* VI, fig. *a-i*). — Feuilles linéaires, fistuleuses, de 30 à 40 centimètres de long et 5 à 7 millimètres de large, denticulées sur les bords. Hampe dressée, glabre, de 50 à 80 centimètres de haut ; grappe lâche, de 40 à 60 centimètres de long ; pédicelles grêles, étalés de 2,5 à 4 centimètres de long ; bractées linéaires, filiformes, velues-ciliées, d'un tiers plus courtes qu'eux. *Fleurs jaune pâle*, à nervures médianes fauves, devenant à la fin rougeâtres ; divisions oblongues-lancéolées, carénées, de 15 millimètres de long ; étamines plus courtes, à anthères oblongues. Style inclus. Boukhara ; Asie centrale. Non introduit.

**E. pauciflorus** Baker. (*Journ. Bot.* 1879, p. 17). — Feuilles de 30 centimètres de long, et 6 à 8 millimètres de large, dressées, fermes, canaliculées en dessus, et à bords finement ciliés. Hampe de 30 centimètres de haut, forte, dressée, pubescente ; grappe lâche et pauciflore, de 30 centimètres de long, sillonnée et pubescente ; pédicelles ascendants, de 6 à 12 millimètres de long, articulés au-dessous du sommet ; bractées lancéolées, pubescentes, à nervure brune. *Fleurs blanchâtres*, à nervures médianes brunes, tubuleuses ; divisions ligulées, de 12 millimètres de long ; étamines égalant le périanthe ; style exsert, de 18 millimètres de long. Capsule globuleuse. Habite la Perse. Non introduit.

**E. albo-citrinus** Baker. (*Jour. Bot.*, XVIII, (1879), p. 17. — Hampe forte, de

30 centimètres de haut, arrondie, glabre ; grappe atteignant à la fin 30 centimètres, dense ; pédicelles de 10 à 15 millimètres de long, articulés, étalés-dressés; bractées lancéolées, glabres, n'atteignant que le tiers de ces derniers. *Fleurs blanches*, avec le *centre jaune* et la nervure verte, à divisions oblongues, réfléchies, de 12 millimètres de long ; étamines égalant le périanthe; style décliné, de 15 millimètres de long. Capsule pisiforme. Perse. Non introduit.

**E. Aucherianus** Boiss. (Diagn. Ser. I, VIII, p. 120). — *Henningia Aucheriana* Boiss. — Feuilles ligulées, canaliculées, glabres, de 20 à 25 centimètres de long et 8 à 10 millimètres de large. Hampe arrondie, grêle, de 60 centimètres de haut; grappe dense, de 10 à 15 centimètres de long ; pédicelles non articulés, d'abord ascendants, de 5 à 8 millimètres de long; bractées subulées, un peu plus longues. *Fleurs rose pâle*, en entonnoir, à segments ligulés, obtus, de 12 à 15 millimètres de long, à nervures médianes fauves; étamines égalant le périanthe, à anthères oblongues; style courtement exsert. Capsule grosse, globuleuse, à valves lisses ; graines ailées. Perse. Non introduit. — M. Baker a décrit une variété *Bushei*, à fleurs jaunes.

\* **E. himalaicus** Baker. (*Journ. Linn. Soc.*, XV (1877), p. 283). — *Bot. Mag.*, tab. 7076. — Feuilles 9 à 12, lancéolées, aiguës, fermes, glabres, vert franc, de 40 à 60 centimètres de long et 3 à 6 centimètres de large, tomenteuses au sommet dans le jeune âge. Hampe arrondie, glabre, de 60 centimètres à 1 mètre de haut ; grappe dense, de 50 à 60 centimètres de long; pédicelles horizontaux, articulés au sommet, de 2,5 à 3,5 centimètres de long ; bractées membraneuses, linéaires, ciliées, de moitié plus courtes que les pédicelles. *Fleurs blanches*, grandes, à divisions étalées, oblongues, de 18 à 20 millimètres de long, distinctement nervées pourpre; étamines égalant le périanthe; style courtement exsert. Capsule globuleuse, à valves lisses et sutures concaves; graines triquètres et ailées. Himalaya. Introduit en 1881. — Fleurit vers la mi-mai. C'est une des plus belles espèces et des plus répandues.

**E. Stocksii** Baker. (*Journ. Linn. Soc.*, XV (1877), p. 283). — Feuilles de 30 centimètres de long et 8 à 10 millimètres de large, scabres sur les bords. Hampe de 50 à 60 centimètres de haut, pubérulente. Grappe dense, de 25 à 30 centimètres de long, à pédicelles de 2 à 3 centimètres de long, articulés et étalés à la fructification ; bractées subulées, plus courtes qu'eux. *Fleurs blanches* (?), à segments carénés de brun, de 12 à 15 millimètres de long; étamines égalant le périanthe. Capsule globuleuse, à valves lisses; graines triquètres, distinctement ailées. Béloutchistan. Non introduit.

**E. Griffithii** Baker. (*Journ. Linn. Soc.*, XV (1877), p. 283). — Feuilles d'environ 30 centimètres de long et 15 à 20 millimètres de large, linéaires, pubérulentes. Hampe arrondie, pubérulente ; grappe très dense, de 15 à 20 centimètres de haut; pédicelles étalés ou ascendants, articulés, de 15 à 18 millimètres de long ; bractées lancéolées, fortement ciliées, plus courtes qu'eux. *Fleurs blanches*, à divisions étalées, oblancéolées, de 18 à 20 millimètres de long, finement nervées brun ; étamines égalant à peu près le périanthe; style exsert. Afghanistan. Non introduit.

**E. angustifolius** Baker. (*Journ. Linn. Soc.*, XV (1877), p. 282). — *Henningia angustifolia*, J. Gay. — Feuilles de 4 centimètres de large, mais enroulées, élargies et engainantes à la base, pubérulentes sur les bords. Hampe de 60 centimètres de haut; grappe de 30 à 35 centimètres de long ; pédicelles inférieurs de 2,5 à 3 centimètres de long, étalés et articulés; bractées subulées, glabres, plus courtes qu'eux.

*Fleurs blanches*, à nervures brunes, divisions de 15 millimètres de long, oblongues, les internes plus larges ; étamines égalant à peu près le périanthe. Style décliné, exsert. Perse, Afghanistan. Non introduit.

* **E. robustus** Regel. (*Gartenfl.*, 1873, p. 257, tab. 769). *Bot. Mag.*, tab. 6726 ; *Garden*, 1886, part. II, tab. 529. — *Henningia robusta* Regel. — Souche formée d'une demi-douzaine de grosses racines charnues, souples, mais très cassantes, longues de 30 à 40 centimètres, étalées horizontalement en étoile ; collet courtement fibrilleux. Feuilles environ vingt, encore présentes à la floraison, longues de 80 centimètres à 1 mètre, larges de 6 à 8 centimètres, fortement carénées, presque triquètres, glauques, scabres sur les bords et la carène, réfléchies au-dessus du milieu. Hampe forte, ronde, droite, glauque, atteignant 2 à 3 mètres y compris l'inflorescence, parsemée de quelques bractées ; grappe portant plus de 400 fleurs, atteignant jusqu'à 1 mètre et plus de long ; pédicelles étalés, de 4 à 5 centimètres de long, non articulés ; bractées n'atteignant que le tiers des pédicelles, linéaires, membraneuses, ciliées, à la fin réfléchies. *Fleurs grandes, rose tendre*, à nervures médianes plus foncées ; divisions largement ovales, étalées en roue ; les externes plus larges, dressées après la fécondation ; étamines égalant les divisions ; style plus long qu'elles. Capsule grosse, globuleuse, déprimée, à valves lisses et graines anguleuses, courtement ailées. Habite la vallée de Sarawschansk, dans le Turkestan, à 3.000 mètres d'altitude. Introduit en 1870. Fleurit au commencement de juin. — C'est jusqu'ici la plus belle espèce du genre, et réellement une plante majestueuse, parfaitement rustique, mais peu multipliante, et susceptible de pourrir pendant l'hiver, lorsque la terre n'est pas très saine.

* **E. Elwesii** Leitch. ex. Micheli. (*Rev. Hort.* 1897, p. 280, *cum tab.*) — Feuilles vert franc, ovales-lancéolées, obtuses, tomenteuses au sommet, planes sur la face supérieure, carénées sur l'inférieure, à bords scabres, atteignant 1 mètre de long, 20 centimètres de large et 4 à 5 millimètres d'épaisseur, à nervures parallèles. Hampe forte, ronde, droite, atteignant jusqu'à 3 mètres de haut ; grappe très fournie, d'environ 1 mètre de long ; pédicelles étalés, de 4 à 5 centimètres de long ; bractées lancéolées, élargies à la base, à bords ciliés, réfléchies, égalant environ le tiers des pédicelles. *Fleurs rose tendre*, nervées pourpre, à divisions étalées, ovales ; les externes plus larges et obtuses ; étamines égalant les divisions. Capsule globuleuse, à valves lisses ; graines triquètres, étroitement ailées. Origine inconnue. Introduit fortuitement en cultures vers 1895, par M. Leichtlin, avec un lot d'*E. robustus*. — Très belle espèce, qui n'est peut-être qu'une variété de l'*E. himalaicus* ou un hybride, comme l'a indiqué M. Micheli (*l. c.*), naturel, de celui-ci avec l'*E. robustus*, dont il partage d'ailleurs tous les mérites décoratifs.

* **E. Olgæ** Regel. (*Act. Hort. Petrop.*, II, p. 430 ; VIII, p. 669 ; *Flora Turkest.*, p. 126, tab. II, fig. *a-c.*) — *Henningia Olgæ* Regel. — Feuilles étroites, linéaires, de 20 à 30 centimètres de long et 15 à 20 millimètres de large, glabres et à bords scabres. Hampe glabre, égalant à peu près les feuilles ; grappe dense, de 20 à 40 centimètres de long ; pédicelles étalés, articulés, de 3 à 4 centimètres de long ; bractées filiformes, glabres, scarieuses, deux ou trois fois plus courtes. *Fleurs blanches ou roses*, à nervures médianes pourpres, très apparentes ; divisions de 12 à 15 millimètres de long, étamines un peu plus longues que le périanthe. Capsule trigone. Habite le Turkestan, dans la vallée de Sarawschansk, à 2 à 3.000 mètres d'altitude. Introduit en 1881. — Très belle espèce, fleurissant en juillet, mais délicate et périssant facilement en hiver. — M. Regel a décrit quatre variétés : *typicus*, à fleurs blanches ;

*albidus*, à fleurs bien épanouies blanches ; *roseus*, à fleurs roses ; *roseus angustifolius*, à feuilles de 4 à 7 millimètres de large et fleurs rose pâle.

* **E. Korolkowi** Regel. (*Act. Hort. Petrop.* III (1875), p. 116.) — Feuilles glauques, entières ; hampe de 50 centimètres à 1ᵐ20 de haut ; grappe d'abord dense, puis lâche, de 5 à 25 centimètres de long ; pédicelles filiformes, non articulés ; bractées linéaires-lancéolées, hyalines, ciliées, plus longues ou égalant ces derniers. *Fleurs d'un beau rose, grandes*, à divisions étalées, dressées après la floraison. Capsule globuleuse. Turkestan. Introduit en (?). — Belle espèce ayant le port de l'*E. robustus*, mais plus naine et à feuilles trois fois plus étroites.

* **E. Kaufmanni** Regel. (*Act. Hort. Petrop.* 1879, p. 275). — *Gartenfl.*, 1873, p. 250. — Feuilles nombreuses, étroitement linéaires, pubescentes-incanes, de 20 à 25 centimètres de long et 8 à 15 millimètres de large. Hampe de 50 à 80 centimètres de haut, pubérulente à la base ; grappe de 30 à 40 centimètres de long, très fournie ; pédicelles étalés, non articulés, de 15 millimètres de long ; bractées linéaires-filiformes, velues-ciliées, égalant les pédicelles, ou un peu plus courtes qu'eux. *Fleurs jaune soufre pâle* (ou blanches?), nervées brun, à divisions lancéolées, de 15 millimètres de long ; étamines égalant à peu près le périanthe. Habite le Turkestan. Introduit en (?). Fleurit en mai-juin. — Belle espèce à épi très compact.

**E. Capusi** Franch. (*Ann. Sc. nat.*, sér. VI, XVIII (1884), p. 260.) — Feuilles de 30 centimètres et plus de long, 4-6 millimètres de large, glaucescentes et scabres sur les bords. Hampe plus courte que les feuilles ; grappe lâche, allongée, pauciflore ; pédicelles de 2 à 5 centimètres de long, étalés ; bractées lancéolées, acuminées, ciliées, une ou deux fois plus courtes que les pédicelles. *Fleurs jaunes*, à divisions obovales-lancéolées, de 15 millimètres de long, à la fin réfléchies ; étamines égalant le périanthe. Capsule grosse, mucronulée, à valves lisses. Boukharie. Non introduit.

* **E. Bungei** Baker. (*Journ. Bot.*, XVII (1879), p. 17). — *Gartenfl.* 1884, p. 289, tab. 1168, fig. *a* ; *Garden*, 1886, part. II, 535. — Feuilles glauques, petites, linéaires, triquètres, concaves sur la face supérieure, raides, rudes sur les bords et sur la carène, longues de 40 à 60 cent., larges de 7 à 12 millimètres. Hampe de 70 à 80 centimètres, grappe compacte, de 40 centimètres de long ; pédicelles étalés ; bractées à peu près aussi longs qu'eux ; *Fleurs jaune vif*, nombreuses, petites, à divisions étroites ; étamines une fois plus longues que le périanthe, à anthères pourpres. Habite la Perse. Introduit vers 1884. Fleurit en mai-juin. — Il existe ; paraît-il, deux formes, l'une à floraison hâtive, l'autre tardive.

* **E. aurantiacus** Baker (*Journ. Bot.*, XII (1877), p. 285). — *Gartenflora*, 1884, p. 289, *tab.* 1168, fig. *b-h* ; *Bot. Mag.* tab. 7113. — Feuilles étroitement linéaires, dressées, de 30 centimètres de long et 5 à 8 millimètres de large, scabres sur les bords, sur la carène et sur les nervures du limbe. Hampe de 30 à 45 centimètres de haut ; grappe de 15 à 30 centimètres de long, à pédicelles étalés, de 2 centimètres de long, bractées lancéolées, aiguës, égalant ou de moitié plus courtes que ces derniers. *Fleurs jaune vif*, à nervures médianes brunes, à divisions étalées ou réfléchies, oblancéolées, de 12 à 15 millimètres de long ; étamines deux fois plus longues que le périanthe, à anthères pourpres (ou jaunes?). Capsule globuleuse ; graines triquètres, brunes, étroitement ailées. Habite l'Afghanistan. Introduit vers 1885.

Une certaine confusion règne sur la valeur spécifique de ces deux dernières espèces. M. Baker a réuni et indiqué l'*E. aurantiacus* comme synonyme de l'*E. Bungei*, disant même qu'il n'appartient pas au groupe *Henningia*, tandis que M. Regel admet postérieurement les deux plantes dans sa monographie du groupe *Henningia*, publiée en 1884. Si l'on se reporte à la planche du *Gartenflora*, 1884, et qu'elle soit exacte, on voit que les deux plantes sont, en effet, distinctes, au moins pour l'horticulture, l'*E. aurantiacus* ayant des fleurs d'un jaune moins vif, moins ouvertes, plus lâches et bien moins nombreuses sur la grappe, enfin des étamines saillantes chez tous les deux, mais à anthères jaunes dans celui-ci, tandis qu'elles sont pourpres chez l'*E. Bungei*.

## II. — PARTIE HORTICOLE

La connaissance et l'introduction de la première espèce d'*Eremurus* : l'*E. spectabilis*, remontant à un siècle déjà, on peut être surpris que ce genre doive encore être considéré comme relativement nouveau pour l'horticulture. Il en est cependant bien ainsi, car cette espèce et aussi l'*E. altaicus*, dont la connaissance date de 1832, n'ayant rien de particulièrement remarquable, ont été négligés par les amateurs et les écrivains horticoles. Ce n'est qu'en 1870, lorsque le bel *E. robustus* eut fait son apparition, que l'attention des horticulteurs et amateurs fut vivement sollicitée, et la plante, très recherchée dans les années suivantes, est devenue la mieux connue du genre. On peut donc considérer cette date comme celle du point de départ horticole des *Eremurus*. En 1881, deux belles espèces de la section *Henningia*, les *E. himalaicus* et *E. Olgæ*, firent leur apparition et furent bientôt suivies : en 1884, par les *E. aurantiacus* et *E. Bungei;* en 1890, par l'*E. bucharicus;* puis en 1895-1896 par les *E. Elwesii* et *E. persicus*, les derniers en date.

Si nous ajoutons à ces faits que le développement des *Eremurus* est très lent, puisqu'il faut quatre à six ans pour que des plants de semis acquièrent leur force florifère et le semis étant (sauf dédoublement accidentel) le seul moyen pratique de multiplication, on admettra que nous avons bien affaire à un genre nouveau.

Nous devons encore faire cette remarque intéressante que des quatorze espèces introduites, le plus grand nombre appartient à la section des *Henningia*, caractérisée par des fleurs généralement grandes et des coloris brillants. Trois seulement, les *E. spectabilis, E. altaicus* et *E. turkestanicus*, ont des fleurs petites et ternes, et encore celles de ce dernier sont-elles les plus foncées du genre et élégamment marginées de blanc. La série des espèces à introduire offre encore une belle marge au zèle des explorateurs, et celle des espèces nouvelles pour la botanique et l'horticulture nous réserve certainement une somme non moins grande d'intérêt futur, car le dernier mot de ce beau genre est bien loin, sans doute, d'être dit. Nous pourrions même signaler ici une espèce encore innomée, que M. Leitchlin, à qui l'on doit l'introduction de beaucoup d'espèces, considère comme nouvelle et une autre également innomée que possède M. Micheli, et qui serait, d'après lui, une forme d'*E. Olgæ* à feuilles étroites (*roseus angustifolia*) ou bien l'*E. angustifolius* Baker.

HYBRIDITÉ. — Quoique encore imparfaitement connue chez ce genre, l'hybridité a déjà été invoquée plusieurs fois, pour la détermination de quelques plantes paraissant intermédiaires entre deux autres et en particulier pour celle du bel *E. Elwesii*, proposé comme *himalaicus* × *robustus*; il a, en effet, le feuillage vert franc du premier et les fleurs roses du dernier. D'ailleurs, M. van Tubergen de Haarlem a élevé un hybride artificiel entre ces deux mêmes espèces, et qui, de l'avis de M. Micheli, qui l'a vu fleurir chez lui, a le feuillage plus intermédiaire entre ses parents que l'*E. Elwesii*. Enfin, l'*E. Warei*, dont les fleurs sont jaune soufre et le port celui de l'*E. robustus* (*ex.* Leichtlin), a été mentionné l'an dernier dans la presse anglaise, et est également considéré comme hybride.

Si l'on songe à la protérandrie des fleurs, au pollen pulvérulent et aux visites des abeilles et autres insectes, on admettra que la fécondation croisée est très facile chez les *Eremurus*, et l'on fera bien d'en tenir compte pour la détermination des plantes litigieuses d'introduction et des variations accidentelles qui pourront se présenter dans les cultures.

UTILISATION DÉCORATIVE. — Bien que les *Eremurus* soient jusqu'ici restés des plantes de collections, rares et placées aux meilleurs endroits, sans tenir compte de leur effet décoratif, il n'en est pas moins certain qu'ils peuvent dignement concourir à l'ornement pittoresque des jardins. Leur meilleur mode d'utilisation semble être d'en former des groupes de plusieurs sujets sur les points en perspective des pelouses, là où la nature du sol permet de les y employer avec chances de conservation. Sans doute, leurs superbes épis de fleurs, gigantesques chez quelques-uns, trouveraient un emploi facile et judicieux pour la confection des gerbes de fleurs et l'ornement des grands vases d'appartements, n'était que chaque plante ne produit qu'un ou rarement deux épis et que leur nombre n'est pas généralement encore suffisant pour qu'on puisse faire le sacrifice de les couper pour cet usage. Le grand nombre de fleurs que portent ces épis et leur floraison successive de bas en haut permettent de supposer qu'ils seraient de longue durée.

On a dit quelque part que les *Eremurus* ne pouvaient être cultivés en pots ou caisses. Le contraire nous semble être le cas, même pour les plus grandes espèces; car la maison Vilmorin a présenté à l'Exposition universelle de 1900, des *E. robustus* de très belle venue, cultivés deux à deux dans des caisses plates d'environ 75 centimètres de côté. Cette espèce ayant, à notre connaissance, les racines les plus longuement étendues, il est bien évident que celles qui les ont courtes et fasciculées peuvent l'être aussi dans des récipients beaucoup plus petits. Il a aussi été présenté, par M. Ferard, tout un groupe d'*E. spectabilis*, cultivés ou empotés pour cet usage.

CULTURE. — Les *Eremurus* paraissent entièrement rustiques sous le climat parisien ; du moins nous n'avons jamais vu ni entendu dire qu'ils gelaient. M. Cochet-Cochet nous a affirmé que chez lui, dans la Brie, plusieurs espèces, notamment les *E. robustus* et *E. himalaicus* avaient supporté, sans aucun abri, des froids de 15 degrés et n'en avaient nullement souffert. M. Micheli ne couvre pas ses plantes pour l'hiver, mais il prend soin de les abriter contre les pluies d'automne. La végétation des *Eremurus* étant très précoce, les bourgeons étant généralement sortis de terre à la mi-mars, il y a lieu, en effet, de les garantir, à ce moment surtout, contre des gelées, mêmes légères, qui risqueraient de roussir les feuilles et aussi le sommet de la grappe si elle se trouvait déjà découverte au moment des dernières petites gelées.

Toutes les bonnes terres de jardin conviennent aux *Eremurus*. Trop légères, elles manquent de fertilité et d'humidité nécessaire pendant la période de végétation, qui est très rapide, mais courte. Trop compactes ou argileuses, elles retiennent l'humidité pendant l'hiver, et exposent les souches à pourrir. C'est, en effet, à ce dernier point de vue qu'il faut surtout envisager la terre où on désire les cultiver, car les racines étant charnues et tendres, sont très sensibles à l'excès d'humidité pendant la première partie de l'hiver. Le sol ne saurait donc être trop sain. Nous pensons même qu'il y a avantage, lors de la plantation, à entourer la souche et surtout le collet de quelques poignées de sable.

Une particularité fort intéressante, relative à la souche, et qui ne paraît pas avoir été mentionnée jusqu'ici, est celle du *renouvellement annuel des grosses racines* tuberculeuses. Pendant le cours de la végétation, celles-ci se vident en effet et laissent, au-dessous de la souche nouvellement formée, leur écorce brunie et plus ou moins décomposée. Nous avons pu observer ce fait avec *toute certitude* sur deux espèces au moins, les *E. robustus* et *E. spectabilis*. Comme elles appartiennent à des sections différentes, il nous paraît très probable que ce renouvellement annuel des grosses racines doit être commun à toutes les espèces du genre.

Cette particularité indique clairement qu'il ne faut absolument pas déranger les plantes durant le cours de leur végétation, mais qu'on peut le faire au besoin chaque année, lorsque celle-ci est terminée, en prenant soin, toutefois, de ne pas casser les racines, qui sont extrêmement fragiles. Ce n'est pas toujours chose facile, surtout dans des terres fortes et pour les grandes espèces, telles que l'*E. robustus*, dont les racines s'étendent horizontalement à 50 ou 60 centimètres de chaque côté. Il semble cependant que la transplatation diminue les chances de floraison la première année.

Quoique apparemment en repos depuis juillet jusqu'en mars, époque à laquelle le bourgeon se montre à la surface du sol, la période de repos complet ne semble pas s'étendre au delà d'octobre. Plus tard, on voit en effet le bourgeon commencer à se développer et devenir progressivement plus visible et plus gros. C'est donc entre juillet et octobre seulement qu'il convient de transplanter les *Eremurus* et ce détail paraît avoir une réelle importance sur leur vigueur et leur conservation. C'est aussi durant cette période qu'il y a le plus lieu de les abriter contre les pluies.

La longueur des racines indique naturellement la distance à laquelle on doit les espacer, distance très variable d'une espèce à l'autre, et, en outre, selon l'âge de la plante. 1 mètre n'est pas trop pour les souches florifères de l'*E. robustus*, tandis que 40-50 centimètres peuvent suffire pour les petites espèces. Quant à la profondeur, elle doit être d'environ 10 centimètres.

La durée des souches d'*Eremurus* est certainement fort longue, et, tant qu'elles restent saines et vigoureuses, elles sont susceptibles de fleurir chaque année.

MULTIPLICATION. — Certaines espèces d'*Eremurus*, se propagent d'elles-mêmes, par prolifération de la souche en deux, trois ou plusieurs rosettes, plus ou moins entrelacées par leurs racines, mais parfaitement indépendantes, et pourvues chacune d'un bourgeon central. Il y a lieu de croire que cette division naturelle est commune à toutes les espèces, mais il est bien certain que les unes le font bien plus facilement que les autres. Les *E. spectabilis*, *E. Elwesii*, *E. Bungei* sont dans ce cas, tandis que les *E. robustus* et *E. himalaicus* prolifèrent très peu, à notre connaissance du moins. Lorsqu'une touffe a présenté une année deux ou plusieurs rosettes de feuilles, il n'y a qu'à séparer ces jeunes souches pendant la période de repos suivante, pour en former autant d'individus indépendants, qui, replantés au plus tôt, sont susceptibles de fleurir dès la deuxième année. C'est donc un moyen rapide de multiplication que l'on doit s'empresser de mettre à profit lorsqu'il se présente. Malheureusement, certaines espèces ne prolifèrent pas, ou peu, et nous n'avons trouvé jusqu'ici aucun moyen de les y solliciter.

Le semis est le mode réellement pratique de multiplication de ces belles plantes, sauf toutefois l'inconvénient que les plantes ainsi obtenues mettent plusieurs années à atteindre leur taille florifère, jusqu'à quatre-cinq ans et peut-être plus. Les plantes grainant généralement bien en culture, il est assez facile d'en récolter des graines ou de se procurer celles des espèces les plus répandues dans le commerce. Malheureusement, leur faculté germinatrice paraît être très courte, si courte même que conservées au sec et semées à froid au printemps suivant leur récolte, la levée en est extrêmement faible. Semées à froid peu de temps après leur maturité, ou au plus tard en octobre-novembre, la germination a lieu généralement durant février-mars. Le semis d'automne, sous châssis froid, est donc tout indiqué.

Nous devons toutefois faire remarquer que cette germination paraît être variable d'une espèce à l'autre, et en outre capricieuse. D'un semis de plusieurs espèces fait dans des conditions identiques l'*E. himalaicus* et *E. Elwesii* ont seuls très bien levé; les *E. spectabilis*, *E. robustus*, *E. Bungei*, *E. altaicus* n'ont donné que 4 à 6 p. 100 de germination. Les graines sont restées parfaitement saines avec un embryon bien formé, et semblent pouvoir lever ultérieurement. Les mêmes résultats de germination ont été obtenus par M. Cochet-

Cochet, avec les mêmes graines et dans des conditions très analogues. Mais voici qui est plus surprenant encore. Des graines d'*E. robustus* semées d'automne ayant parfaitement levé au printemps, un autre semis fut fait l'année suivante, avec des graines provenant des mêmes pieds et dans des conditions tout à fait semblables : elles n'ont donné cette fois que 4-5 pour 100 de germination au printemps, comme nous l'indiquons du reste plus haut. Le pourquoi est resté mystère ; sans doute quelque condition du milieu aura-t-elle été différente. Mais laquelle ? Il en est du reste ainsi pour beaucoup de semis de plantes les plus diverses, celles surtout qui sont encore typiques.

Les jeunes plantes restant la première année avec une seule feuille et ne formant qu'une racine de quelques centimètres et du volume d'un bout de grosse ficelle, nous conseillons de semer, selon la quantité de graines, soit à plein sol, soit de préférence dans des terrines profondes ou dans des pots, en plaçant les graines à 1-2 centimètres de distance et environ 1 centimètre de profondeur. Le semis ainsi fait, les plantules effectuent leur première année de végétation sans aucune transplantation. En août-septembre, les racines, qu'on retrouve toutes en criblant la terre, doivent être plantées en plein air, en planches, espacées seulement de 5 à 10 centimètres. Les plantes peuvent alors y rester deux ans, car, la première année, elles conservent encore, en partie au moins, leur feuille solitaire et leur racine simple. Ce n'est que lorsque celle-ci se ramifie et qu'on voit les plantes prendre de la force qu'il y a lieu de les transplanter à une distance proportionnée à leur grosseur, et cela toujours en automne et plus tôt même.

Bien que les plantes puissent supporter de grands froids, nous conseillons, pour les raisons indiquées plus haut, et surtout pour les jeunes plantes issues de semis, de les couvrir de fumier qui fertilisera en outre la terre pendant l'hiver. Si la couche en est épaisse, on aura soin, au printemps, de la réduire ou de l'écarter autour des plantes pour laisser les feuilles sortir librement.

# DIXIÈME QUESTION

## DE LA MEILLEURE INSTALLATION D'UN FRUITIER

par M. l'abbé OUVRAY

CURÉ DE SAINT-OUEN-VENDÔME (LOIR-ET-CHER)

———

Qu'est-ce qu'un fruitier? — C'est un local disposé et aménagé pour recevoir les fruits après leur cueillette

Quel est le but du fruitier? — Il est double : 1° conserver les fruits aussi beaux et aussi sains que possible, à l'abri des agents de décomposition; 2° retarder leur maturité, en prolongeant le plus possible leur maturation.

La meilleure installation d'un fruitier est donc celle qui répond à ces deux buts et qui les réalise le mieux.

Mais avant d'entrer dans les différents détails physiques et hygiéniques d'installation et de confortable, il importe de bien connaître la physiologie des fruits, depuis la formation jusqu'à la cueillette, et de bien préciser les différents agents, tant de maturation que de décomposition, car ce n'est que là que nous trouverons la clef du problème.

### LE FRUIT

On a dit, non sans raison, que toute plante qui porte une fleur destinée à donner des fruits ou des graines, *était une mère qui s'épuisait pour son enfant.*

En réalité, c'est tout ce qu'il y a de meilleur dans le végétal qui passe d'abord dans la fleur, puis, ensuite dans le fruit.

Voilà pourquoi il y a toujours dans les plantes un ralentissement de végétation et même un état de souffrance pendant que s'accomplit le phénomène de la fécondation.

En ce qui concerne les arbres fruitiers, aussitôt que le fruit est noué. la sève se porte vers lui, aussi grossit-il promptement.

A l'aide des stomates dont sa peau est couverte, il respire comme les feuilles et assimile comme elles, avec cette différence que pendant que les feuilles rendent à la plante la sève élaborée sur leur disque, lui, il garde tout et ne rend rien.

Aussi bien, rien n'épuise un arbre comme une année d'abondance.

Pendant cette période de formation, il absorbe l'acide carbonique et exhale l'oxygène, jusqu'à ce qu'il ait atteint son développement normal ; mais quand il est bien formé dans sa chair et sa constitution, il se produit en lui une transformation complète : il n'exhale plus l'oxygène, il l'absorbe ; il n'absorbe plus l'acide carbonique, il l'exhale. *C'est la période de maturation.*

C'est alors que tous les sucs élaborés sur les feuilles passent dans le fruit et lui donnent cette saveur, ce parfum qui caractérise chaque espèce.

Ce travail est d'autant plus actif que les radiations solaires sont plus chaudes et plus lumineuses. C'est donc, en résumé, *un travail d'oxydation.*

Si l'année est chaude, le sucre s'accumule dans les cellules intérieures et avance la maturité ; c'est ainsi que l'année dernière (1900) nos fruits d'hiver ont mûri plus d'un mois avant le temps.

Si au contraire l'année n'est pas ensoleillée, les fruits ont tellement d'acide carbonique dans leurs cellules, qu'ils n'arrivent que très tard à maturité.

Il faut maintenant distinguer entre les fruits d'été, d'automne, et ceux d'hiver.

On sait que les fruits d'été, et un peu ceux d'automne ont eu tendance à *blettir.* Celà vient de ce qu'ils arrivent à maturité, les premiers surtout, à une époque de l'année où la température est généralement élevée, et où l'oxydation est très active. Il en résulte une combustion hâtive des acides et principalement du tanin, et les fruits restent désarmés contre la fermentation alcoolique.

C'est aussi un fait connu que les fruits d'été, qui mûrissent sur l'arbre, perdent beaucoup de leurs qualités. Tout simplement parce que l'action solaire développe, outre mesure, leur parfum, qui est, lui aussi, brûlé comme le tanin.

Les fruits d'été demandent donc à être cueillis à l'avance, huit à dix jours ; ils veulent mûrir au fruitier, lentement, à l'abri du soleil, pour mieux conserver leur saveur, leur parfum et leur tanin.

Les fruits d'automne dix à quinze jours.

Les fruits d'hiver, au contraire, demandent à être cueillis le plus tard possible. Il faut les laisser bénéficier des derniers restes de sève et des derniers rayons de soleil, et ne les récolter que lorsqu'ils sont achevés, dans leur chair, leur constitution et leurs sucs. Ce n'est qu'à cette condition qu'ils restent tout l'hiver au fruitier, sans se rider.

Le D$^r$ Gerber a jeté une grande lumière sur la question qui nous occupe.

Il a démontré que l'acide malique des Pommes et des autres fruits était oxydé à une température beaucoup plus basse que, par exemple, l'acide citrique des Oranges et l'acide tartrique des Raisins. Voilà pourquoi les Poires et surtout les Pommes mûrissent sous des climats plus froids que les Raisins et les Oranges.

On peut donc cueillir les Poires et les Pommes en toute tranquillité avant maturité ; l'oxygène, au fruitier, malgré une basse température fera lentement son œuvre d'oxydation sur les éléments acides.

Mais, par contre, les Raisins devront être cueillis à maturité parfaite, parce que la température de cinq à six degrés du fruitier n'aurait aucune action comburante sur leur acidité. Et, ce qui prouve bien la grande importance du plus ou moins de chaleur au fruitier, pour avancer ou retarder la maturité, c'est que des fruits, par exemple des Raisins et des Oranges cueillis par le D<sup>r</sup> Gerber avant le temps, puis placés en lieu chaud, arrivaient à maturité complète.

Enfin le fruitier n'est pas seulement un lieu de maturation, c'est aussi un lieu de conservation des fruits ; or, les agents extérieurs de décomposition, les moisissures, les microbes sont légion : l'air en est rempli. La grande difficulté sera donc de concilier, à l'intérieur, l'hygiène avec les exigences de la maturation.

Tous ces principes posés, il va nous être facile d'installer le fruitier dans les meilleures conditions possibles. Il suffira, en deux mots, d'annihiler l'action des agents destructeurs, et de diminuer dans une large mesure celle des agents maturateurs et oxydants : la chaleur, la lumière et l'air.

Cette question comporte trois points :

1° Le local ; 2° l'hygiène intérieure ; 3° le mobilier et l'aménagement.

### 1° Local.

Il faut un local à l'abri du froid comme de la chaleur, parce que, comme nous allons le dire, l'idéal est une température égale, sans réaction, d'une moyenne de 5 à 6 degrés.

Les caves dans le roc, quand elles sont saines, remplissent admirablement ces conditions. A leur défaut, le cellier peut rendre de grands services.

Le fruitier au grenier est une faute ; il est trop exposé aux brusques variations du froid et de la chaleur.

Dans les appartements, toute chambre où il ne gèle pas, ou qu'on peut protéger contre le froid, suffisamment fraîche au printemps et à l'automne, peut aussi faire un bon fruitier.

### 2° Hygiène intérieure.

J'appelle *hygiène* les conditions intérieures, qui tout en soustrayant les fruits à une action trop comburante, les protègent contre les microbes et les moisissures de la pourriture.

Ces conditions, tout à la fois physiques et hygiéniques, sont :

1° *Une température basse* : 5, 6, 8 degrés tout au plus, car nous savons que c'est la chaleur qui accélère l'évaporation de l'acide carbonique.

2° *Une température égale*, car rien n'est mauvais comme le changement brusque et le passage sans transition du froid au chaud et du chaud au froid. Il en résulte une réaction dont les fruits souffrent comme nous-mêmes, et qui se manifeste par une altération de la peau, qui devient plus sensible aux moisissures

3° *Sinon la nuit au moins une demi-lumière*, car, comme nous l'avons vu, ce sont les radiations solaires chaudes et *lumineuses* qui hâtent la formation du sucre dans les fruits, et, d'un autre côté, la lumière favorise les fermentations microbiennes.

4° *Pas de renouvellement d'air*, car avec l'air c'est l'oxygène qui entre à flots dans le fruitier et accélère l'oxydation et la combustion de l'acide carbonique.

5° *Pas d'humidité*. L'humidité, en effet, est un milieu favorable aux microbes et engendre les moisissures.

C'est une des conditions les plus difficiles à obtenir, en raison de l'eau que dégagent les fruits. Voilà pourquoi beaucoup sont d'avis de profiter de toute belle journée ensoleillée pour aérer. Mais il est démontré et c'est, du reste, conforme aux principes, qu'il vaut mieux combattre l'humidité par quelques pierres de chaux dans des terrines ou du chlorure de calcium, que par l'aération, parce que, avec le renouvellement de l'air, on augmente la somme d'oxygène, on perd le bénéfice de l'acide carbonique dégagé par les fruits, et l'on se prive ainsi d'un *puissant antiseptique*.

Du reste rien n'empêche, pour assainir l'intérieur du fruitier, d'employer un purifiant quelconque, principalement de l'alcool en vases plats, comme on le fait à l'École nationale d'horticulture de Versailles, sur l'initiative de M. Nanot.

C'est la réunion de ces conditions physiques et hygiéniques qui constitue ce qu'on peut appeler le confortable, l'essence même du fruitier.

Mais, bien entendu, il faut joindre l'*asepsie* à l'*antisepsie;* c'est-à-dire n'apporter au fruitier que des fruits : Pommes, Poires, Raisins, parfaitement sains, cueillis à la main, par une belle journée ensoleillée, transportés avec précaution, pour éviter tout choc ou toute meurtrissure et bien *ressuyés*, c'est-à-dire, n'ayant pas traces d'humidité. Autrement on ferait entrer le loup dans la bergerie, les fruits seraient en *état de réceptivité*. Il faudra aussi désinfecter le fruitier lui-même avant de le remplir de nouveau, au lysol à l'acide phénique, ou au Crésyl-Jeyès, car il y a toujours quelques fruits pourris qui échappent à la surveillance et qui laissent, après eux, des germes mauvais et des quantités de spores ; il sera bon aussi de renouveler les papiers et toutes les matières qui ont servi à envelopper les fruits et à leur faire un lit.

## Mobilier de fruitier.

Il y a des fruitiers faits de toute pièce, en forme d'étagères, à claire-voie, qu'on place au milieu d'une chambre, autour desquels on peut circuler et qui peuvent même se démonter, à volonté, quand on n'en a plus besoin.

Ces genres de fruitiers n'ont qu'un défaut, c'est de coûter très cher.

La plupart des fruitiers sont à poste fixe. Ce sont des tables à dos d'âne comme des pupitres dos à dos, placés au milieu d'une pièce, avec des tringles de bois de plusieurs centimètres de haut, le long desquelles on aligne les fruits qui se trouvent ainsi séparés entre les rangs; mais, le plus souvent, ce sont des tablettes, pleines ou à claire-voie, fixées le long des murs et superposées, avec rebord pour retenir les fruits. Quel que soit le genre de fruitier, les fruits demandent à être disposés, arrangés avec soin, la queue en haut, sans contact immédiat avec leurs voisins.

Ils veulent être visités souvent, pour faire disparaître ceux qui se gâtent et qui deviendraient des foyers de contagion (1). Cette question de la conservation des fruits a, de tout temps, préoccupé les chercheurs.

On s'est demandé quelle était l'enveloppe la meilleure pour les soustraire à l'action des agents extérieurs; on a même ouvert des enquêtes et fait d'intéressantes expériences.

Voici, en résumé, le résultat que nous trouvons mentionné dans la *Revue scientifique*. De toutes les matières employées comparativement pour envelopper et conserver les fruits : papier de soie, paille de bois, paille d'orge, de seigle, regain de fourrage, sciure de bois, feuilles sèches, sable, *c'est le papier de soie* qui a donné le meilleur résultat. La maturité s'est poursuivie régulièrement, les fruits ont conservé une saveur parfaite, avec toute leur beauté et leurs qualités extérieures.

Les lots enfouis dans le sable étaient aussi très bien conservés, mais moins avancés que les autres lots, en maturité. Ceci vient de ce que le sable se tasse admirablement et soustrait ainsi les fruits complètement à l'action de l'air.

La poudre de chaux a aussi une très grande propriété conservatrice, non pas seulement pour les Poires et les Pommes mais pour les Raisins et même les légumes, ceci ressort nettement des expériences de M. Monclar.

Contrairement à ce que l'on pourrait croire, elle n'a aucune action corrosive et elle possède, par excellence, des propriétés antiseptiques et desséchantes, par l'absorption de l'humidité.

Je ne veux pas oublier dans cette nomenclature la poudre de liège. Elle est très en usage chez les Espagnols, et on sait que c'est le procédé dont il se servent pour nous envoyer leurs Raisins de table.

_____

(1) Du reste, cette question, etc.

En résumé, toute matière fine qui, en se tassant, intercepte l'air, peut rendre des services pour la conservation des fruits ; mais il ne faudrait pas se faire illusion et croire qu'avec ce procédé on pourrait conserver, par exemple, jusqu'en janvier, une Poire de duchesse. La nature reprend toujours ses droits. On peut reculer la maturité de quelque temps, quinze jours, trois semaines, mais non empêcher la décomposition intérieure, quand le temps est venu.

Comme conclusion, le papier de soie est certainement ce qu'il y a de plus pratique, je ne dis pas pour tous les fruits, mais, au moins, pour les plus beaux parmi les Poires et les Pommes, principalement pour les variétés d'hiver.

Si, après les avoir enveloppés avec soin, on les place, non plus sur les tablettes d'un fruitier, mais dans des tiroirs de commodes ou de meubles spéciaux, avec toutes les conditions de confortable, on les retrouve à la fin de la saison : les *Doyenné d'Alençon* d'abord, puis, les *Doyenné d'hiver*, les *Bergamotte Espéren* et enfin les *Belle Angevine*, pour ne parler que des Poires et des plus connues, dans un état de conservation et de maturité parfaite, sains, beaux et sans rides.

Ils sont très recherchés pour les dîners et les desserts et se vendent des prix élevés, particulièrement à Paris.

Il ne sera peut-être pas inutile de compléter cette importante question par la conservation des fruits par la dessiccation.

### CONSERVATION DES FRUITS PAR LA DESSICCATION

Depuis quelques années, on plante beaucoup d'arbres fruitiers. On ne peut qu'encourager ce mouvement, car c'est une des branches de la fortune nationale et il ne faut pas oublier *que l'arbre fruitier est un capital*.

Mais comme le fait remarquer M. Nanot, nos cultures fruitières ne pourront réellement être prospères qu'à la condition de ne pas dépendre des ventes forcées qui se font, à certains moments, aux halles de Paris.

Dans les années d'abondance, comme l'année dernière (1900), les fruits tombent à vil prix, et on les laisse perdre plutôt que de les porter au marché.

En France, il faut bien le dire, nous ne sommes pas outillés pour la dessiccation des fruits, nous n'avons que le four et les claies qu'on expose au soleil, moyens qui peuvent suffire, à la rigueur, pour les besoins personnels de la maison ou de la ferme, mais imparfaits et insuffisants pour les marchés et surtout l'exportation.

Sous ce rapport, les Etats-Unis nous sont bien supérieurs, l'Amérique du sud principalement. Nous sommes ses tributaires et la plus grande partie des fruits secs, des fruits à boisson, nous viennent de là.

Du reste, depuis longtemps déjà, ces importations mettent en danger l'industrie de nos Pruneaux d'Agen.

Nous faisons donc des vœux pour qu'on ajoute *au fruitier bourgeois de la conservation, le fruitier industriel de la dessiccation des fruits*; et avec M. Nanot, nous voudrions voir établis, partout en France, des procédés simples et économiques de dessiccation, ainsi que cela existe aux Etats-Unis, où chaque ferme a pour ses fruits et ses légumes, ses appareils de pelage et de coupage des fruits, et *son évaporateur*, comme elle a ses instruments agricoles et aratoires. »

# CONGRÈS D'HORTICULTURE DE 1902

## RÈGLEMENT

### ARTICLE PREMIER.

Le Dix-huitième Congrès organisé par la Société nationale d'Horticulture de France se réunira à Paris, pendant la durée de l'Exposition horticole qui aura lieu au mois de mai 1902.

### ARTICLE 2.

Les séances du Congrès se tiendront dans l'Hôtel de la Société, rue de Grenelle, 84, à 3 heures de l'après-midi, à une date qui sera fixée ultérieurement.

### ARTICLE 3.

Le Bureau de la Société, assisté de celui de la Commission d'organisation du Congrès, dirigera les travaux et les séances, réglera l'ordre dans lequel les questions seront traitées. Il pourra, avec l'assentiment de l'Assemblée, s'adjoindre des Membres honoraires.

### ARTICLE 4.

Le Bureau sera saisi de toutes les propositions, questions et documents adressés au Congrès, dont le programme ci-joint comprend des questions d'Horticulture, de Science, de Commerce et d'Industrie horticoles.

### ARTICLE 5.

Les questions proposées cette année pourront, sur la demande des membres du Congrès qui désireraient les traiter, être prorogées à l'année suivante, si la Société le juge utile.

### ARTICLE 6.

Il peut être présenté au Congrès des questions autres que celles du programme ; les personnes qui veulent les traiter en séance doivent, par avance, en prévenir le Président.

### ARTICLE 7.

Les orateurs ne pourront occuper la tribune plus d'un quart d'heure, à moins que l'Assemblée n'en décide autrement.

### ARTICLE 8.

Les dames sont admises aux séances et pourront prendre part à la discussion.

### ARTICLE 9.

Les personnes qui ne peuvent assister aux séances, et désireraient cependant que leur travail fût communiqué au Congrès, devront l'adresser, franc de port, au Président de la Société, rue de Grenelle, 84.

### ARTICLE 10.

Toute discussion étrangère aux études poursuivies par la Société est formellement interdite.

### ARTICLE 11.

**Des Médailles ou des Diplômes de Médailles d'Or, de Vermeil, d'Argent et de Bronze,** mises par le Conseil à la disposition de la Commission, seront attribuées par celle-ci, s'il y a lieu, aux auteurs de mémoires préliminaires, traitant des questions mises au programme et jugés les plus méritants.

### ARTICLE 12.

Les mémoires préliminaires devront être écrits en langue française, très lisiblement, sans ratures ni surcharges et sur un seul côté du papier, format uniforme de 20 × 15 centimètres. Ils devront parvenir au siège de la Société avant le 15 février 1902, délai de rigueur. Ils seront imprimés et distribués par les soins de la Commission avant la réunion du Congrès, si elle le juge utile.

Les mémoires non signés ne seront pas admis.

### ARTICLE 13.

Les Membres de la Commission d'organisation du Congrès n'ont pas le droit de présenter de mémoires préliminaires.

### ARTICLE 14.

Les mémoires présentés au Congrès ne devront pas *excéder seize pages du Journal de la Société.* Dans le cas où les mémoires admis à l'impression excéderaient les seize pages réglementaires, les frais d'impression, pour le supplément, seront à la charge de l'auteur.

### ARTICLE 15.

Les travaux généraux du Congrès pourront être publiés par les soins de la Société.

## ARTICLE 16.

Des excursions horticoles pourront être organisées par les soins de la Société.

## ARTICLE 17.

Toute personne, française ou étrangère, qui désirera faire partie du Congrès, *qu'elle soit ou non membre de la Société nationale d'Horticulture de France*, devra envoyer son adhésion *le plus tôt possible* au Président, rue de Grenelle, 84, à Paris.

## ARTICLE 18.

Les Sociétés correspondantes de la Société nationale d'Horticulture de France peuvent déléguer, pour les représenter au Congrès, un de leurs membres, qui jouira de la réduction de place et aura son entrée à l'Exposition.

## ARTICLE 19.

Les membres du Congrès n'ont *aucune cotisation à payer*.

Ils reçoivent à titre gracieux tous les documents se rapportant aux travaux du Congrès.

## ARTICLE 20.

Une carte d'admission pour les séances du Congrès est envoyée à tous les Membres adhérents ne faisant pas partie de la Société. Les membres de la Société entreront sur la présentation de leur carte de Sociétaire de l'année courante.

## ARTICLE 21.

Tout cas non prévu par le présent règlement sera soumis au Bureau, qui statuera.

LA COMMISSION D'ORGANISATION DU CONGRÈS.

TRUFFAUT (ALBERT), *Président.*
BERGMAN (ERNEST), *Secrétaire.*

| | | | |
|---|---|---|---|
| BALTET (CHARLES), *Membre.* | | MARCEL (C.), | *Membre.* |
| BOIS (D.), | — | MUSSAT, | — |
| CHAURÉ, | — | NANOT, | — |
| CHEMIN (G.), | — | NOMBLOT, | — |
| COCHET (P.), | — | NONIN, | — |
| DEFRESNE (HONORÉ), | — | SALLIER (J.), | — |
| LEBŒUF (PAUL), | — | | |

Approuvé en séance du Conseil, le 8 août 1901.

*Le Secrétaire général,*
A. CHATENAY.

*Le président,*
A. VIGER.

N. B. — La Commission rappelle à ses collègues de la Société que les grandes Compagnies de Chemins de fer français veulent bien accorder une réduction de moitié sur le prix des places à ceux d'entre eux qui se rendent à Paris pour le Congrès. Cette faveur s'applique **seulement aux Membres de la Société nationale d'Horticulture de France.**

# QUESTIONS A L'ÉTUDE

1. — Étude sur les divers procédés de plantation et de taille du Pêcher, en vue du forçage.

2. — Étude des maladies cryptogamiques qui attaquent les plantes horticoles de la famille des Rosacées (tribu des Amygdalées). — Des moyens de les combattre ou de les prévenir.

3. — Du rôle de l'électricité dynamique dans la végétation.

4. — Étude comparative des différents verres (striés, cathédrale, de couleur, etc.) appliqués au vitrage des serres.

5. — Application du principe de sélection des graines à la production et à la fixation des variétés horticoles nouvelles.

6. — Quels sont les meilleurs insecticides à employer pour détruire les parasites animaux sur les plantes cultivées en serre. (Les auteurs devront donner la composition du ou des insecticides recommandés.)

7. — Des meilleurs moyens de combattre a Rouille du Chrysanthème.

8. — Quelles sont les cultures maraîchères de primeurs à faire avantageusement dans le centre et dans le nord de la France.

9. — Monographie horticole d'un seul genre de plantes. (Au choix de l'auteur, à l'exception des Eremurus, Pois potagers, Rosiers, Lilas et Ligustrina, déjà publiés.)

10. — Étude sur les genres de plantes à fleurs qui se prêtent le mieux au forçage pendant les saisons d'hiver et de printemps en tenant compte des connaissances que l'on a actuellement pour retarder la végétation.

11. — Des meilleurs modes d'emballage des fruits pour leur transport en France et à l'étranger.

---

## QUESTIONS QUI SERONT MISES A L'ÉTUDE EN 1903

1. — La meilleure installation d'un fruitier pour la bonne conservation des fruits.

2. — Action des engrais sur la maturité et la conservation des fruits.

# TABLE DES MATIÈRES

Paris. — L. MARETHEUX, imprimeur, 1, rue Cassette. — 4.